고정관념은
세상을 어떻게 **위협**하는가

우리 시대의 이슈 **06**

고정관념은 세상을 어떻게 위협하는가 정체성 비상사태

초판 1쇄 발행_ 2014년 9월 10일
초판 2쇄 발행_ 2017년 4월 11일

지은이_ 클로드 M. 스틸
옮긴이_ 정여진

펴낸곳_ 바이북스
펴낸이_ 윤옥초

편집팀_ 김태윤
디자인팀_ 이정은, 이민영
표지디자인_ 방유선

ISBN_ 978-89-92467-86-5 04180
978-89-92467-18-6 (세트)

등록_ 2005. 07. 12 | 제313-2005-000148호

서울시 영등포구 선유로49길 23 아이에스비즈타워 1005호
편집 02) 333-0812 | 마케팅 02) 333-9918 | 팩스 02) 333-9960
이메일 postmaster@bybooks.co.kr
홈페이지 www.bybooks.co.kr

책값은 뒤표지에 있습니다.

바이북스는 책을 사랑하는 여러분 곁에 있습니다.
독자들이 반기는 벗 – 바이북스

| 정체성 비상사태 |

고정관념은 세상을 어떻게 위협하는가

클로드 M. 스틸 지음
정여진 옮김

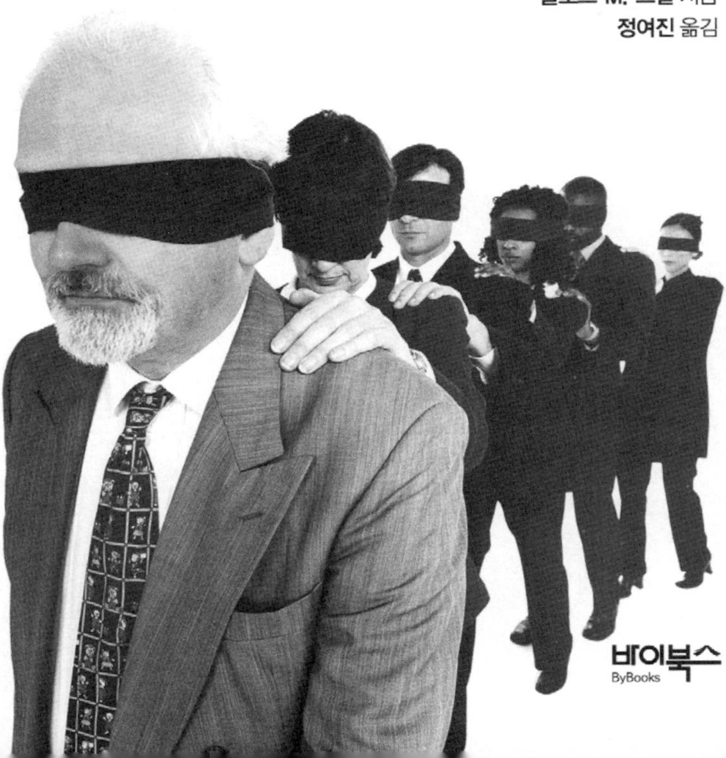

바이북스
ByBooks

차례

Chapter 1 머리말: 정체성의 근원

An Introduction: At the Root of Identity

1

일고여덟 살이던 어느 날, 나는 내가 흑인임을 처음으로 자각했다. 여름 방학을 앞둔 어느 오후, 한 동네에 살던 친구들과 하교하던 길에 우리 '흑인' 아이들은 수요일 오후를 제외하면 지역 공원에 있는 수영장에서 물놀이를 할 수 없다는 말을 들었던 것이다. 정말로 그해 여름 우리는 수요일마다 수영복만 입은 몸을 수건으로 돌돌 감싼 채 마치 낙타를 타고 사막을 건너는 대상처럼 줄지어 백인이 사는 바로 옆 동네의 성지인 수영장으로 향해야만 했다. 매주 이 기묘한 성지 순례를 떠났다. 그 시대와 장소, 즉 1950년대와 1960년대 초반 시카고 대도시권에는 인종 간 위계질서가 존재했던 것이다. 그런 위계질서가 존재한다는 사실 자체가 내게는 심리학자 윌리엄 크로스William Cross가 '직면encounter'이라고 부른 사건이었다(윌리엄 크로스는 흑인이 자신의 인종적 정체성을 얻는 데 다섯 단계가 있다고 보았으며, 그중 두 번째 단계인 직면은 피부색 때문에 다른 대우를 받는 사건을 통해 생애 처음으로 인종적인 차이를 인식하는 순간을 말한다.-옮긴이). 그것이 내 삶에 미치는 영향력은 실로 거대하게 느껴졌다. 수요일 오후에만 수영을 할 수 있다고? 왜지? 하지만 그것은 앞으로 다가올 수많은 제약을 예고하는 하나의 불길한 징조에 불과했다. 곧이어 나는 우리 흑인 아이들이 목요일 밤을 제외하면 롤러스케이트장에도 갈 수 없다는 사실을 알게 되었다. 아무것도 모르는 어린아이에게 이러한 직면은 가혹했다. 우리는 오직 수, 목요일에만 다른 사람처럼 평범할 수 있다는 말인가? 무심코 보아 넘기기 어려운 차별이 아닐 수 없었다. 게다가 자칫 실수라도 한다면 대가는 혹독했다. 예를 들어 열세 살이던 어느 날 나는 골프 캐디로 취직하려고 새벽같이 일어나 지역 골프장으로 찾아갔다. 그러나 하루 종일 기다린 끝에 해 질 무렵이 돼서야 돌아온 답변은 "깜둥이는 고용하지 않는다"라는 말이 전부였다. 이런 일들을 겪으며 나는 내가 흑인이라는 사실에 점차 눈을 떴다. 흑인으로 산다는 것이 정확히 무슨 뜻인지는 몰랐으나 그리 만만한 일이 아니라는 것쯤은 눈치 채기 시작했다.

수십 년이 지나 이제 와 돌이켜보니 당시 내게 무슨 일이 일어났는지 알 듯하다. 다름 아닌 삶의 조건, 곧 나의 인종에 얽힌 삶의 조건을 하나씩 깨닫고 있었던 것이다. 그 시대와 장소에서 흑인으로 살아가려면 삶의 조건을 파악하는 일은 필수였다. 아주 쉬웠다. 수요일 오후에 '대상 행렬'에 끼어서 수영장에 가면 수영할 수 있고 그 외의 시간에 가면 수영할 수 없는 것, 그것이 삶의 조건이었다. 일고여덟 살이던 나에게는 매우 열악한 조건이었지만 말이다. 그러나 조건 자체보다 더 나쁜 점은 따로 있었다. 가령 쓰레기를 집 밖에 내놓지 않았다는 이유로 부모님에게 그런 벌을 받는다면 그리 혼란스럽지 않았을 터다. 나를 어리둥절하게 만든 것은 바로 흑인이라는 이유로 그런 제약을 강요받았다는 사실이다. 하지만 그에 대항해서 내가 취할 수 있는 행동은 아무것도 없었다. 겨우 이런 걱정만 할 수 있었을 뿐이다. 내가 단지 흑인이라는 이유로 마음대로 수영을 할 수 없다면, 흑인이라는 이유로 또 어떤 다른 제약이 생길까?

수년 뒤 이 책에도 곧 등장할 한 대학생이 내게 비슷한 경험담을 들려주었다. 당시 그는 흑인 학생과 그 밖의 소수 인종 학생으로 꽉 찬 '아프리카계 미국인 정치학' 강의를 수강하고 있었다. 백인은 그를 포함해 단 두 명이었다. 이와 관련해 그 학생 역시 자신의 열악한 삶의 조건을 토로했다. 수업 도중에 자칫 아프리카계 미국인에 대한 무지나 혼란스러움을 드러내는 말을 꺼내기라도 하면 인종 문제에 둔감하거나 더 심하게는 인종 차별주의자로 낙인찍히기 십상이라는 것이다. 단 조용히 입 다물고 있으면 대체로 그런 혐의에서 안전했다. 그 학생 역시 어릴 때의 나처럼 그 시대와 장소에서 자신이 백인이라는, 아마도 이전까지는 한 번도 깊이 생각해본 적이 없었을 인종적 정체성을 자각했던 것이다.

이런 일들을 겪다 보면 걱정스러운 의문이 속속 떠오른다. 앞으로 또 다른 상황이 생길까? 얼마나 많이, 얼마나 많은 삶의 영역에서? 인생에서 중요한 결정을 내려야 할 때도 생길까? 그것을 피할 방법은 없을까? 아니면 오히려 계속 그런 상황에 대비해야만 할까?

수영장 이용 규제에 대해 처음 알게 되었을 때 어린 나는 매우 어리둥절했다. 이런 규제는 도대체 어디서부터 시작되었을까? 어른이

된 지금도 정체성과 관련한 삶의 조건들로 가끔 혼란스러울 때가 있지만, 적어도 이제는 그것이 어떻게 생겨났는지는 안다. 그것은 어떤 시대에 인종 등의 정체성과 관련해 한 사회가 구조화되는 방식에서 시작된다. 거꾸로 말하면 한 사회의 구조를 들여다보면 그 장소의 과거를 알 수 있고, 기회와 부를 쟁취하기 위해 개인이나 단체가 다투었던 흔적을 엿볼 수 있다는 말이기도 하다. 인종과 관련해 1950년대와 1960년대 초반에 시카고 대도시권이 구조화된 방식은 결국 그 시대와 장소에 살던 흑인에게 그들의 정체성과 관련된 여러 가지 제한적인 삶의 조건을 부과했다. 아마도 그중 가장 사소했을 사건이 바로 일고여덟 살의 나를 무척 성가시게 했던 수영장 이용 규제였을 터다.

이 책은 나와 동료들이 '**정체성 비상사태**identity contingency'라고 이름 붙인 것에 관한 책이다. 정체성 비상사태란 주어진 사회적 정체성—노인, 청소년, 동성애자, 백인 남성, 여성, 흑인, 라틴계, 정치적 보수파나 진보파, 조울증 환자, 암 환자 등—때문에 어떤 상황에 처했을 때 해결해야 하는 일들이다. 일반적으로 비상사태란 어떤 상황에 처했을 때 필요한 것을 얻기 위해 처리해야 하는 일을 말한다. 어릴 때 나는 오직 수요일 오후에만 수영장에 갈 수 있었다. 그것 역시 비상사태였다. '아프리카계 미국인 정치학' 수업을 듣던 대학생도 자칫 무지를 드러내면 엄청난 반감을 살 수 있는 심한 압박감을 느꼈다. 이러한 사태가 모두 정체성 비상사태가 되는 이유는 그 대학생과 내가 어떤 특정한 사회적 정체성을 갖고 있다는 이유만으로 주어진 상황을 해결해야 했다는 데 있다. 해당 상황에서 다른 정체성을 가진 사람들은 비상사태를 해결할 필요가 없었다. 나나 그 대학생과 동일한 정체성을 가진 사람에게만 요구되는 일이었다. 이 책에서는 이러한 정체성 비상사태가 우리 삶과 사회, 그리고 사회의 가장 고질적인 몇 가지 문제에 어떤 영향을 끼치는지 살펴볼 것이다.

물론 현대는 개인주의 사회다. 사회적 정체성이 우리 삶에 큰 영향력을 행사한다고 생각하는 사람은 이제 거의 없을 것이다. 특히 강한 의지만 있다면 그런 영향력에서 더욱 멀어질 수 있다고 믿는 사람이 많다. 우리는 장애물에 부딪히면 혼자 힘으로 일어나 폭풍을 뚫고 나아가야 한다는 신념을 갖고 있다. 나 역시 그런 신념을 가진 사람 중 하나다. 그러나 이 책은 그러한 신념에 중요한 단서를 붙인다. 바로 사회적 정체성이 우리에게 특정한 삶의 조건을 부과함으로써 내신 성적, SAT 성적, 기억력, 운동 능력, 자신의 역량을 입증해야 한다는 압박감, 다른 그룹에 속한 사람들과 함께 있을 때 느끼는 불편함 등과 같은 중요한 일에 큰 영향을 끼친다는 단서 말이다. 사회적 정체성은 흔히 개인의 재능이나 의욕, 성향에 의해 결정된다고 믿는 모든 것에 영향을 끼친다.

이 책은 잘못 이해되고 있는 사회의 이러한 현실을 널리 알리기 위해 쓰였다. 만약 개인주의 신념만 가지고 이러한 현실을 외면한다면 결국 혹독한 대가를 치르게 되리라는 점을 분명히 말해두고 싶다. 그런 안이한 태도는 개인의 발전과 성공에는 물론 다양한 정체성을 가진 사람으로 구성된 사회와 세계 속에서 누릴 삶의 질에도 해롭다. 뿐만 아니라 정체성이 부의 분배에 여전히 영향을 미치고 있는 사회의 잘못된 현상을 바로잡는 우리의 능력에도 해롭다.

그렇다면 정체성 비상사태는 어떤 방식으로 우리에게 영향을 끼칠까? 공공 수영장 이용 규제처럼 때로는 우리의 행동을 직접적으로 통제한다. 그런가 하면 때로는 좀 더 미묘한 방식으로, 즉 행동을 제한하는 방식이 아니라 위협적인 기운을 불어넣는 방식으로 영향을 미치기도 한다.

2

이 책에서 다루려는 것은 특별한 종류의 정체성 비상사태인 '고정관념 위협stereotype threat'(저자가 1995년에 발표한 개념으로, 자신이 속한 그룹에 대한 부정적 고정관념을 확증할 가능성이 있는 상황에서 불안이나 걱정을 느끼는 것을 말한다.-옮긴이)이다. 우리는 고정관념 위협이라는 곤경을 아주 흔히 겪는다. 고정관념 위협은 우리가 사회 구성원으로서 다른 구성원이, 특히 사회의 주류 그룹이 여러 가지 사안을 어떻게 생각하는지 매우 잘 안다는 점, 즉 상호주관성intersubjectivity(철학, 심리학, 사회학, 인류학의 핵심 용어로, 사람들이 상호작용을 하면서 형성되는 '상식'을 가리키는 경우가 가장 흔하다.-옮긴이)을 갖고 있다는 데서 발생한다. 만약 우리 모두가 종이 한 장씩을 꺼내서 갖가지 정체성에 관한 주요 고정관념을 적어본다면 그 내용이 서로 거의 같다는 사실을 확인할 것이다. 이는 우리가 노인, 빈자, 부자, 여성 등과 같은 자신의 정체성에 대해 부정적 고정관념의 영향을 받는 상황에 처할 때마다 그것을 알아차린다는 뜻이다. 우리는 '다른 사람들이 어떻게 생각할지'를 안다. 또한 고정관념에 부합하는 행동을 한다면 그 고정관념이 사실임을 확인해주는 증거를 더하는 셈이라는 점, 결국에는 그 고정관념에 따라 판단되고 취급되리라는 것을 안다. 바로 그래서 고정관념 위협이 인간의 흔한 곤경이 된다. 우리 모두는 어떤 형태로든 하루에도 수차례 이런 일을 겪는다.

고정관념 위협은 수영장 이용 제한처럼 정체성과 관련이 있는 위협이기도 하다. 그리고 고정관념과 관련된 모든 상황에 존재한다. 고정관념이 씌워진 그룹의 구성원을 좇아 온갖 상황 속으로 따라간다는 뜻이다. 마치 풍선처럼 그들 머리 위에 둥둥 떠서 말이다. 이것은 매우 떨쳐버리기 어려운 위협이다.

《뉴욕 타임스》의 칼럼니스트인 젊은 아프리카계 미국인 남성 브렌트 스테이플스Brent Staples가 시카고 대학교 심리학과 대학원생 시절에 겪은 일화를 들어보자. 그는 편안한 차림으로 시카고 하이드 파크 주변 거리를 걷고 있었다. 그의 말을 그대로 옮겨본다.

> 이제 나는 사람들의 두려운 감정을 알아차리는 데 선수입니다. 연인들은 나를 보면 갑자기 팔짱을 끼거나 손을 잡습니다. 건너편 인도로 건너가는 사람들도 있지요. 대화를 나누던 사람들은 갑자기 말을 멈추고 묵묵히 정면을 바라봅니다. 마치 내 눈을 피하는 것이 그들을 안전하게 보호해주기라도 한다는 듯이 말이죠.
>
> 나는 어리석었습니다. 나를 끔찍이도 두려워하는 그런 사람들에게 환한 미소로 인사를 건네며 거리를 활보했으니까요. 나는 존재 그 자체로 사람들에게 폭력을 가한 셈입니다. 왜 눈치채지 못했는지…….
>
> 내가 위험한 사람이 아니라는 것을 보여주고 싶었지만 방법을 몰랐습니다. 하는 수 없이 사람들을 피해 다니기 시작했죠. 사람들이 스토킹

을 당한다고 느끼지 않도록 하려고 일부러 가던 길에서 벗어나 옆길로 빠져나가기도 했습니다. 그리고 초조한 기분이 들어 휘파람을 불기 시작했죠. 그런데 내가 휘파람을 부는 데 소질이 있다는 것을 알게 된 겁니다. 내 휘파람 소리는 깨끗하고 듣기 좋았으며 음정도 정확했습니다. 밤길을 걸을 때면 비틀즈의 노래나 비발디의 〈사계〉를 휘파람으로 불렀습니다. 그 소리를 들은 사람들의 몸에서 긴장감이 빠져나가는 것이 느껴졌습니다. 심지어 몇몇은 내 옆을 지나가면서 미소를 건네기도 하더군요(202~203쪽).

스테이플스는 하이드 파크 주변 거리에 떠돌던 인종에 관한 부정적 고정관념이라는 유령을 상대하고 있었다. 그 유령은 바로 그 부근의 젊은 아프리카계 미국인 남성이 폭력적 성향을 띨 가능성이 높으리라는 고정관념이었다. 다른 상황에 처한 또 다른 그룹은 이와 전혀 다른 고정관념, 가령 폭력적 성향을 띨 가능성이 높은 게 아니라 수학 문제 풀이 능력이 떨어지리라는 고정관념 같은 유에 직면할 텐데 그 성격은 똑같다. 우리는 잘 안다. 그런 고정관념이 적용될 상황에 놓였을 때 까딱하다가는 그 고정관념에 따라 보이고 취급되리라는 사실을.

스테이플스처럼 고정관념을 모면할 방법을 고안해내지 않는 한 이 위협은 피할 수 없다. 그의 말에 따르면 그는 휘파람으로 비발디의 선율을 아주 듣기 좋게 불 수 있었다. 휘파람 부는 능력이 그를 변화시켰을까? 거리의 타인들을 더 나은 태도로 대할 수 있게 해주었을까? 즉 스테이플스는 타인을 좀 더 깊게 이해하게 되었을까? 아니다.

휘파람이 변화시킨 것은 그가 처한 상황이다. 이 일은 고정관념 위협의 본질을 매우 선명하게 드러내준다. 휘파람을 불자 폭력적 성향의 아프리카계 미국인 남성이라는 고정관념이 그에게 덜 적용되었다. 그가 백인 문화, 특히 '상류층 백인 문화'에 대한 지식을 드러냈기 때문이다. 길에서 마주친 사람들은 어쩌면 그 휘파람 선율이 비발디의 〈사계〉임을 몰랐을 수도 있지만 그것이 클래식임을 알았을 터다. 이 점이 그를 다른 사람으로 보이게 했다. 폭력적 성향을 띨 가능성이 높은 아프리카계 미국인이 아니라 교육받은 세련된 사람으로 보이게 한 것이다. 젊은 아프리카계 미국인은 대개 클래식을 휘파람으로 불면서 거리를 걷지 않는다. 그래서 스테이플스와 마주친 사람들은 자기도 모르게 아프리카계 미국인을 바라보던 색안경, 곧 폭력적 성향을 띠기 쉽다는 고정관념을 내려놓는다. 사람들은 그가 누구인지 모르지만, 적어도 위협적인 사람이 아니라는 것쯤은 안다. 사람들의 태도에서 두려움의 감정이 희미해진다. 스테이플스도 마음이 편안해진다. 공기 중에 떠돌며 그를 위협하던 고정관념은 이렇게 차단되었다. 스테이플스와 사람들의 태도 변화는 고정관념이 우리 모두에게 언제나 영향력을 행사하고 있다는 사실을 깨우쳐준다.

이 책은 이런 고정관념 위협이라는 먹구름 아래 살면서 우리 모두가 겪는 일에 관한 책이다. 동시에 그 먹구름이 우리 삶과 사회에 어떤 영향을 미치는지를 서술한 책이다.

3

이런 가정을 해보자. 심리학 실험에 참가해 작은 공간에 꾸며진 10홀 미니어처 골프 코스에서 골프를 치라는 요청을 받은 것이다. 또한 여러분이 운동에 꽤 소질이 있는 백인 대학생이라고 가정하자. 골프 코스를 막 파악했을 무렵, 이제 골프를 치는 것이 '선천적 운동 능력'을 측정하는 미시간 운동 능력 테스트의 일환이라는 소개말을 들었다고 가정해보자. 이런 가정하에 여러분은 얼마나 골프를 잘 칠 수 있으리라 예상하는가? 골프를 치기 전 선천적 운동 능력을 측정한다는 말을 들었을 때와 듣지 않았을 때, 결과적으로 다른 타수가 나올까?

몇 년 전 프린스턴 대학교의 제프 스톤Jeff Stone이 이끄는 일단의 사회심리학자가 바로 이런 질문을 품고 실험했다. 결과는 매우 흥미로웠다. 선천적 운동 능력을 측정한다는 말을 들은 백인 학생은 사전에 아무런 설명도 듣지 않은 백인 학생보다 훨씬 골프를 못 쳤다. 그들은 다른 학생처럼 열심히 임했지만 평균 3오버 파를 기록했다. 왜 그토록 현저하게 성적이 낮았을까?

제프 스톤은 그들이 백인이라는 데서 원인을 찾았다. 내가 지금까지 사용해온 용어로 표현하자면, 선천적 운동 능력을 평가받는 상황에서 겪는 백인의 정체성 비상사태가 그 원인이었다. 이러한 비상사태는 흑인보다 백인의 운동 능력이 다소 떨어진다는, 미국 사회에 널리 퍼진 고정관념에서 유래한다. 제프의 실험에 참가한 학생들은 미국 사회의 구성원이므로 당연히 그 고정관념을 인식했을 터다. 어쩌면 그 고정관념을 믿지 않았을지도 모른다. 그러나 골프를 시작하기 직전에 자기 그룹이 열등하다고 알려진 바로 그 능력을 측정한다는 말을 듣자 그들은 당황했다. 결국 주의가 흐트러져 평균 3오버 파를 기록했다. 자신과 자기 그룹에 대한 고정관념이 옳다는 것을 확인해 준 꼴이 되고 말았다.

물론 백인에 관한 고정관념과 그 고정관념이 낳은 실패에 대한 위협적인 해석은 내가 어린 시절 겪었던 수영장 이용 규제처럼 직접 행동을 제재하는 정체성 비상사태는 아니었다. 그들은 골프를 치는 동안 어떤 물리적 방해도 받지 않았다. 그렇다고 해도 골프를 치는 동안 그 고정관념은 그들의 정체성과 관련한 어떤 비상사태였음이 분명하다. 만약 골프를 치다가 좌절감을 느낀다면 결과적으로 그들은 그 부정적 고정관념이 옳다고 확증하는 듯 보일 테고, 반대로 좌절감을 느끼지 않는다면 그때는 인종적 고정관념을 확증하지 않는 셈이 된다. 그들은 단지 백인이라는 이유로 골프를 치는 동안 이런 과도한 압박감을 이겨내야 했다. 그 고정관념은 만에 하나 잘못 행동하기라도 하면 선천적 운동 능력이 떨어지는 백인 나부랭이로 취급될 수도 있다고 암시하는 위협의 기운으로서 그들의 뇌리에 각인되어 있었다. (이 책을 계속 읽다 보면 나와 내 동료들이 이런 유의 위협 기운이 감도는 상황을 간단히 **고정관념 위협**이라고 부르게 된 경위를 알게 될 터다.)

제프는 또 다른 질문을 던지기 시작했다.

만일 백인 학생들이 선천적 운동 능력을 측정한다는 말을 듣고 고정관념 위협 때문에 주의가 흐트러져 골프를 잘 치지 못한 것이 맞다면, 흑인 학생들은 똑같은 말을 듣더라도 아무 영향을 받지 않을 것이다. 흑인 그룹에는 그런 고정관념이 없기 때문이다. 실험 결과 실제로 그들은 아무런 영향도 받지 않았다. 제프는 흑인 학생들을 대상으로 똑같은 실험을 반복했지만 선천적 운동 능력을 측정한다는 설명을 들은 학생이든 그렇지 않은 학생이든 골프 타수는 같았다.

여기서 제프는 선천적 운동 능력을 측정한다는 말을 들은 백인 학생이 골프를 잘 치지 못한 이유는 바로 미국 사회에 형성된 백인에 대한 고정관념 때문에 백인 학생들이 위협을 느꼈고 그 탓에 결국 마음이 어지러워졌다고 확실히 믿게 되었다.

그러나 제프는 여기서 만족하지 않고 한층 더 기발한 방법을 고안해 자신의 추론을 증명했다.

만약 그룹에 관한 고정관념이 심각한 위협을 불러일으켜 정말 그룹에 속한 모든 구성원의 행동을 방해하는 것이 사실이라면 흑인 학생의 행동을 방해하는 고정관념 위협을 조성하는 실험도 할 수 있으리라 생각했다. 스테이플스가 하이드 파크 거리에서 실험했던 고정관념 위협처럼 말이다. 그래서 이번에는 골프를 시작하기에 전 이 실험은 흑인에 대한 부정적 고정관념을 측정하기 위해 시행된다고 설명하기로 했다. 그러면 이전 실험에서 백인 학생들이 그랬듯이 이번에는 흑인 학생들이 자기 그룹에 대한 부정적 고정관념을 방어해야 할 터였다. 그런 압박감은 아마도 그들이 골프를 치는 데 큰 지장을 줄 것이었다.

그는 간단한 방법으로 이를 실험했다. 새로운 백인, 흑인 학생들을 불러 모은 다음 골프를 시작하기 전 이 실험은 '스포츠 전략 지능'을 측정하기 위해 시행된다고 소개했다. 이렇게 표현만 간단히 바꾸자 이번에는 흑인 학생들이 흑인의 지적 능력이 비교적 낮다는 아주 오래되고 부정적인 고정관념이 사실임을 확증할 위협에 처했다. 자칫 실수라도 했다가는 지적 능력이 떨어지는 흑인 나부랭이로 취급될 수 있다고 느꼈을 터다. 골프를 치는 데 지장을 초래할 만큼 심각한 정체성 비상사태에 처한 것이다. 여기서 중요한 점은 백인 학생들은 이제 고정관념 위협에서 풀려났다는 것이다. 백인 그룹에는 지적 능력이 부족하다는 고정관념이 없기 때문이다.

실험 결과는 인상적이었다. 고정관념 위협에 시달린 흑인 학생들은 고정관념 위협에서 풀려난 백인 학생들보다 극히 나쁜 성적을 냈다. 흑인 학생들은 평균 4오버 파로 코스를 마쳤다.

골프를 '선천적 운동 능력' 측정으로 소개한 실험에서의 백인 학생도, '스포츠 전략적 지능' 측정으로 소개한 실험에서의 흑인 학생도 내가 어린 시절 수영장 이용을 제약받았던 것처럼 직접 행동을 제재하는 정체성 비상사태에 직면하지는 않았다. 그들이 직면한 비상사태는 그저 '위협의 기운', 즉 자기 그룹에 대한 부정적 고정관념이 자신의 실제 특성이라고 확증되거나 확증되는 듯 보일 것에 대한 위협일 뿐이었다. 그럼에도 그 위협의 위력은 대단했다. 대개 22타에서 24타로 마칠 수 있는 골프 코스에서 백인 학생들은 3오버 파, 흑인 학생들은 4오버 파를 기록했다.

언뜻 고정관념 위협과 같은 어떤 '기운이 감도는' 것쯤은 큰 문제가 아니라고 가볍게 넘길 수도 있겠지만, 곰곰이 생각해보면 이 고정관념 위협이 끊임없이 우리를 괴롭히고 있다는 사실을 알 수 있다. 스테이플스는 동네 거리를 걸을 때마다 이에 맞서야 했다. 또 백인 운동선수는 흑인 운동선수를 상대로 경기할 때마다 이에 맞서야 한다.

우람한 흑인 운동선수 앞에 선 백인 운동선수를 떠올려보라. 예를 들어 흑인 선수가 두각을 나타내는 NBA에 진출하려는 백인 선수는 엄청난 인종 관련 고정관념을 깨고 성과를 내기 위해 평생 분투해야 한다. 단 한 번의 뛰어난 성적만으로는 고정관념을 잠재울 수 없을 터이며, 고정관념이 틀렸음을 증명하려는 노력은 매번 수포로 돌아갈 것이다. 중요 경기가 새로 열릴 때마다 그 고정관념은 다시 나타날 것이기 때문이다.

그러나 이 책이 고정관념 위협이 너무 크고 지속적이어서 극복할 수 없다고 주장하려는 것은 아니다. 오히려 반대에 가깝다. 이 책의 목표는 고정관념이 우리 삶에서 거의 인식되지 못하는 요소이면서도 개인과 사회에 아주 성가신 문제를 일으킨다는 점, 그러나 실천에 옮길 수 있는 행동을 통해 고정관념 위협을 줄인다면 이런 문제를 놀랍도록 개선할 수 있음을 보여주는 것이다.

4

심리학 실험에서 여러분에게 주어진 과제가 미니어처 골프가 아니었다고 가정해보자. 또 여러분이 속한 그룹에 대한 부정적 고정관념이 운동 능력에 관한 것이 아니라고 가정해보자. 이번에는 표준 시험 standardized test(모든 수험자에게 똑같은 방식으로 치러지는 시험.-옮긴이)에 출제되는 어려운 수학 문제를 풀도록 요청받았다고 가정해보는 것이다. 또한 여러분이 속한 그룹에 대한 부정적 고정관념이 수학 문제를 푸는 능력과 관련되어 있다고 가정해보자. 쉽게 말해 여러분이 여성이고 어려운 수학 문제를 푸는 실험에 참여하고 있다고 가정해 보라.

수학과 관련된 성 정체성 비상사태인 이 고정관념 위협은 여러분의 수학 시험 점수에 영향을 끼칠까? 여러분이라면 고정관념에 들어맞는 결과를 낼지도 모를 위협에 처해서도 어떻게든 좋은 점수를 낼 수 있겠는가? 아니면 시험을 잘 보려고 애쓰는 과정에서 오히려 마음이 산란해져서 시험을 망치게 될까? 남성과 함께 있는 자리에서 어려운 수학 문제를 풀 때마다 이런 고정관념 위협, 즉 정체성 비상사태를 겪을까? 이런 성 정체성 비상사태에서 좌절감을 느낀 여러분은 결국 수학 관련 전공이나 직업을 기피하게 될까? 한편 여성의 수학 능력이 떨어진다는 고정관념이 없는 사회에 사는 여성도 이런 위협을 경험할까? 그런 여성은 수학 시험에서 비교적 높은 점수를 받을까?

아니면 실험에서 주어진 과제가 미시간 운동 능력 테스트가 아니라 SAT라고 가정해보자. 또 여러분이 속한 그룹에 대한 부정적 고정관념이 운동 능력이나 수학 문제 풀이 능력도 아닌 일반적 학업 능력에 관한 것이라고 가정해보자. 다시 위와 같은 의문이 떠오른다. 여러분이 학업 능력과 관련해 겪는 정체성 비상사태, 즉 고정관념 위협은 SAT 시험 점수에 영향을 끼칠까? 그 위협은 시험 자체에 집중하기보다는 걱정하느라 정신적 에너지를 낭비시킴으로써 시험에 지장을 줄까? 학업 능력과 관련한 고정관념 위협은 내신 성적이나 타 그룹에 속하는 교수나 조교, 심지어 다른 학생과의 일상적 소통에도 영향을 끼칠까? 이러한 정체성 비상사태에서 좌절감을 느낀 여러분은

이다음 진로를 결정할 때 학업 능력이 요구되는 일자리를 기피하게 될까?

이 책에는 나와 동료들이 이러한 의문에 답하기 위해 노력했던 지난 20년간의 여정이 담겨 있다. 그 여정은 마치 미스터리를 푸는 과정 같았다. 이 책은 고정관념의 영향력에 관한 의문을—고정관념이 우리의 지적 능력이나 스트레스 대처에 어떤 영향을 끼치고, 서로 다른 그룹에 속한 사람들 간의 긴장감이 어떻게 형성되며, 이러한 부정적 영향력을 최소화해서 사회의 몇 가지 고질적 문제를 해결할 수 있는 놀라운 전략에는 어떤 것들이 있는지—떠올린 과정과 미스터리를 풀어가는 과정을 있는 그대로 펼쳐 보여줄 것이다. 뿐만 아니라 과학은 독자적인 탐구 활동이 아니므로 고정관념을 연구했던 다른 연구자의 연구 활동도 소개할 것이며, 고정관념 위협을 겪어온 흥미로운 여러 사람을 만나게 될 것이다. 여기에는 유명 저널리스트, 파리에 사는 아프리카계 미국인, 노스캐롤라이나 소작농에서 부자가 된 사람, 미국 명문 대학교에 다니는 학생들, 열악한 교육 환경의 몇몇 K-12(유치원부터 고등학교를 졸업할 때까지 12년간 거치는 미국의 무상 교육 기간.-옮긴이) 학교의 학생이 포함된다.

이 책이 정치적으로 민감한 사안을 다루고는 있지만 연구할 때나 이 책을 쓸 때 최대한 나의 이념적 성향을 배제하려고 노력했다. 모든 사회심리학자는 연구 활동 초기에 인간이 누구나 편향하다는 사실을 깨닫는다. 우리는 세상 모든 것을 전적으로 알 수 없으므로 완벽하게 객관적일 수 없다. 각자 주어진 삶의 특수한 상황에 따라 편향적으로 세상을 바라보고 이해할 뿐이다. 과학적 훈련이 필요한 이유가 여기에 있다. 물론 과학적으로 사고한다고 해서 편향이 사라지지는 않는다. 그러나 적어도 시야와 이해의 폭을 넓혀 편향을 최소화할 수는 있다. 바로 이런 측면에서 나는 부끄럽지 않다고 말할 수 있다. 가설을 세울 때부터 연구 결과를 얻을 때까지 끊임없는 논쟁으로 집요하게 편향을 무찔렀고, 그 과정에서 처음 세운 가설을 벗어난 현실의 모습을 자주 발견했다. 그때마다 우리는 그쪽으로 방향을 틀어 연구했다. 내 마음속에 새겨진 강한 신념은 이전부터 품어온 어떤 믿음이 아니라 바로 이런 종류의 '발견'에서 기인한다. 여러분도 이 책을 읽으면서 그것이 어떤 경험이었는지 느낄 수 있다면 좋겠다.

이런 방식으로 연구하는 동안 우리 삶의 현실을 반영하는 몇 가지 뚜렷한 패턴이 결과에 반복적으로 나타났다. 이러한 패턴들을 보며 정체성 비상사태와 고정관념 위협이 우리 삶에 큰 영향을 끼친다고 더욱 확신하게 되었다.

첫째, 우리는 스스로를 독립적으로 사고하고 판단하는 개인이라고 굳게 믿지만 우리의 삶을 형성하는 행동 방식, 직업 선택, 친구 관계 등은 사회적 정체성과 관련 있는 비상사태의 영향을 강하게 받는다. 올림픽 예선 100미터 단거리 경주에서 출발선에 선 세계 정상급 백인 육상 선수는 옆에 서 있는 흑인 육상 선수와 마찬가지로 독립적인 개인이다. 그리고 그들 모두 똑같은 100미터 트랙을 앞에 두고 있다. 그럼에도 연구 결과에서 나타났듯이 분명 백인 선수는 흑인 선수였다면 겪지 않을 인종적 정체성과 관련한 압박감을 극복해야 한다.

둘째, 정체성 위협identity threat이 인간의 기능을 훼손함에 따라 몇몇 심각한 사회 문제가 발생한다. 인종적 계급, 사회적 계급, 성별에 따른 경제력 차이, 그룹 간 긴장감 등은 우리 사회를 왜곡하는 고질적 문제다.

셋째, 정체성 위협이 정신적 에너지 배치, 뇌의 혈류 등 인간의 여러 기능을 곧잘 훼손한다는 사실이 이 연구에서 밝혀졌다. 정체성 위협이 인간의 기능에 어떤 영향을 끼치는지는 학계에서 점차 일치된 의견이 형성되고 있다.

넷째, 정체성 위협이 주는 충격을 완화하기 위해 개인으로서 또는 학교와 회사 같은 중요한 장소에서 실천할 수 있는 일이 무엇인지도 이 연구에서 밝혀졌다. 이와 관련해 매우 고무적인 소식이 있다. 미국 사회의 실망스러운 특징 가운데 하나인 인종이나 성별에 따른 성과 차이를 학교에서 작은 실천을 통해 크게 줄인 사례가 있다.

이러한 연구 결과를 통해 나는 정체성 비상사태를 이해하는 것이 개인의 발전에서는 목표를 이루고, 다른 그룹 구성원들과 좋은 관계를 맺는 데 중요할 뿐 아니라, 사회 발전에는 다양한 정체성이 공존하는 시민사회를 이룩하고 동등한 기회를 부여하는 데 중요하다고 확신하게 되었다. 바로 이 책을 통해 이런 확신에 이르기까지 걸었던 여정을 있는 그대로 보여주려 한다.

그 여정은 1987년 미시간 주 앤아버에서 시작되었다.

Chapter 2 정체성과 지적 성취의 미스터리한 관계

A Mysterious Link Between Identity and Intellectual Performance

1

1986년 봄, 시애틀에 있는 워싱턴 대학교에서 심리학 교수로 재직할 때, 미시간 대학교에서 교수직을 제의해왔다. 두 가지 업무를 담당해야 하는 자리였다. 하나는 워싱턴 대학교에서처럼 사회심리학을 가르치는 일이었다. 기뻤다. 지금도 그렇지만 미시간 대학교는 당시 미국에서 가장 우수한 대학원 과정이 있는 학교였기 때문이다. 다른 업무는 소수 인종 학생을 위한 학업 지원 프로그램을 운영하는 일이었다. 이 업무에도 흥미를 느꼈다. 애초에 사회심리학을 연구하게 된 계기가 소수 인종 학생의 학업과 관련된 심리적 문제에 관심이 있었기 때문이다. 그러나 걱정되는 점이 있었다. 학업 지원 프로그램 운영이라는 이 '현실적' 업무가 나의 연구 활동에 방해가 되지는 않을까 해서였다.

그 문제를 헤아려보기 위해 미시간 대학교를 두 번 찾아갔다. 찌는 듯한 7월 말 미시간 대학교가 위치한 미시간 주 앤아버를 두 번째 방문했을 때 비로소 결정을 내릴 수 있었다. 학업 지원 프로그램의 규모는 정말 컸다. 400여 명의 학생을 대상으로 상담, 지도, 학자금 관련 업무가 진행되고 있었으며, 모든 업무는 재학생 3만 6,000여 명 규모에 걸맞은 복잡한 요식 절차에 따라 이루어졌다.

나는 제의를 거절해야겠다고 생각했다. 제의를 수락하는 순간 연구 활동을 그만두어야 할 듯했기 때문이다. 하지만 집으로 돌아가면서 마음속에서 변화가 일어났다. 그 프로그램이 미국 사회가 애먹고 있는 중요한 문제를 상징한다는 생각이 들었던 것이다. 그 프로그램을 수행하려는 조직은 비록 학교라는 범위 내에서이기는 하지만 인종적, 민족적으로 학생들을 통합하려는 임무의 성격을 띠었다. 프로그램의 직원과 교원은 소수 인종 학생이 캠퍼스 생활을 잘 해낼 수 있도록 사명감을 갖고 돕고 있었다. 그 결과 미시간 대학교는 170년 역사 가운데 최근 단 20여 년 만에 어느 정도 의미 있는 수준으로 인종적 통합을 이루어냈다. 나의 연구 활동이 다른 방향으로 향하리라는 것을 직감했다.

그날 두 가지가 내 마음을 움직였던 듯하다. 우선 나는 매우 익숙한 문제, 즉 미국 소재 대학교에 다니는 소수 인종 학생이 겪는 학업의 어려움이라는 문제에 새로운 관점을 얻었다. 앤아버를 방문한 뒤 내가 이 문제에 특정한 관점이 있었음을, 즉 중립적이지 않았다는 사실을 자각했다. 그때껏 외부 관찰자 입장에 있었던 것이다. 만일 어떤 학생이 겪는 학업의 어려움을 규명하라고 요청받았다면, 대부분의 교수처럼 심리학자의 도구로 관찰자 시각에서 그 원인을 설명하려고 했을 것이다. 그 학생의 학습 의욕, 대학 교육에서 기대하는 것,

자존감, 문화적 성향, 교육을 중시하는 정도, 과제를 하는 방식, 학문적 기량과 지식, 가족의 기대감 등을 기준으로 말이다.

몇 년 전, 사회심리학자 에드워드 존스Edward Jones와 리처드 니스벳Richard Nisbett은 사람들의 행동을 설명할 때 '관찰자 시점'과 '행위자 시점'에서 설명하는 것은 다르다고 주장했다. 관찰자는 행동하는 사람을 바라본다. 그러나 관찰자에게는 행위자의 모습만 시야에 가득히 들어올 뿐 행위자의 행동은 잘 보이지 않는다. 관찰자들의 마음속에 찍힌 사진에는 행위자 자체는 매우 또렷하지만 행위자가 대응하는 상황은 매우 흐릿하다. 존스와 니스벳은 바로 이 사진 때문에 우리가 행위자의 행동을 설명할 때 편향된다고 생각했다. 우리는 눈에 잘 띄는 점만 강조해서 말한다. 그 행동의 원인이라 추정되는 행위자의 성향, 특성 등을 부각한다. 그리고 잘 보이지 않는 것들, 즉 행위자가 대응하는 상황에 대해서는 덜 강조한다. 앤아버를 두 번째 방문한 뒤로 분명한 사실 하나를 깨달았다. 내가 소수 인종 학생들의 학문적 성취를 향한 고투를 이런 관찰자 시점에서 바라보았다는 점이다. 나는 은연중에 소수 인종 학생들이 어떻게 생활하고 어떤 특성이 있기에 그들의 성취도가 낮은지 궁금해하며 앤아버에 도착했다.

그러나 그날 소수 인종 학생들과 이야기를 나누다 보니 행위자인 그들의 관점에서 현상을 바라볼 수 있었다. 그들은 대학 교육에서 기대하는 것, 학습 의욕, 가족이 교육을 얼마나 중시하는지는 전혀 이야기하지 않았다. 심지어 내가 콕 집어 질문했을 때도 마찬가지였다. 그들은 경쟁력 있는 대학에서 공부하게 된 것을 자랑스러워했고 그들의 부모도 마찬가지였다. 그들은 이미 고등학생 때부터 공부를 잘

하는 학생이었다. 설사 별 기대감 없이 대학에 왔다 해도 그 점을 내게 말하지 않았다. 그들은 주로 캠퍼스 생활 환경, 사회적 소수자로 사는 것을 이야기했다. 그들은 자신이 소수자라는 사실을 인식하지 않아도 되는 공간이 필요하다고 말했고, 교수나 수업 조교, 다른 학생들이 자신의 학업 능력을 낮게 평가할까 걱정했다. 또 인종, 민족, 사회적 계급에 따라 친구 관계가 형성된다고 했다. 간혹 그룹의 경계선을 넘어서 가까운 친구 몇몇을 사귀기도 했지만, 대체로 흑인의 방식, 성향, 관심사는 대수롭지 않게 여겨지거나 때로 비난을 받기까지 한다고 느꼈다. 그들은 교내에 흑인이나 소수 인종 출신의 교수가 거의 없다는 사실에도 주목했고, 그 원인을 나름대로 설명할 수도 있었겠지만 그렇게 하지 않았다. 왜인지 알 수 없었다. 그들은 다소 사무적인 태도로 성실하게 면담에 임했으며 아무것도 비난하지 않는 듯했다. 그러나 미시간 대학교가 자신에게 적합한 학교인지는 정말 진지하게 걱정하는 것 같았다.

그날 내 마음을 움직인 다른 하나는 학생들의 성적 그래프였다. 그 그래프에서 중요한 사실 한 가지를 엿보았다. 미시간 대학교의 흑인 학생들이 학업에 어려움을 겪는 이유는 그들이 다른 학생들에 비해 학문적 기량이나 의욕이 떨어져서가 아니었다. 그래프는 미시간 졸업생들을 입학 당시의 SAT 점수를 기준으로 분류해 묶은 뒤 각 그룹의 재학 기간 평균 학점을 나타내고 있었다. SAT 1,000~1,050점으로 입학한 학생들의 학점, 1,050~1,100점으로 입학한 학생들의 학점, 계속 올라가서 1,550~1,600점, 그다음 SAT 최고 점수로 입학한 학생들의 재학 기간 평균 학점이 한눈에 들어왔다. 높은 SAT 점수로 입학한 학생일수록 더 높은 학점을 받았다. 그리 놀랍지 않았다. 사실 SAT는 학점을 예측하기 위한 시험이니 말이다.

내가 놀란 이유는 따로 있었다. 그래프에는 같은 기간 동안 흑인 학생들만의 성적을 따로 나타낸 별도의 선이 있었다. 그 선을 보면 높은 SAT 점수로 입학한 흑인 학생이 높은 학점으로 학교를 졸업했다. 역시 놀랍지 않은 현상이었다. 단 그 선이 다른 학생들의 성적을 나타내는 그래프 선보다 한결같이 낮았다는 점만 제외하면 말이다. 쉽게 말해 SAT에서 몇 점을 받은 흑인 학생이든, 심지어 가장 높은 SAT 점수를 받은 흑인 학생조차 다른 학생들보다 학점이 낮았다. SAT가 대학 성적을 미리 대략 측정하는 시험이라고 가정한다면, 다음과 같은 중요한 사실을 유추할 수 있다. **비슷한 SAT 점수로 입학한 비슷한 수준의 학문적 기량을 지닌 학생 중에서 유독 흑인 학생은 자신의 기량만큼 성적을 내지 못했다. 뭔가가 그들의 학문적 성취를 가로막았다.**

앤아버를 방문한 뒤 나는 몇 가지 의문을 품었고 성적 그래프라는 실마리도 얻었다. 미시간 대학교 흑인 학생들의 성적이 낮은 까닭은 기량이 부족해서가 아니라는 구체적 증거를 얻은 것이다. 나는 그런 현상이 흑인 학생들의 경험이나 심리적인 측면과 관련이 있으리라 짐작했지만 당시로서는 그것이 구체적으로 무엇인지 짐작할 수 없었다. 그리고 성적 그래프에 비해 덜 구체적이지만 다른 증거도 있었다. 소수 인종 학생들이 학교에서 소속감을 느끼지 못하는 것에 신경을 썼다는 점이다. 한때 마틴 루서 킹도 통합형 학교integrated school(온갖 인종, 종교적 배경의 학생이 다니는 인종 무차별 학교.–옮긴이)에 다니는 흑인 학생들이 언제나 그들을 사랑하는 교사에게 배울 수는 없다고 우려했다. 미시간 대학교의 흑인 학생들도 같은 문제를 안고 있었다. 나는 집으로 돌아오는 비행기 안에서 학점과 소속감이라는 두 가지 증거가 서로 관련되지는 않았는지 골똘히 생각했다.

2

1년 후 미시간 대학교에서 다시 심리학과 교수직을 제의해왔다. 이번에는 큰 조직을 관리하는 업무가 포함되지 않은 자리였기 때문에 관심 분야를 집중적으로 연구할 수 있는 좋은 기회였다. 설레었다. 그곳으로 가면 매우 흥미롭고 중요한 연구 주제가 기다리고 있을 터였다.

가족이란 대개 그렇지만, 이때 나의 가족은 내게 정말 관대했다. 1987년 가을, 두 10대 자녀는 친구들을 떠나 먼 곳으로 이사하는 데 동의해주었고 그렇게 우리 가족은 앤아버에 자리 잡을 수 있었다. 마침 새로운 학년이 시작되려는 시기였고 미시간 대학교 미식축구 경기가 열리는 때이기도 했다.

앤아버에 도착하자마자 마치 기다리고 있었다는 듯 미시간 대학교 흑인 학생들의 낮은 성적을 나타내는 그래프가 다시 내 삶에 등장했다. 나는 소수 인종 학생들의 중퇴를 막고 취업을 돕는 위원회의 위원으로 임명되었고, 위원회 모임 첫날에 건네받은 유인물에서 흑인 학생들의 낮은 성적(이는 위원회가 존재하는 주된 이유기도 하다)을 나타내는 그래프와 또다시 마주했던 것이다.

나는 '행위자-관찰자'의 차이를 연구한 미시간 대학교의 사회심리학자 리처드 니스벳과 이에 관해 논의했다. 니스벳은 대화를 즐기는 사람이지만 그저 한가롭게 이야기만 나누지는 않았다. 그는 대화 도중에 과학적 질문들을 떠올리고, 그 질문들을 서로 연결 지어 하나의 가설로 구성하기도 한다. 그리고 그 가설이 현실에서 어떻게 작동하는지 살펴보는 것으로 연구에 착수한다. 즉 많은 사람을 만나 대화하고, 여기저기 전화를 걸어 묻고, 기록 보관소를 뒤적이고, 폭넓게 독서한다. 그렇게 해서 얻은 하나의 견해를 바탕으로 '측정'한다. 이해한 것이 맞는지 확인하기 위해 형식을 갖춰 실험하고 그 현상이 어떻게 작동하는지 더욱 깊게 관찰한다는 말이다. 이런 접근 방식에 영감을 받은 나는 서둘러 실험실로 향하는 평소의 습관을 억눌렀다.

먼저 학생들과 이야기를 나눴다. 그리고 소수 인종 학생들의 낮은 성적을 주제로 세미나도 열었다. 세미나에서 놀라운 사실 하나를 알게 되었다. 학생들은 4~5쪽짜리 설문지를 작성해 캠퍼스에서 마주친 여러 흑인, 백인 학생들을 대상으로 설문 조사를 했다. 그들은 학생들이 다른 인종의 친구를 얼마나 많이 사귀는지 알아내기 위해 설문지의 첫 쪽에 가장 친한 친구 여섯 명의 이름을 적게 한 다음 맨 마지막 쪽에는 그 친구들의 인종을 적게 했다. (친한 친구 목록을 작성할 때 인종을 기준으로 하지 않도록 설문지를 이렇게 설계했다.) 조사 결과 흑인이나 백인 학생 모두 여섯 명의 친한 친구 중에 인종이 다른 친구는 평균 한 명도 되지 않았다. 가령 흑인 학생은 여섯 명의 친한 친구 중 평균 0.7명의 백인 학생과 가깝게 지냈다. 학생들이 내게 말했듯이 인종에 따라 교우 관계가 이뤄졌던 것이다.

또한 나는 여러 성적 기록을 관찰했다. 먼저 흑인 학생들의 낮은 성적이 다양한 전공에 걸쳐 보편적으로 나타나는 현상인지 알아보았다. 안타깝게도 영문학, 수학, 심리학 할 것 없이 모든 분야에서 같은 현상이 나타났다. 다만 미시간 대학교에 조금이나마 위안이 될 만한 사실이 있다면, 여러 자료를 찾아보니 흑인 학생들의 낮은 성적은 미시간 대학교에만 국한된 현상이 아니라 전국적인 현상이라는 점이었다. 이 현상은 모든 교육 현장에서 발생했으며, 단과 대학, 의과 대학, 법과 대학, 경영 대학은 물론이고 특히 K-12 학교에서도 빈번하게 나타났다. 거의 규칙이라고 표현할 수 있을 만큼 매우 뚜렷하고 보편적인 현상이었다. 시험 문제를 출제하는 사람들은 이 현상을 오래전부터 알고 있었다. 또한 흑인뿐만 아니라 라틴계, 아메리카 원주민, 고급 수학 과목을 듣거나 법과 대학, 의과 대학, 경영 대학에 다니는 여성 등 더욱 다양한 그룹의 학생들 사이에서 나타나는 현상이라는 사실도 알고 있었다.

슬픈 현실이었다. 조사를 마친 뒤 이 현상을 다룬 논평을 여럿 찾아보았다. 대부분은 관찰자 시점에서 기술되어 있었다. 가령 소수 인종 학생들이 학습 의욕이나 문화적 소양이 낮고, 까다로운 과정을 소화할 기량이 부족하며, 가족이나 지역 사회의 영향을 받아 목표나 자존감이 낮기 때문이라는 식이었다. 그러나 의심스러웠다. 과연 이러한 설명이 이렇게 많은 그룹에서, 이렇게 다양한 수준의 교육 현장에서 나타나는 낮은 성적 현상을 해명할 만큼 충분히 설득력이 있을까?

나는 낮은 성적이 소수 인종 학생 그룹이 학교에서 경험하는 일들과 관련이 있으리라는 의혹을 떨칠 수가 없었다. 무엇 때문인지 그들은 기량을 발휘하지 못했다. 캠퍼스에 떠도는 어떤 기운이 그 문제의 일부인 듯했다.

3

그로부터 몇 년 후 나는 북동부 지역의 작지만 유수한 어느 인문대학에 초청을 받아 내 연구에 대해 강연했다. 학교는 그 기회를 놓치지 않고 소수 인종 학생의 학업에 대해 상담도 요청했다. 1990년대 초반이던 당시에는 소수 인종 학생이란 주로 흑인 학생을 가리켰다. 어쨌든 나는 그 뒤로 몇 년 동안 쭉 그런 일을 했다. 그리고 그런 상담을 할 때마다 전에는 이해하지 못했던 새로운 사실을 많이 알게 되었다.

그 대학의 방문은 특히 흥미로운 경험이었다. 흑인 학생들과 교수, 행정 직원과 잇따라 이야기를 나눴는데, 서로 다른 관점이 눈앞에 펼쳐지는 재미있는 경험이었다.

교수와 행정 직원 들은 흑인 학생의 문제점을 걱정했다. 학점이 낮고, 중퇴 가능성이 높고, 학년이 올라갈수록 직업에 대한 포부를 점차 낮추는 경향이 있으며, 평가를 회피하려 하고, 교내 활동에 잘 참여하지 않는 편이고, 인종적으로 눈에 띄게 분리된 친구 관계를 맺고 있다면서 말이다. 미시간 대학교의 위원회가 작성한 소수 인종 학생의 문제점과 거의 같았다.

우리는 밝은 단풍나무 목재로 장식된 작은 회의실에서 이야기를 나눴다. 한쪽 벽면 전체가 유리로 되어 있어서 초봄의 햇살이 비스듬히 들어왔고, 바깥으로 보이는 숲에는 하얀 눈이 군데군데 쌓여 있었다. 분위기는 호의적이고 정겹기까지 했지만 동시에 진지하고 조심스러웠다. 한마디로 성인들 간의 신뢰를 바탕으로 한 대화를 불러일으키는 그런 분위기였다. 물론 그들은 바쁜 사람들이었다. 내로라하는 이 학교에서 흑인 학생에 관한 문제가 그들의 유일한 걱정거리일 리는 없었다. 그럼에도 그들은 학교가 모두를 위해 잘 돌아가기를 바랐다.

그들은 이 문제를 주로 '관찰자' 관점에서 보았다. 적합한 학생들을 입학시키고 있는 것일까? 학문적 기량에 더욱 큰 비중을 두고 학생들을 입학시켜야 하지 않을까? 가정 환경이 성적에 영향을 미치지는 않을까? 그들은 물론 낮은 성적 현상에 대해 들어본 적이 없었다. 그래서 흑인 학생들의 문제가 전적으로 학문적 기량에만 관련되지는 않았다는 데 확신하지 못했다. 나는 교수, 행정 직원 들과 회의하는 동안 회의실 안 한쪽 귀퉁이에서 마치 어떤 위험한 불꽃이 타오르고 있는 듯 느껴졌다. 그 불꽃은 자칫 인종 차별주의자로 비칠 수도 있는 언행을 할 가능성이었다. 그들은 전혀 그런 언행을 하고 싶지 않았다. 그래서 그들은 말하기보다는 주로 내 말을 듣고 싶어 했다. 그러나 내가 무슨 말을 할 수 있었겠는가?

흑인 학생들도 나름대로 괴로워했다. 나는 캠퍼스 기숙사 1층에 학생 서비스 사무실로 꾸며진 길고 좁고 천장이 낮은 방에서 흑인 학생들을 만났다. 약 일흔다섯 명쯤 되는 학생들이 몰려왔다. 캠퍼스가 상당히 작다는 사실을 감안하면 꽤 많은 학생이 온 셈이었다. 학생들 역시 내게서 뭔가를 듣고 싶어 했지만, 그들은 주로 말하고 싶어 했다. 대개 캠퍼스에서 경험한 일, 스트레스 받았던 일을 이야기하기 원했다. 특히 소속감을 못 느낀다는 말을 아주 여러 번 했다. 그리고 대부분의 시간 동안 울적하다고 했으며 주말이 되면 집으로 돌아간다고 했다. 내가 무슨 말을 할 수 있었겠는가?

흑인 학생들은 학교에 인종 차별주의자 부류가 있다고 말했다. 회의실에서 타오르던 그 불꽃에 부채질을 한 셈이었다. 그들은 수업 조교와의 사이에서 있었던 불쾌한 일이나 교수 또는 다른 학생들에게 들은 말을 인용하곤 했다. 시간이 흐를수록 점점 '행위자' 관점에서 상황을 보게 됨에 따라, 문제의 핵심은 몇몇 특정 인물의 인종 차별주의가 아니라 캠퍼스 생활이 인종적으로 구조화된 방식인 듯했다.

예를 들어 그곳에는 소외감이 있었다. 흑인 학생들은 교내에서 적은 숫자를 차지하는 소수 인종이었다. 그리고 캠퍼스 문화는 교내에서 가장 많은 수를 차지하고 역사적으로도 학교에 동질감을 크게 느끼는 백인 학생이 장악하고 있었다. 그 문화란 누가, 무엇이 '멋있는지cool'에 대한 인식, 유행하는 가치관, 일반적인 규범, 패션, 아름다움의 기준, 음악적 취향, 종교적 표현의 방식 등이었다. 이런 상황에서 흑인 학생들은 소속감을, 캠퍼스 생활에서 자신이 존중받을 수 있는지를 걱정할 수밖에 없었다. 환경이 이러한데 그들이 과연 있는 모습 그대로 존중받을 수 있을까? 친구가 되고 싶은 사람으로 받아들여질까? 이런 소외감이 형성된 데는 숫자의 영향이 컸다. 백인 학생들이 문화적으로 캠퍼스를 장악한 이유는 그들이 다수였기 때문이다.

교우 관계도 확연히 인종별로 맺어졌다. 흑인 학생들은 그 대가를 알면서도 이런 상황을 자초하는 당사자이기도 했다. 미국인 85퍼센트 이상은 지인을 통해 일자리를 구한다. 그래서 같은 인종의 사람들과만 관계를 맺다 보면 중요한 관계망에서 벗어나기 쉽고 그에 따라 여러 기회를 놓칠 수 있다. 이게 과연 주제와 동떨어진 이야기일까? 오히려 이 학교의 흑인 학생들이 느낀 소외감의 본질을 말해주고 있지 않을까?

사회학자 윌리엄 줄리어스 윌슨William Julius Wilson은 미국 북부 도시에 있는 대규모 아프리카계 미국인 게토의 탄생과 유지를 여러 요소의 '집약concentration'으로 설명했다. 그 요소란 미국 남부에서 북부로 장기간 이루어진 흑인의 이주, 재정 지원을 잘 받지 못하는 소수의 공립 학교, 도시 밖이나 해외로 빠져나가는 일자리, 고용 차별, 지역적·사회적 고립 등이다. 이런 요소들이 결합되어 게토 거주민의 형편이 철학자 찰스 밀스Charles Mills의 용어를 빌면 '악화downwardly constitute'되었고, 그들은 스스로를 잘 대변하지 못하게 되었다.

물론 그 대학은 인종적 게토가 아니었다. 그리고 흑인 학생들 역시 자신의 형편을 '악화'시키는 요소보다는 구직의 어려움, 차별 같은 요소를 더욱 크게 인식했다. 그러나 학생들의 말을 계속 듣다 보니 '요소들의 집약' 이론이 그들의 낮은 학점을 이해하는 데 더 나은 방법을 제공해주는 듯했다. 학생들이 계속 제기하는 주장은 어딘가 불충분해 보였던 것이다. 교수나 다른 학생들의 인종 차별주의로 낮은 학점이 완벽하게 설명되지는 않는 듯싶었다. 흑인 학생들이 제기한 인종 차별주의의 예는 그들의 낮은 학점만큼 일반적 현상은 아니었다. 그렇다고 흑인 학생이 선천적으로 학습 의욕이나 문화적 소양이 낮아서 낮은 학점을 받는 것 같지도 않았다. 그들은 그 대학에 뽑힐 만큼 흑인 그룹 내에서는 최고 우등생이었다. 결국 '요소들의 집약'이 관여되었다고 판단됐다. 인종 차별화된 캠퍼스 생활의 여러 측면, 즉 인종적 소외감, 교우 관계와 학계 인맥의 인종적 분리, 교내 활동에서 중요 역할을 맡는 소수 인종 학생의 적은 비율, 인종에 따른 전공 선택, 미국 사회의 인종적 구조를 반영하는 모든 것의 집약 말이다.

낮은 학점 현상이 요소들의 집약, 즉 사회 구조와 관련이 있다는 가설은 설득력 있어 보였다. 낮은 학점 현상은 실업이나 불평등한 학교 재정 지원 같은 '구체적' 요소가 아닌 사회 구조에 관한 문제인 듯했다. 그렇다면 그 구조는 더 악화될 수도 있을까? 그것은 흑인 학생들, 특히 인종 차별이라는 역경에 맞서 '두 배는 더' 노력해야 한다는 가치관에 따라 키워졌을 흑인 학생들의 성적에 지장을 줄 만큼 정말로 큰 문제일까?

4

1968년 4월 4일 마틴 루서 킹 주니어가 암살당했다. 그다음 날, 아이오와 주 3학년 교사인 제인 엘리엇은 학생들에게 마틴 루서 킹 주니어의 삶을 가르치기로 결심했다. 그녀가 사는 아이오와 주 라이스빌은 단 한 인종으로만 구성된 작은 농촌 마을이어서 대부분의 학생은 아프리카계 미국인을 한 번도 본 적이 없었다. 차별당하는 경험이 무엇인지 가르치기 위해서 그녀는 먼저 갈색 눈동자인 학생과 푸른색 눈동자인 학생으로 학급을 나누었다. 첫날, 그녀는 갈색 눈동자인 학생들을 차별했다. 그녀는 갈색 눈동자인 학생들을 구분하기 위해 그들의 목둘레에 펠트 옷깃을 붙였다. 그리고 푸른색 눈동자인 학생들이 갈색 눈동자인 학생들보다 더 똑똑하고 깨끗하며 예의 바르게 행동한다고 말했다. 그녀는 푸른색 눈동자인 학생들을 교실 앞자리에 앉게 해주고 쉬는 시간에는 놀이터의 놀이 기구를 먼저 이용하게 해주었다. 교실에서 쓰이는 재료도 푸른색 눈동자인 학생들에게 먼저 사용하라고 했다. 푸른색 눈동자인 학생들이 교실에서나 놀이터에서 갈색 눈동자인 학생들과 어울리지 않도록 부추기기도 했다. 이 실험은 나중에 ABC 뉴스에서 〈폭풍의 눈The Eye of the Storm〉이라는 다큐멘터리로 재연, 제작되었다.

이 다큐멘터리를 보면 첫날 갈색 눈동자인 학생들의 얼굴 표정은 좋지 않다. 놀이터에서 갈색 눈동자인 학생들은 서로 옹기종기 모여서서 카메라에 얼굴이 잡히지 않도록 코트 깃을 잔뜩 세웠다. 수업 중에는 아무 말도 하지 않았을 뿐 아니라 하루 종일 겨우 몇 마디만 했다. 반면 푸른색 눈동자인 학생들은 편안하고 행복해 보였으며 남의 눈치를 보지 않고 수업에 적극 참여했다.

둘째 날, 엘리엇 선생은 상황을 뒤바꾸었다. 이번에는 펠트 옷깃을 푸른색 눈동자인 학생들의 목둘레에 붙였으며 전날 갈색 눈동자 학생들을 대했듯이 그들을 대했다. 푸른색 눈동자인 학생들은 이제 전날의 활력을 잃고 풀이 죽은 채 저들끼리 옹송그리며 모였다. 반면 갈색 눈동자인 학생들은 적극 수업에 임했다.

이 다큐멘터리의 한 장면에는 놀랍도록 지적인 암시가 숨어 있다.

제인 엘리엇이 몇 명의 학생에게 산수와 철자법을 가르치는 장면에서 열등하다는 낙인이 찍힌 학생들은 산수 풀이와 철자 쓰기를 아주 못했다. 거의 집중하지 못했고 배운 것을 기억하지도 못했다. 그들은 매우 느리게 반응했고 여러 번 틀린 답을 말했다. 그러나 낙인에서 벗어난 날에는 활기 넘치고 총명한 아이들이 되었다. 환경과 환경에서의 위치가 아이들의 능력을 결정하는 실제 요소인 듯했다.

제인 엘리엇은 의도적으로 학생들을 악화시켰다. 물론 일시적으로 말이다. 그녀는 어떤 주장을 펼치고 있었던 것이다. 물론 그 대학은 뭔가를 주장하고 있었던 것도 아니고 의도적으로 흑인 학생들을 악화하려 하지도 않았다. 오히려 그 반대였다. 대학은 스스로를 통합에 힘쓰는 존재로 보았으며 그 통합에 뒤따르는 문제들 때문에 당혹스러워했던 것뿐이다. 그러나 나는 몇 년 동안 흑인 학생들의 낮은 학점에 관해 생각하고 셀 수 없이 많은 학생과 대화해본 결과 두 가지 생각을 얻었다. 첫째, 미국의 여러 고등 교육 기관이 그렇듯이 그 학교는 미국 사회에서 비롯된, 그리고 학교 자체의 역사에서 비롯된 사회 구조를 그대로 이어받았다. 바로 이것이 흑인 학생들을 악화시키는 압력일 터였다. 그 압력이란, 편견이나 인종 차별주의라는 전통적 틀 안에서 또는 학생의 결함만으로는 잘 이해되지 않는 강력한 힘을 가리킨다. 둘째, 이러한 압력이 흑인 학생들의 지적 성과에 직간접적으로 영향력을 미쳤을 것이다. 말하자면 낮은 학점을 야기하는 힘을 갖고 있을 것이다.

5

그때까지 나는 당시 미시간 대학교 대학원생인 스티븐 스펜서Steven Spencer(현재 워털루 대학교의 저명한 교수)와 함께 연구하고 있었다. 스티븐은 에너지가 넘치고 열정적인 사람이다. 아마도 미시간 주의 농가에서 성장기를 보내서이리라. 그는 일에 자기 자신을 쏟아부을 줄 알고, 심리학에 대해 이야기하라면 시간 가는 줄 모르며, 민첩하고 날카로운 지성을 지녔다. 우리는 당시 '사람들이 그것을 위협하는 정보에 맞서 어떻게 자신을 충족시키는 견해를 유지하는가'를 함께 연구했다. 그리고 이것이 인간의 정신적 삶의 주요 동인이며, 이를 통해 인간은 믿음과 추정을 재검토하고, 여러 해석을 통합하며, 때로는 성장한다는 이론을 제시했다. 사실 이 문제에 대한 접근 방식은 이미 자기 가치 확인 이론self-affirmation theory(사람은 자기 통합성을 유지하려 한다는 저자의 이론-옮긴이)으로 체계화했다. 바로 이 자기 가치 확인 이론, 이와 무관하지만 마찬가지로 흥미로운 이론, 즉 알코올의 약학적·심리학적 효과가 어떻게 알코올 중독을 양성하는가를 주제로 한 이론은 내가 워싱턴 대학교에서 가장 주력하던 연구였다. 매혹적이며 흥미로운 연구 주제였다. 스티븐과 나는 로버트 조지프스Robert Josephs(당시 또 한 명의 대학원생이자 지금은 텍사스 대학교의 저명한 교수)와 함께 이 두 가지 분야 연구에서 큰 진전을 이뤘다.

그러나 무슨 까닭인지 새로운 대학교에 와서 특정 그룹의 낮은 학점이라는 문제에 사로잡혔다. 스티븐에게 이 문제를 끊임없이 언급했고 마침내 바람대로 스티븐도 여기에 빠져들었다.

과학이 이미 정해진 규칙을 따라가는 형식적 학문처럼 보이지만,

사실 과학적 탐구는 정해진 기준 없이 다음에 무엇을 할지 연구자가 스스로 결정해야 하는 선택의 연속이다. 직관과 추측이 필요한 일이다. 우리는 먼저 무엇이 낮은 학점을 야기했는지 더 자세히 살피기로 했다. 그 원인이 소수 인종 그룹이 학교생활에서 겪을 법한 낙인찍기, 즉 악화시키기이리라 직감했다. 물론 해당 그룹 자체의 문제 때문에 낮은 학점 현상이 나타났을 수도 있다. 그러나 나는 낙인찍기 가설이 옳다고 생각했다. 고백하자면, 낮은 학점이 그룹 간의 생물학적 차이에 뿌리를 두고 있다는 맥 빠지고 비인간적인 생각보다는 낙인찍기 가설이 더 마음에 들었다. 그러나 낮은 학업 성적은 흑인, 라틴계, 아프리카 원주민, 수학 수업을 듣는 여성 등 여러 그룹에서 발생했다. 이 모든 그룹이 낮은 성적을 받은 데에는 뭔가 생물학적 원인이 있지는 않을까? 그럴 가능성도 배재할 수는 없겠지만, 이 그룹들이 모두 낙인찍기를 경험했으리라는 것도 충분히 상상해볼 수 있다. 물론 낙인 유형은 제각각일 터였다. 나름대로 합리적인 추론이었으나 당시로서는 한낱 추론이었다. 나는 이 추론을 실험해볼 때가 왔다고 생각했다.

스티븐과 나는 제인 엘리엇의 실험을 따라 하기로 했다. 한 그룹의 구성원들이 지적 성취와 관련해 낙인찍혔을 때와 낙인찍히지 않았을 때의 지적 성취를 비교할 필요가 있었다. 푸른 눈동자인 학생들이 펠트 옷깃을 붙이고 교실 뒷자리에 앉았을 때와 그렇지 않았을 때의 태도를 비교하듯이 말이다. 그룹 구성원들이 낙인찍혔을 때 낮은 성적을 내고 그렇지 않았을 때 좋은 성적을 낸다면, 우리는 낙인찍기가 지적 성취를 방해한다는 증거를 확보하는 셈이었다.

곧 일하게 될 대학의 강의실에서 이과 수업을 듣는 여학생과 문과 수업을 듣는 여학생의 경험을 대상으로 이런 실험이 자연스럽게 이뤄질 수 있다는 생각이 스쳤다. 많은 연구에서 특히 대학의 상급 수학 수업을 듣는 여학생들은 낸시 휴잇Nancy Hewitt과 일레인 시모어Elaine Seymour가 지칭한 '냉랭한 분위기chilly climate'를 느꼈다고 진술했다. 이는 곧 여학생들의 재능이 의문시되었다는 뜻이며, 학문을 향한 진지함이 깎아내려졌고, 끊임없이 능력을 입증해야 했으며, 일에 헌신적이지 않으리라 의심받았다는 뜻이다. 그러나 영어학 수업이나 좀 더 일반적인 여러 인문학 수업을 듣는 여성들은 그런 압력을 느꼈다는 진술을 거의 하지 않았다.

스티븐과 내가 알고자 했던 것은 이런 차이가 존재하는 이유가 아니었다. 물론 이 책에서 여러 차례 다시 그 질문으로 돌아가긴 하지만, 당시 스티븐과 나는 좀 더 간단한 실험에 집중했다.

우리는 '냉랭한 분위기' 때문에 낙인찍혔다고 느끼는 상급 수학 수업을 듣는 여성들이 얼마나 낮은 성적을 받았는지, 그리고 낙인찍기를 상대적으로 덜 느끼는 상급 영어학 수업을 듣는 여성들이 얼마나 낮은 성적을 받았는지 비교하면 되었다. 그토록 간단한 실험이었다. 만약 예측대로 낙인찍기가 지적 성취를 정말 가로막는다면 상급 수학 수업의 여성들이 더욱 낮은 점수를 받은 결과가 나올 터였다. 다시 말해 상급 영어학 수업에서보다 상급 수학 수업에서 여학생과 남학생의 성적이 더 큰 차이를 보일 것이었다.

우리가 수집한 자료가 완벽하지는 않았다. (물론 자료를 수집한 뒤에는 모든 학생의 이름을 고유 번호로 대체해서 그들의 익명성을 보장했다.)

상급 수학 수업을 듣는 여학생이 극히 적었기 때문이다. 그마저도 일부 학생을 비교 대상에서 누락시킬 수밖에 없었다. SAT 점수를 확보하지 못해서 그 점수에 따라 분류할 수 없었기 때문이다.

그럼에도 제인 엘리엇의 교실에서 나타났던 결과가 그대로 나타났다. 상급 수학 수업을 듣는 여학생들이 좀 더 낮은 성적을 받는 경향이 나타났지만 상급 영어학 수업에서는 그런 경향이 보이지 않았다. 상급 수학 수업을 듣는 여학생은 성별에 따른 낙인을 느꼈지만 상급 영어학 수업을 듣는 여학생은 낙인을 덜 느꼈다는 뜻이다.

똑똑하고 의욕적인 학생들이 낮은 점수를 받는다는 것을 실제로 확인하니 마음이 좋지 않았다. 그러나 적어도 이번에는 연구 방향을 잡을 수 있었다. 우리는 낙인과 지적 성취를 더욱 깊이 생각하기 시작했다. 물론 우리가 수집한 자료는 그다지 정밀하지 않았고, 관찰 결과는 전혀 다른 방식으로 해석될 수도 있었다. 가령 영어학 수업을 듣는 남학생은 어쩌면 수학 수업을 듣는 남학생보다 수업에 흥미를 덜 느끼는지도 몰랐다. 그 때문에 영어학 수업을 듣는 남학생이 같은 수업을 듣는 여학생보다 높은 점수를 받지 못했을 가능성도 있었다. 아니면 단지 영어학 수업이 수학 수업보다 쉬워서 모든 학생이 점수를 잘 받았는지도 몰랐다. 이처럼 현실 속 대학 강의실에서는 아주 많은 요소가 성적에 영향을 미칠 수 있다.

그래서 우리는 더욱 정밀한 실험을 하기로 했다. 낙인이 분명 지적 성취를 가로막고 우리가 그 효과를 확실히 확인할 수 있다면, 즉 실험실에서 그 효과를 '배양'할 수 있다면 우리는 실험 절차를 통해 여러 중요한 질문에 답할 수 있을 터였다. 가령 이런 질문들이다. 어떤 요소들이 이 효과를 악화시켰을까? 낙인찍기는 정확히 어떻게 사람들의 지적 기능을 훼손할까? 이 효과에 더욱 취약한 부류의 사람들이 따로 있을까? 이런 현상은 낙인찍힌 모든 그룹에서 생길까, 일부 그룹에만 나타날까? 이것은 지적 성취뿐만 아니라 다른 종류의 성취에도 영향을 미칠까? 중요도가 낮은 시험에도 나타날까, 중요도가 높은 시험에만 나타날까? 무엇보다도 가장 중요한 질문은 이것이었다. 이런 현상을 없애려면 어떻게 해야 할까?

우리는 예의 수학과 영어학 연구를 실험실에서 재현하기로 했다. 우선 수학을 잘하는 미시간 대학교 1, 2학년 남녀 학생들을 모집했다. 입학할 때 SAT 수리 영역에서 상위 15퍼센트의 점수를 받고, 두 개의 미적분학 수업에서 최소 B학점을 받았으며, 수학이 진로에 중요하다고 말한 학생들이었다. 이렇게 해서 동일하게 수학을 잘하고 수학에 전념하는 정도가 똑같은 한 무리의 남녀 학생을 모았다. 그런 다음 실험실에 한 명씩 불러서 아주 어려운 시험 문제를 풀도록 했다.

그것이 실험의 원칙이었다. 물론 학생 중 절반은 낙인찍힌 상태에서 또는 잠재적으로 그럴 가능성이 있는 상태에서 시험을 보고, 나머지 절반은 낙인찍히지 않은 상태에서 시험을 보도록 해야 했다.

우리는 여학생들의 수학과 영어학 성적을 조사한 방식을 그대로 본떴다. 시험의 주제를 수학과 영어학 두 가지로 나누었다. 참가 학생들의 절반은 GRE Graduate Record Examination(미국, 여러 영어권 국가에서 실시하는 대학원 입학 자격 시험.-옮긴이) 수학 전공 시험을 30분간 치렀고, 나머지 절반은 GRE 영문학 전공 시험을 30분간 치렀다. 고도의 지식이 필요한 시험이었다. (문제는 기초적인 학업 자질을 평가하는

GRE 일반 시험의 수리와 언어 영역에서가 아니라 난도가 더 높은 GRE 전공 시험에서 가져왔다.)

우리는 여성의 수학 문제 풀이 능력에 대한 부정적 고정관념에 근거해 이렇게 추론했다. 단순히 어려운 수학 시험을 치르는 것 자체만으로도 여성은 낙인찍기의 위협, 즉 **여자라는 이유로** 수학 문제 풀이 능력이 떨어지는 것으로 보일 위협에 처했다고.

그에 반해서, 남성 그룹에 대해서는 수학 문제 풀이 능력이 떨어진다는 고정관념이 없다. 개인에 따라 부족할 수도 있다고 여겨질 뿐이다. 따라서 시험을 잘 못 보는 남성은 그런 개인으로 여겨질 뿐 **남성이기 때문에** 수학 문제 풀이 능력이 부족하다고 여겨지지는 않을 터였다.

같은 이유로 영문학 시험을 치르는 여성이나 남성에게는 그룹 낙인찍기의 위협이 없을 것이었다. 우리는 남성이 영문학 시험에서 얼마간 그룹 낙인찍기의 위협을 느낄지도 모른다고 짐작해보기도 했지만, 영문학 분야에서는 여성도 남성도 강렬하게 낙인찍히지 않은 그룹이었다. 그것이 사실이었다.

그다음 우리는 실험실에서 했던 실험을 현실에서도 해보았다. 그룹 낙인찍기의 위협에 처할 경우 지적 성취에 방해를 받는다면, 여성은 낙인찍히게 되어 있는 수학 시험에서 남성보다 낮은 점수를 받을 터였고, 어떤 그룹도 낙인찍히지 않을 영문학 시험에서는 그렇지 않을 터였다. 아니나 다를까 정확히 같은 결과가 나왔다.

우리는 용기를 얻었다. 뭔가를 증명해서가 아니었다. (사실 실험 결과를 설명할 수 있는 매우 그럴듯한 견해가 하나 있는데 곧 소개할 것이다.)

이제 현실에서 보아온 것을 재현할 수 있는 실험 절차를 갖추게 되었기 때문이다. 그리고 그 절차는 비교적 안전했다. 실험 참가자들이 한 번도 겪어보지 않은 일을 겪게 하는 실험이 아니라 단지 시험 치르기였을 뿐이니 말이다. 게다가 실험이 끝나고 나서 학생들에게 실험의 목적을 설명해주면 그들이 앞으로 살아가면서 그런 압력을 이겨내는 데 도움이 될지도 몰랐다. 우리는 안전한 제인 엘리엇의 교실을 갖게 된 셈이며, 그곳에서 지적 성취와 관련해 일어날 수 있는 낙인찍기의 효과를 자세히 들여다볼 수 있을 것이었다. 또 어떻게 해서 그런 효과가 발생하며 어떻게 하면 그것을 줄일 수 있는지도 배울 수 있을 것이었다.

6

우리는 실험에서 여성이 낮은 성적을 얻은 이유가 낙인을 확증하지 않으려는 데서 오는 압박감 때문이라고 생각했다. 그러나 우리는 다소 충격적이며 얼핏 설득력이 있는 다른 견해에 조심스럽게 주목했다. 여성의 낮은 성취는 여성이 생물학적으로 수학 문제 풀이 능력이 부족하다는 사실을 반영하는 증거이며, 특히 어려운 수학 문제에서 그런 경향이 분명히 드러난다는 견해였다.

1980년대 초반, 심리학자 커밀라 벤하우Camilla Benhow와 줄리언 스탠리Julian Stanley는 수학 성적에서 나타나는 남녀의 차이를 몇 가지 대규모 연구를 수행해 권위 있는 저널 《사이언스》에 실었다. 흥미롭게도 그들의 연구 설계는 우리의 것과 같았다. 그들도 수학을 매우 잘

하는 학생들을 선별했다. 똑같은 수학 과정을 공부하고 있으며 표준 수학 시험에서 상위 3퍼센트 안에 드는 점수를 받은 8학년 남녀 학생들이었다. 그다음 8학년생들에게는 아주 어려운 SAT의 수학 문제를 풀게 했다. 그 결과는 우리의 연구 결과와 비슷했다. 여학생이 남학생보다 낮은 점수를 받았다. 수학에 같은 기량을 갖추었고 같은 수학 훈련을 받은 남녀 학생들을 아주 신중하게 선별했기 때문에 벤하우와 스탠리는 이런 결론을 내릴 수밖에 없었다. 여학생의 낮은 수학 점수는 그들이 생물학적으로 수학 능력이 부족하다는 증거이며 어려운 수학 문제를 풀 때 이런 사실이 확연히 드러난다고 말이다.

오늘날에는 알코올 중독, 과잉 행동, 행복 등 모든 것을 생물학적으로 설명하려는 경향이 강하다. 성별에 따른 수학 점수의 차이가 생물학적으로 결정된 것이라는 견해는 매력적으로 보일 수밖에 없다. 한 예로 2005년 1월 매사추세츠 공과 대학에서 당시 하버드 대학교 총장이던 로런스 서머스Lawrence Summers는 과학에서의 여성의 존재에 관한 학회에서 이렇게 말했다.

> 이 학회의 자료가 입증하듯이 첨단 과학 분야에 종사하는 여성과 남성 사이에는 상당한 격차가 있습니다. 그 원인에 관해서는 세 가지 일반적 가설이 있습니다. 첫째는 첨단 과학 분야의 일이 매우 정력적이어야 할 수 있다는 가설, 둘째는 **첨단 과학에 대한 소질에 차이가 있다**는 가설, 셋째는 연구 활동에서 차별이 있다는 가설입니다. 그리고 제가 볼 때 이 가설들의 중요도는 정확히 방금 말한 순서대로입니다.

로런스 서머스가 연설하는 도중 매사추세츠 공과 대학의 유명 생물학자 낸시 홉킨스Nancy Hopkins가 자리를 떴다. 곧 학회는 아수라장이 되었다. 주로 서머스의 '두 번째 가설'이 어떤 의도를 담고 있느냐를 두고 논쟁이 벌어졌다. 몇 시간이 지나자 언론에서 학회 참가자들을 인터뷰하며 그 소동을 보도했다. 며칠이 지나자 신문 논설, 텔레비전과 라디오 토크 쇼, 매체 전문가들이 서머스의 발언, 그를 옹호하는 사람들과 비방하는 사람들 사이의 논쟁을 집중적으로 다뤘다. 바로 일부 사람들이 서머스 총장의 사임을 촉구하고 나섰다. 시간이 지날수록 하버드 대학교에 가해지는 항의는 점점 거세졌다. 그해 3월 15일, 하버드 대학교 인문학부 교원들은 서머스 총장의 사임을 두고 찬반 투표를 했고, 결과는 찬성 218, 반대 185로, 서머스를 하버드 대학교 총장으로서 신뢰할 수 없다는 의견을 표명했다. 서머스는 이사회의 지지로 이 투표 결과를 무사히 넘겼지만 1년 후 또다시 불신임 투표가 벌어질 위기에 앞서 자진 사임했다. 이때는 또 다른 문제가 수면 위로 떠올랐다. 그의 지도력에 대한 논쟁이 불거진 것이다. 그러나 사실 그의 사임 촉구는 그의 '두 번째 가설'에 대한 언급에서부터 시작된 것이나 다름없었다. 수학과 과학 분야에서 성별에 따른 성취의 차이가 유전적 능력 차이에 근거한다는 그 가설 말이다.

스티븐과 나는 수학 능력에서의 성별 차이가 유전적 차이 때문이라는 그의 언급에는 특별히 관심을 두지 않았다. 대신 우리는 낙인 때문일 가능성이 높다고 생각했다. 그러나 유전적 차이에 관한 견해는 서머스 사건 훨씬 이전에도 영향력이 컸다. 게다가 우리 실험 결과에 대한 해석으로도 충분히 가능성 있는 후보이기도 했다.

서머스 사건은 우리의 초기 연구에서 결코 사소한 일이 아니었다. 똑같이 수학적 기량이 뛰어난 남녀 학생을 세심하게 선별했는데 여학생들이 어려운 수학 시험에서 정말로 남학생보다 낮은 점수를 받았다는 실험 결과를 그럴듯하면서도 매우 다른 두 가지 견해로 해석할 수 있게 되었기 때문이다. 그러나 우리는 여학생들이 어려운 수학 문제를 푸는 동안 느낀 좌절감 때문에 여성의 수학 능력이 낮다는 사회의 시각을 확증할, 또는 확증하는 듯 보일 것을 걱정하게 되었고, 그 결과 성적에 영향을 받았다고 해석했다. 스티븐과 나는 수학 문제 풀이에 영향을 끼치는 낙인이라는 '옷깃'을 이렇게 바라보았다.

그와 다른 해석이라면 여성의 낮은 점수가 여성의 심리적 취약함이라든가 서머스가 언급한 '두 번째 가설'과 흡사한 어떤 이유 때문이라는 해석일 것이다.

둘 중에 어떤 해석이 우리의 실험 결과를 더 잘 설명해주는지 알아보기 위해서는 실험이 필요했다. 과학적 연구에서 경험 연구empirical test(과학적 연구 방법의 하나로 직접 관찰하거나 실험을 해 연구 대상 또는 현상에 대한 경험적 자료를 수집하고 분석 결과를 토대로 연구 문제에 대한 해답을 찾는 방법.-옮긴이)로 서로 다른 두 가지 생각을 맞붙여 겨루게 하는 것은 신 나면서도 긴장됐다. 좋은 경험 연구 방법을 떠올린 연구자들은 누구나 분명한 답을 기대한다. 그러나 이 경우 분명한 답이란 어떤 단서일 터였다. 그 답은 우리의 이전 실험이 그동안 밝혀지지 않았던 여성의 수학 점수에 관한 영향—낙인과 관련된 성 정체성 비상사태—을 밝힌 것인지, 단순히 오랫동안 추측돼온 대로 여성의 수학 능력 부족을 암시할 뿐인지 말해줄 것이었다. 정말 중요한 실험이었다.

하지만 어떻게 실험해야 할까?

실험 방법을 찾는 과정에서 우리는 우리의 해석에 대해 뭔가 다른 측면을 생각하게 되었다. 우리는 수학에 의욕적인 여성들이 어려운 수학 시험을 치르는 도중 고정관념을 확증하지 않으려 느낀 압박감이 **일반적인** 경험이라고 주장했다. 이런 압력을 느끼는 모든 여학생이 좌절감을 겪으며, 이것은 어려운 수학 문제 풀이에서 피할 수 없는 일이고, 좌절감 때문에 갑자기 떠오른 그 고정관념은 자신들의 삶에 실제로 의미 있게 여겨지리라고 말이다. 그런데 이런 주장은 곧 이런 압력이 가해지는 데 추가 요소가 완전히 불필요하다는 뜻이다. 즉 수학에 의욕적인 여학생에게 어려운 수학 문제를 주기만 해도 자동으로 우리의 실험실에서뿐만 아니라 실생활에서도 그런 압력을 느끼리라는 의미다.

그러므로 실험 설계의 관건은 여성들이 어려운 수학 시험을 치르는 동안 압력을 가하는 추가 요소를 찾는 것이 아니었다. 오히려 여성들이 시험을 치르는 동안 일반적으로 느끼는 압력을 낮추는, 즉 낙인의 '옷깃'을 제거할 수 있는 추가 요소를 찾는 것이었다.

만약 이런 압력을 낮추어서 여성의 시험 성적이 향상된다면, 이 압력이 우리의 이전 실험에서 여성들의 성적을 떨어뜨린 원인이었다는 사실을 확인하게 될 것이었다.

그러나 이 압력을 어떻게 낮출 수 있을까?

우리는 여학생들에게 여성은 수학에 약하다는 부정적 고정관념은 잘못되었다고 설득하는 방법을 떠올려보았다. 만약 그들이 고정관념을 믿지 않는다면 그것을 확증하게 될까를 걱정하지 않으리라고 생각했다. 그러나 설령 우리가 그들을 성공적으로 설득한다 해도 사회에서 널리 수용되는 그 고정관념을 당신들처럼 다른 사람들도 믿지 않으리라고 그들에게 확신을 줄 수 없다는 데에 생각이 미쳤다. 이 점에 대해 확신을 주지 못하면 그들은 계속해서 다른 사람들, 아마도 실험자들이 시험 결과에 따라 자신을 고정관념에 근거해 바라보리라고 걱정할 터였다.

우리는 책상 위에 다리를 올려놓은 채 한동안 골똘히 생각에 잠겼다. 곧 간단한 방안이 떠올랐다. 여성이 수학에 약하다는 고정관념이 그들의 시험 점수와 무관하다고 여기게 만드는 방식이었다. 이런 식으로 실험을 소개할 수 있을 터였다. "여러분은 여성이 남성만큼 어려운 수학 문제를 잘 풀지 못한다는 말을 들어본 적이 있을 것입니다. 그러나 이 **특정한** 수학 시험에서는 그 말이 사실이 아닙니다. 이 **특정한** 시험에서는 여성이 언제나 남성만큼 좋은 점수를 내기 때문입니다." (실험에서 실제로 이와 비슷한 말을 했다.)

이런 식으로 시험을 치르면 여성들이 겪는 좌절감의 의미가 바뀔 것이었다. 다시 말해 시험 결과는 수험자의 성별이 여성인지에 대해 어떤 표시도 드러내지 못할 것이다. 이 '특정한 시험'으로는 여성이라는 것에 관해 또는 일반적인 성별에 관해 그 무엇도 측정할 수 없기 때문이다. 이제 여학생들은 이 시험을 치르는 남학생들과 같은 처지에 놓이게 되는 셈이었다. 만약 시험에서 좌절감을 느낀다고 해도 그것은 그저 한 개인으로서 수학에 뛰어나지 못하다는 확증일 뿐이지 여성이라는 이유로 수학에 뒤처진다는 확증이 될 수는 없을 터였다.

이렇게 실험에 대한 소개말만 바꾼다면 어려운 수학 문제를 푸는 동안 그들을 따라다니며 괴롭히던 성 정체성 비상사태는 사라질 것이었다.

그래서 우리는 이전과 같은 방식의 실험을 계획했다. 미시간 대학교에 다니는 수학에 뛰어난 남녀 학생들을 뽑아서 실험실에서 혼자 어려운 수학 시험을 치르게 하는 방식이 그것이다. 그리고 한 그룹에는 여성들이 낙인 위협을 겪지 않도록 하기 위해 시험을 소개할 때 성별에 따라 결과에 차이가 나지 않는 시험이라고 말할 예정이었다.

이렇게 하면 경험 연구에 필요한 요소가 모두 갖추어져 두 가지 견해가 서로 대항해 겨룰 수 있었다. 만약 낙인 압력을 덜 받은 여학생들이 실험에서 남학생들과 같은 성적을 낸다면, 우리는 이전 연구에서 여학생들의 성적이 나빴던 원인이 바로 그 낙인 압력이었음을 확인하게 될 터였다. 바로 그 압력이 여성의 수학 점수에 큰 영향을 끼쳤음을 확인하게 되는 것이다. 그러나 만약 낙인 압력을 덜 받은 여학생들의 시험 점수에 별다른 변화가 없다면, 우리는 낙인 압력이 이전 연구 결과에서 점수에 영향을 끼친 요소가 아니었음을 확인하게 될 터였다. 서머스가 말한 '두 번째 가설'과 관련된 뭔가에 영향을 끼친 요소가 아니었음을 확인하게 된다는 뜻이다.

이 시점에서 스티븐과 나는 특별히 더 많은 단서를 찾지 않았다. 그러나 이 실험이 중요하다는 것을 알았기에 기대하고 긴장했다.

결과는 인상적이었다. 실험은 분명한 답을 보여주었다. 시험이 성별에 따라 결과에 차이를 나타낸다는 설명이 주어졌을 때, 즉 여성이 낙인 확증의 위협을 느끼는 상황에서, 실험 참가자 중 여학생들은 남학생들보다 낮은 점수를 받았다. 이전 실험과 같은 결과였다. 그러나 시험이 성별에 따라 결과에 차이를 나타내지 않는다는 설명이 주어졌을 때, 즉 여학생들이 여성이라는 것에 관한 모든 확증으로부터 자유로운 상황에서, 실험 참가자 중 **여학생들은 남학생들과 똑같이 높은 점수를 받았다. 그들의 낮은 점수 현상은 사라졌다.**[1]

이 실험 결과가 연구자로서 우리 삶의 경로를 바꾸었다고 해도 과언이 아니다. 그것은 우리가 가설을 세워오던 낙인 압력이 여성의 일상적 경험에 영향을 끼칠 정도로, 특히 어려운 수학 문제를 풀 때 영향을 끼칠 정도로 실제 강력하다는 최초의 신호였다. 동시에 여성의 낮은 수학 점수가 사람들이 흔히 생각하는 것보다 더욱 굳게 자리 잡은 현상일지도 모른다는 신호이기도 했다. 어려운 수학 문제를 푸는 여성들을 괴롭히는 고정관념 확증의 위협을 제거했을 때 시험 점수는 크게 올라갔다. 마치 제인 엘리엇이 학생들의 옷깃을 제거했을 때와 같은 효과였다.

우리가 이 실험 결과를 완벽하게 해석할 수는 결코 없었다. 게다가 실험 결과를 일반화하지 않도록 주의해야 했다. 가령 그 실험 결과는 낙인 위협이 사라진다고 해서 수학 성과에서의 성별 차이가 전부 사

---

1 이 실험에서 현실과 가장 유사한 경험을 한 이들은 수학 시험이 성별 차이를 보여준다고 믿는 그룹의 여학생들이었다. 우리는 시험에 앞서 그 그룹의 참가자들에게 수학 시험이 성별 차이를 보여준다는 점을 분명하게 설명했다. 그러나 나중에 실시한 실험에서 그것은 불필요한 일로 판명되었다. 수학에 뛰어한 여학생들은 성별 차이에 대한 설명을 듣지 않고도 이와 같은 시험에서 낮은 점수를 받았다. 그들은 성별 차이를 자연스럽게 받아들이고 있었다.

라진다는 뜻은 아니었다. 수학 성과에서의 성별 차이는 우리 실험에서처럼 수학 실력과 수학에 대한 의욕이 비슷한 남녀 학생 사이에서만 관찰되는 현상이 아니다. 성별 차이는 실력과 의욕이 서로 다른 남녀 학생 사이에서 더욱 흔히 나타난다. 수학 교육을 받은 정도, 수학에 대한 관심도, 살아오면서 낙인 위협에 처해온 정도가 서로 크게 다르기 때문이다. 낙인 위협이라는 옷깃을 뗀다고 해도 그 순간 성별 차이를 잠시 줄일 수 있을 뿐 완전히 제거할 수는 없을 것이다.

그래도 스티븐과 나는 실험 결과에서 하나의 중요한 현상을 발견했다. 여성이 수학 관련 분야에서 발전하는 데 특히 부정적 역할을 하는 것으로 보이는 현상 말이다.

연구 결과는 여성이 수학 분야에서 난도 높은 단계로 올라갈수록 버티기 더 어려워진다는 사실을 보여주었다. 여기에는 여러 요소가 작용했을 터다. 어릴 때부터 자연스럽게 체화한 성 역할, 수학 분야에 만연한 성차별 대우, 여성의 능력에 대한 낮은 기대치 등. 스티븐과 나는 그 밖에 또 다른 요소를 발견했다. 바로 여성의 수학 관련 능력에 대한 사회의 고약한 불신을 확증할 위협이나 확증할 것으로 보일 위협 말이다. 그 위협은 여성이 수학 분야에서 자기 능력 한계선을 뛰어넘어 한 단계 도약하려 할 때마다 고개를 드는 듯했다.

이 발견은 우리의 연구 활동에 활력을 불어넣었다.

그러나 동시에 우리의 견해가 다소 기이하다는 사실도 인정해야 했다. 그 견해에 도달하기까지 학생 면담, 낮은 점수 현상을 나타내는 자료, 여성의 수학 시험에 관한 실험 모두 일관성 있는 결과를 보여주기는 했지만 그래도 여전히 기이한 견해였다. 여성 그룹에 대한 고정관념(가령 여성의 수학 관련 능력에 대한 고정관념)이 수학에 강한 여학생들의 수학 성적에 부정적 영향을 끼치고, 어쩌면 여학생들이 계속해서 수학을 공부하지 못하도록 할 수도 있다는 견해 말이다.

또한 우리의 견해는 그런 일이 나쁜 의도 없이도 일어날 수도 있다는 것, 가령 주변에 편견에 사로잡힌 일단의 사람이 없어도 일어날 수 있음을 암시하기 때문에 기이했다. 실제 실험에 참가한 학생들은 실험실에서 혼자 시험을 치렀다. 여성에 대해 편견을 가진 사람들이 실험을 설계하고 실시한다고 짐작할 아무런 이유도 없었다. 물론 그들은 이 사회의 문화를 알고 있었다. 이 문화 공동체의 사람들이 여성보다 남성의 수학 능력이 더 높다고 보는 경향이 있음을 알고 있었던 것이다. 그래서 여학생들은 자신의 성적이 이런 관점을 확증할 수도 있음을 알았을 가능성이 있다. 이런 생각들은 그들의 마음을 뒤숭숭하게 하고 주의를 흩트려 결국 시험 결과에 영향을 미쳤다.

그런가 하면 우리 견해가 널리 받아들여지지도 않았다. 왜 수학, 과학 분야에서 최상위 수준에 도달하는 여성이 극히 드문지를 연구한 문헌에서 우리 견해는 그 근거 목록에 오르지 못했다. 우리의 견해를 발전시켜 여러 학회에서 발표했다. 사람들은 여성의 수학 관련 능력에 관한 부정적 고정관념을 확증할 위협을 제거했더니 여성의 수학 성과가 극히 향상되었다는 연구 결과를 마음에 들어 했다. 그러나 그 견해를 확실하게 기억하지는 못했다. 그리고 다음과 같이 질문하면서 뭔가 다른 방식으로 요약해버렸다. "그러니까 여성들은 자신의 수학 성과에 **기대치**가 낮았고, 실제로 어려운 수학 문제와 맞닥뜨렸을 때 낮은 기대치를 **스스로 실현**한다는 말인가요?" 물론 우리도 이런 가능성을 생각해보기는 했다. 그러나 이는 우리 연구 결과를 설명해주는 견해가 될 수 없었다. 우리 실험에 참가한 여학생들은 수학 성과에 대한 기대치가 높았기 때문이다. 그들은 수학에서 언제나 좋은 점수를 받아왔고, 실제로 실험에서도 성별 차이가 나지 않는 시험이라는 설명을 들었을 때는 아주 좋은 성과를 보였다. 만약 어려운 수학 문제 자체가 여성이 스스로 낮은 점수를 받도록 하는 낮은 기대치를 촉발한다면, 그 여학생들 역시 낮은 점수를 받아야 했다. 그러나 그들은 낮은 점수를 받지 않았다. 우리는 하나의 분명한 견해에 도달했다고 믿었다. 그러나 여전히 확실한 것보다는 불확실한 것이 많았다. 의문점이 많이 남아 있었다. 이 압력은 어떻게 성과를 가로막을까? 기억 장애를 일으켜서? 과도한 인지 부하, 또는 생리적 장애를 유발해서? 성과를 중시하는 사람만 영향을 받을까? 수학과 관련된 여성만 영향을 받을까? 아니면 이 압력은 다른 그룹에도, 다른 종류의 시험에도 영향을 끼칠까? 노력을 통해 극복될 수 있을까? 아니면 그런 노력이 문제를 더욱 악화할 뿐일까? 학교나 교사가 이를 완화하기 위해 할 수 있는 일이 있을까? 또는 개인이 할 수 있는 일이 있을까?

이 모든 중요한 질문은 결국 탐구되고 상당수는 답을 얻을 터였다. 그러나 당시에는 다른 공동 연구가 시작되어 나의 호기심은 소수 인종 학생의 성취에 대한 질문으로 돌아갔다. 수학 시험을 푸는 여학생에게 영향을 끼친 그 압력이 소수 인종 학생의 낮은 학점에 끼친 요소이지는 않을까?

Chapter 3 도처에서 발견되는 고정관념 위협

Stereotype Threat Comes To Light, and in More than One Group

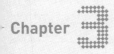

1

시애틀에 살던 1978년, 시애틀 슈퍼소닉스는 NBA 챔피언십 우승까지 단 한 경기를 남기고 있었다. 그들의 영광을 향한 오르막길은 장기간 그저 그런 성적 뒤에 이어졌다. 사실 1978년 시애틀 슈퍼소닉스는 시즌 개막 초반 5승 17패라는 썩 좋지 않은 성적으로 시작했다. 성적이 좋지 않자 슈퍼소닉스는 코치를 해고하고 몇 년 전부터 선수이자 코치로 활동하던 젊은 레니 윌킨스Lenny Wilkens를 새 코치로 고용했다. 선수는 바뀌지 않고 코치만 바뀐 것이다. 팀은 즉시 우승하기 시작했다. 윌킨스 코치 아래서 팀은 42승 18패를 기록했다. 슈퍼소닉스는 챔피언십 시리즈 일곱 번째 경기 마지막 순간에 단 6점 차로 우승을 놓쳤다. 그저 사람 하나만 바뀌었을 뿐인데 팀이 탈바꿈했다.

여기서 흥미로운 점은 팀의 변화를 전후해 언론이 팀을 보도한 방식이었다. 팀이 변화하기 전 스포츠 기자들은 선수 각각의 특성을 최악으로 묘사했다. 포인트 가드는 패스는 괜찮지만 골대까지 드리블을 하면서 수비망을 뚫지 못하고, 파워 포워드는 너무 먼 곳에서 공을 던지고 골대 아래서 리바운드된 공을 놓치며, 센터는 기동력이 약하고 중거리 슛을 던지지 못한다는 식으로 말이다. 스포츠 기자는 관찰자였다. 그들은 관찰자 시선에 잡힌 것들로만 상황을 이해하려 했다. 그리고 눈에 띄게 선수들의 취약점만을 강조했다.

그런데 코치가 바뀌자 슈퍼소닉스도 변했다. 이제 스포츠 기자들은 지는 이유가 아닌 이기는 이유를 설명해야 했다. 그들은 선수들의 특성을 다른 방식으로 묘사했다. 한 달 전에는 비웃었던 선수들을 이제는 높이 평가했으며 선수들의 약점을 강점으로 포장했다. 포인트 가드의 형편없는 드리블 실력은 플로어 제너럴floor general(다른 선수들에게 어느 시점에서 공격이나 수비에 주력할지 신호를 주는 선수.-옮긴이)로서의 뛰어나다는 증거가 되었다. 파워 포워드의 부족한 리바운드 실력은 훌륭한 외곽 슛에 비하면 사소한 약점에 불과했고, 센터는 기동성이 부족한 선수가 아니라 골대 아래에 안정성을 부여하는 든든한 선수가 되었다. 팀이 결승전에 오를 때쯤에는 스포츠 기자들이 모든 포지션의 선수를 천재라고 보도할 정도였다.

소수 인종 학생과 여학생의 낮은 성적을 해명하는 일은 자칫 1978년 초 슈퍼소닉스의 패인을 밝히는 일과 같은 함정에 빠지기 쉽다. 관찰자 시점으로 보잘것없는 결과에만 초점을 맞출 수 있다는 말이다. 이렇게 되면 선수들의 결함이 1978년 초 슈퍼소닉스의 패인으로 통했듯이 학생들 개인의 결함이 낮은 성적 현상의 원인으로 통하게 된다. 당시에는 소수 인종과 여성의 낮은 성취와 관련된 심리를 설명하는 오래된 사회과학 전통이 있었다. 그것은 우리 연구를 끊임없이 괴롭히는 유령 같은 존재였다.

2

사학자 대릴 스콧Daryl Scott은 《경멸과 연민Contempt and Pity》이라는 책에서 아프리카계 미국인의 경험을 중심으로 이런 사회과학의 전통을 묘사했다. 예의 스포츠 기자들처럼, 사회과학 관찰자들은 20세기를 통틀어 흑인이 경험해온 경제학, 사회학, 교육학, 의학 등에서의 낮은 성과를 설명하려고 노력했다. 스콧은 사회과학자가 두드러지는 결점만을 주로 다루었다고 주장했다. 그는 이를 '정신의 훼손'이라고 불렀다.

여기 그와 비슷한 생각을 한 사람이 있다. 20세기 중반의 위대한 사회심리학자 고든 올포트Gordon Allport는 이렇게 주장했다. "사람은 그것이 옳든 그르든 자신에 대한 악평을 받아들이는 과정에서 성격이 변한다"(142쪽). 흑인 개개인의 정신은 사회에 투영된 흑인 그룹에 대한 부정적 이미지, 즉 공격적이고 지적 능력이 떨어진다는 등의 이미지 때문에 상처를 입는다. 그리고 이런 이미지에 반복적으로 노출되면서 그것을 '내면화'한다. 이런 이미지를 그룹에 대한 절대 진실로 받아들이고, 애석하게도 자기 자신에 대한 진실로도 받아들인다. 내면화는 낮은 자존감, 낮은 기대치, 낮은 의욕, 자신감 부족 등을 일으켜 결국 '성격'을 훼손하고, 높은 실업률, 낮은 결혼율, 낮은 교육 수준, 범죄 관련성 등 여러 가지 나쁜 결과로 이어진다.

이는 스콧이 언급했듯이 단순한 과학적 견해에 그치지 않았다. 그것은 일반적 통념, 부정적으로 여겨지는 그룹의 구성원이 실패하도록 하는 요소와 관련한 고정관념 중 하나가 되었다. 그러므로 흑인 학생과 여학생이 기대만큼 잘하지 못한다면 그 원인은 필시 정신적 문제, 낮은 자신감과 기대, 자포자기 때문이라고 여겨졌다. 이러한 견해는 관찰자 시점에서 논리적으로 도출된 것이며 전통의 힘으로 뒷받침되고 있었다. 다음 일을 구상하는 동안 마치 이 견해가 나를 짓누르는 듯한 답답함을 느꼈다.

3

결국 1978년에 시애틀 스포츠 기자들은 깨어났다. 그들은 슈퍼소닉스를 있는 그대로 보았다. 갑자기 통찰력이 생겨서가 아니다. 슈퍼소닉스가 똑같은 선수들로 이기기 시작해서다. 즉 선수들의 결함만이 패배의 유일한 원인일 리가 없다는 점이 명백해졌기 때문이다. 물론 스포츠 기자들이 전적으로 틀렸던 것은 아니다. 선수들은 실제로 실력에 결함이 있었으며, 그것은 분명 패배의 한 원인이었다. 그러나 이러한 결함만이 패배의 유일한 원인이 아니었으며 새로운 코치 레니 윌킨스가 파악했을 뭔가 다른 요인이 패배에 기여했음이 밝혀졌다.

슈퍼소닉스가 우승하기 시작했을 때 시애틀의 스포츠 기자들이 그랬듯이, 소수 인종 학생과 여학생 들의 성취를 바라보는 나의 관찰자적 시점은 여러 가지 사실로 끊임없이 흔들렸다. 미국 교육은 기회나 질 면에서 평등하지 않다. 사회 경제적 기반의 취약함, 분리하는 사회의 관행, 방어적 문화 때문에 몇몇 특정 그룹은 교육의 기회를 얻지 못한다. 과거에도, 지금도 계속해서 일어나는 일이다. 교육받지 못한 그룹은 학문적 기량을 연마하지 못할 테고 그에 따라 대학에 진학하더라도 성과를 내지 못할 터다. 이는 관찰자가 들먹이기에 충분한 결함이다. 그러나 나의 연구 과정에서 드러난 여러 사실은 이러한 결함이 유일한 원인이 아닌 곳을 계속 가리켰다.

그중에서도 가장 중요한 사실은 우리 연구에 참가한 학생들의 유형이었다. 그들은 기량이 부족한 학생이 아니었으며 의욕이 낮지도 않았다. 어느 기준에 비추어 보아도 심리나 기량 면에서 문제를 겪는 학생이 아니었고, 미국 내에서 입학하기 어려운 대학교에 입학한 우등생이었다. 또한 나는 미시간 대학교에서 비교적 실력이 낮은 학생뿐만 아니라 비교적 실력이 뛰어난 학생도 낮은 성적을 받는 것을 목격했으며, 다른 연구 문헌에서도 드러났듯 이는 분명 대부분의 대학교에서 일어나는 현상이었다. 개인의 결함이 낮은 성과의 원인이라는 견해에 맞서는 사실들은 이렇게 점점 쌓여갔다. 그리고 내가 목격한 일들과 우리의 실험 결과를 그럴듯하게 설명해주었다.

그러나 여기에 몰두하기에 앞서 나는 우선 더 근본적 질문에 답부터 해야 했다. 여성과 수학에 관한 실험에서 관찰했던 낙인 압력이 다른 그룹에도 적용될지 말이다. 낙인 압력은 미국에서 지적 능력이 뒤처진다고 비치는 다른 그룹의 성과에도 영향을 미칠까? 가령 어려운 시험을 치르는 아프리카계 미국인, 즉 애초에 이 연구를 촉발시킨 그룹이자 학업에 어려움을 겪는 바로 그 그룹의 성과에도 영향을 미칠까?

4

1991년 무렵, 나는 다시 이사를 했다. 미시간 대학교에서 스탠퍼드 대학교로였다. 가족들이 좋아하는 캘리포니아로 돌아간 것이다. 프린스턴 대학교에서 갓 박사 학위를 취득한 조슈아 애런슨Joshua Aronson(현재 뉴욕 대학교의 저명한 교수)이 또 다른 훌륭한 공동 연구자가 되어주었다. 원래 조슈아는 내가 몇 년 전 학생들과 함께 체계화했던 자기 가치 확인 이론과 관련된 문제를 연구하기 위해 박사 후 연구원으로 계약한 것이다. 그리고 그 주제에 대한 뛰어난 논문을 막 완성했다. 그는 타고난 실험 설계 감각이 있었다. 그러나 스티븐이 그랬듯이 조슈아도 어느새 수학 분야에서 성과가 낮은 여성, 지적 성취에 관한 낙인이 일으키는 효과 등에 빠져든 교수와 함께 일하게 되었다. 이런 주제들은 테이블 위에 놓인 퍼즐 같았다. 이에 흥미를 느낀 조슈아는 퍼즐 조각들을 이리저리 맞춰보고 해답을 찾으려 노력했다. 나는 운이 좋았다. 함께 퍼즐을 맞추니 훨씬 빠르게 해결되었다.

우리는 앞에 놓인 사실들을 살펴보았다. 낮은 성과 현상, 여학생 그리고 흑인 학생들과의 면담, 스티븐과 미시간 대학교에서 진행한 실험 결과 등이 그것이다. 많은 의문점이 있었지만 가장 시급히 해결해야 할 의문점은 '일반화가 가능한가?'였다. 스티븐과 내가 수학과 여성 연구에서 관찰한 낙인 압력의 영향이 아프리카계 미국인과 같은 지적 능력이 높이 평가되지 않는 다른 그룹, 즉 이 연구를 시작하게 했던 그룹이자 학업에 어려움을 겪는 바로 그 그룹에도 적용될까? 만약 그렇다면, 지적 능력에 대한 낙인 압력의 영향이 일반적 현상이라는, 즉 미국 사회에서 지적 능력이 부정적으로 인식되는 어떤 그룹의 구성원에게도 일어날 수 있는 현상이라는 근거를 갖게 되는 셈이었다. 만약 그렇지 않다면, 여성이 이러한 압력에 특별히 취약할 가능성을 재고해봐야 할 터였다.

두 번째 의문점은 만약 흑인 학생들에게도 이런 압력이 발생한다면, '실력이 우수한 흑인 학생도 실력이 우수한 여학생이 그랬듯이 낙인 압력의 영향을 받을 것인가?'였다. 이러한 궁금증이 생긴 데에는 다른 이유도 있었다. 이 연구에 대한 지원금을 받기 위해 신청서를 제출했는데 연구 지원 심사원들이 이 연구에 가능성이 전혀 없다고 보았기 때문이었다. 그들은 낙인 압력이 일류 대학교에 다니는 유능한 흑인 학생의 지적 성과에 심각하게 지장을 줄 수 있다는 것을 믿기 어려워했다. 학생들이 너무 유능하거나 너무 의욕적이어서 그 정도의 압력에는 굽히지 않으리라 생각했던 것이다. 그들의 반응은 이해할 만했다. 결국 우리가 이 연구에 이끌렸던 것도 우리의 평범한 직감보다는 지금까지 밝혀낸 '사실들'이었으니 말이다. 우리가 더 밝혀내야 할 것은 두 가지였다. 첫째, 스티븐과 내가 수학 문제를 푸는 여학생들에게서 발견한 영향이 흑인 학생들에게도 일어날 수 있는지, 둘째, 그런 일이 일어난다면, 유능한 흑인 학생들에게도 일어나는지 확인하는 것이었다. 마침 이런 의문점들을 확인하기에 알맞은 곳에 있었다. 스탠퍼드 대학교는 학생들을 까다롭게 입학시키기로 유명한 학교이기 때문이었다.

곧 실험을 시작했다. 우리는 2학년 흑인 학생과 백인 학생을 실험실로 초대했다. 한 번에 한 명씩 불러서 GRE 전공 시험의 언어 추리 문제를 풀게 했다. 2학년 학생들에게는 아주 어려운 시험이었다.

GRE 예비 시험에서 우리 실험에 참가한 학생들과 비슷한 학생들이 전체 문항 중 30퍼센트만 정답을 맞힌 문제였다. 이는 좌절감을 유발할 것이었다. 그리고 어려운 수학 시험을 치르는 여성들이 그랬듯이, 이 좌절감 때문에 흑인 학생들의 지적 능력이 낮다는 고정관념을 확증할지도 모른다는 걱정을 하리라 짐작했다.

백인 학생들 역시 어려운 시험 문제에서 오는 좌절감을 반길 리 없었다. 그러나 그들은 적어도 자기 그룹에 관한 어떤 고정관념을 확증한다는 걱정은 없었다. 미국 사회에는 백인의 지적 능력이 낮다는 고정관념이 없기 때문이다.

결과는 예상대로였다. 이 어려운 시험에서 백인 학생은 흑인 학생보다 훨씬 더 높은 점수를 받았다. 그들은 30문항짜리 시험에서 평균 4문항을 더 맞혔다. 만약 전체 GRE 시험을 치르게 했다면 그 격차는 상당히 컸을 것이다.[2] 스티븐과 내가 실험실에서 여성의 낮은 수학 점수를 확인했듯이 이번에 조슈아와 나는 흑인 학생들의 낮은 언어 추론 점수를 포착했다.

물론 이 결과를 다르게 해석할 수도 있었다. 흑인, 백인 학생의 지식과 기량은 비슷한 수준이었다. 그러나 어쩌면 흑인 학생들은 어려운 시험 문제에서 느낀 좌절감을 이겨내는 데 백인 학생보다 덜 적극

---

2 흑인과 백인 학생 사이에 존재할지 모를 시험에 대한 기술(입학 당시 SAT 점수로 측정한)의 차이가 실험에 영향을 미치지 않도록 하기 위해 표준 점수 환산을 거쳤다. 이로써 사실상 시험에 대한 지식과 기술이 동일한 흑인, 백인 학생의 표본을 얻을 수 있었다.

적이었는지도 몰랐다. 어쩌면 시험을 진지하게 받아들이지 않았는지도 몰랐다. 아니면 시험 문제에 그들에 대한 문화적 편견이 담겨 있는지도 몰랐다. 어떤 해석이 최선인지 이 실험 결과만으로는 판단할 수 없었다.

이제 우리는 다른 실험, 낙인 압력을 제거한 실험을 해야 했다. 여성과 수학에 대한 실험에서처럼 우리의 과제는 어려운 시험을 푸는 흑인 학생들에게 이런 압력이 어떻게 가해지는지가 아니라 그것을 어떻게 제거하느냐를 알아내는 것이었다.

우선 우리는 흑인 학생들이 낮은 점수를 받았던 때와 똑같은 일상적인 시험 환경을 조성했다. 그다음 참가자들에게 일반적인 문제 해결에 대해 연구하기 위한 실험이라고 소개하면서 개인의 지적 능력을 측정하는 실험이 아니라고 강조했다. 이렇게 함으로써 우리는 흑인의 지적 능력에 관한 고정관념과 이 시험에 대한 그들의 경험을 해석하는 것과는 서로 관계없는 일로 만들었다. 어려운 언어 추리 시험에서 겪었을 법한 낙인 위협에서 흑인 학생들을 풀어준 것이다.

학생들은 그에 맞추어 반응했다. 그들은 백인 학생들과 똑같이 높은 수준의 성적을 냈으며, 언어 능력을 측정하는 시험으로서 시험을 본 흑인 학생들보다 확연히 높은 점수를 받았다. 자기 그룹의 지적 능력에 대한 부정적 고정관념을 확증할 위협이 사라지자 낮은 성과 현상은 완전히 자취를 감추었다.

이러한 실험 결과를 얻은 우리는 세 가지 중요한 점을 발견했다고 확신했다. 첫째, 지적 성과에 대한 낙인 압력의 영향은 일반적 현상이다. 여성에게만 일어나는 현상이 아니었던 것이다. 그것은 최소한 두 그룹, 여성과 흑인 그룹에서 일어나는 일이었다. 매우 중요한 시험을 치르는 상황에서의 낙인 압력은 정체성 비상사태였다. 내가 어릴 때 시카고에서 수영장 이용을 제한당했던 것이 인종적 정체성 비상사태였던 것만큼 말이다. 게다가 그들이 받는 압력은 심각한 대가가 뒤따르는 비상사태이기도 하다. 중요한 시험에서 성과를 내지 못하면 기회를 놓칠 수 있기 때문이다.

둘째, 연구 지원 심사원들이 의심스러워했던 것과 달리 정체성 비상사태가 이 두 그룹의 유능한 학생들, 즉 학업 능력이나 의욕이 높은 학생들의 시험 결과에 매우 큰 영향을 끼친다. 슈퍼소닉스가 우승하기 시작했을 때의 스포츠 기자들처럼, 우리는 실험 결과에서 얻은 사실 때문에 이 그룹들의 결함이 낮은 성과의 원인이라는 주장을 재검토할 수밖에 없었다. 갈수록 더 낙인 압력이 관련된 듯했다.

셋째, 현실에서 목격한 흑인 학생들의 낮은 성과를 실험실에서 재현할 방법을 찾는 과정에서, 우리는 낙인 효과의 작동 방식을 아주 가까이에서 관찰할 방안을 떠올렸다. 마침 우리는 이와 관련된 매우 긴급한 질문이 있었다. 낙인 압력을 느끼는 사람은 실제로 그룹에 대한 부정적 고정관념을 확증할지 염려할까?

우리는 간단한 방법으로 이를 살펴보았다. 다시 스탠퍼드 대학교의 흑인, 백인 학생들을 불러 모은 뒤 몇 가지 샘플 시험 항목을 보여주면서 시험의 난이도를 이해시킨 다음, 80개의 단어 완성(암묵 기억을 측정하는 방법 중의 하나로 단어의 어간이나 일부분만을 제시한 뒤에 가장 먼저 떠오르는 단어를 완성하게 하는 것.-옮긴이) 조각 목록을 주었다. 각각 두 개의 철자가 빠진 단어 조각들이었다. 그들이 해야 할 일은 자유 연상처럼 각각의 단어 조각을 최대한 빨리 완성하는 것이었다. 우리는 단어 조각 80개 중 12개는 흑인의 지적 능력에 관한 고정관념을 드러내는 단어로 완성될 수 있음을 미리 알고 있었다. 가령 '-mb'는 'dumb'(멍청한)으로, '-ce'는 'race'(인종)로 완성될 수 있는 단어 조각들이었다. 그저 어려운 시험을 치르는 것만으로 흑인 학생들이 인종에 관한 고정관념을 의식하게 된다면, 그들은 아마 더 많은 단어 조각을 고정관념과 관련된 단어로 완성할 터였다. 실제로 그랬다. 언어 능력을 측정하기 위한 시험이라는 소개말을 들은 흑인 학생들은 언어 능력을 측정하지 않는다는 소개말을 들은 흑인 학생들보다 더 많은 조각을 고정관념 관련 단어로 완성했다. 낙인 압력에 처한 그들은 분명히 자기 그룹의 능력에 관한 고정관념을 떠올렸다. 반면 그런 압력에 처하지 않은 백인 학생들은 고정관념 관련 단어를 거의 쓰지 않았다.

조슈아는 고정관념이 어떤 종류의 걱정을 낳는지 알아보기 위해 다른 연구를 고안했다. 다시, 우리는 흑인, 백인 학생들을 불러 모았다. 그다음 다양한 종류의 음악과 스포츠에 관해 각자 선호도를 매겼다. 일부는 농구, 재즈, 힙합 등 흑인 이미지와 관련된 것이었고 수영, 테니스, 클래식처럼 그렇지 않은 항목도 있었다. 흥미롭게도 흑인 학생들은 농구, 재즈, 힙합 등 흑인을 떠올리게 하는 항목에 관심이 별로 없다며 백인 학생들보다 더 낮은 점수를 매겼다. 그러나 시험이 지적 능력을 측정하는 것이 아니라는 소개말을 들은 흑인 학생들은 흑인 이미지와 관련된 음악과 스포츠를 강하게 선호했다. 흑인 학생들은 그런 것들을 선호하는 것이 스스로에 대한 고정관념을 조장할 수도 있는 상황에서는 그룹 고정관념에 주의를 집중시키는 상황을 의식적으로 멀리하는 듯했다.

마지막으로, 고정관념 위협을 느낀 학생들은 낮은 성과에 대한 변명거리를 찾았다. 자기 자신 외에 비난할 다른 무언가를 찾았다는 뜻이다. 우리는 실험에 참가한 그들에게 전날 밤에 몇 시간 수면을 취했는지 물어보았다. 지적 능력을 측정하는 시험으로 알았던 흑인 학생들은 지적 능력 측정이 아니라고 알았던 흑인 학생들보다 더 짧은 시간을 잤다고 말했다. 또한 두 경우의 흑인 학생 모두 백인 학생들보다 몇 시간 더 적게 잤다고 말했다. 고정관념에 의해 판단될 위기 앞에서 그들은 자연스럽게 자신이 입을 타격을 완화할 방법을 찾았다.

흑인 학생들은 얼마만큼의 기량과 의욕을 지녔든, 시험을 얼마나 잘 치를 수 있다고 예상했든, 어떤 능력이나 성향을 가졌든, 그룹에 대한 세상의 판단과 그룹 구성원으로서의 자신에 대한 세상의 판단을 방어했다. 그들은 역사의 무게 아래서 이 시험을 치렀던 것이다.

5

이러한 초기 실험들을 통해 낙인 압력과 학문적 열등함은 관련이 없다는 점이 아주 분명해졌다. 그러나 그 실험들은 아이러니하게도 이런 가능성도 제기한다. 낙인 압력에 취약하게 만드는 것이 어쩌면 학문적 열등함보다는 학문적 우월함은 아닐까? 만약 그렇다면 이 점을 아는 것은 대단히 중요해진다. 이에 대한 연구는 낙인 압력의 본질과 어떤 이들에게 가장 큰 영향을 끼치는지 더 잘 이해할 수 있도록 도와줄 것이었다. 그때까지 우리의 실험으로는 이런 질문에 대답을 얻을 수 없었다. 오직 유능한 학생들만을 대상으로 실험했기 때문이다. 만약 그렇지 않은 학생들을 포함했다면 어떤 결과가 나타났을지 몰랐다. 그들도 낙인 압력에 영향을 받았을까? 다시 말해 낙인 압력은 낙인찍힌 그룹의 전체 구성원에게 영향을 끼칠까? 아니면 유능한 학생에게만 영향을 끼칠까? 낙인찍힌 그룹의 유능한 학생을 특별히 이런 압력에 취약하도록 만드는 뭔가가 존재할까? 이런 질문에 대한 답을 얻기 위해 우리는 그간 연구했던 그룹 가운데 한 그룹에서 상대적으로 열등한 학생을 찾아야 했다. 그런 다음에야 실험을 반복해서 낙인 압력이 해당 그룹의 유능한 학생의 성과에 영향을 끼쳤듯이 그들의 성과에도 영향을 미치는지 살펴볼 수 있을 터였다. 한 가지 문제는 우리가 근무하던 대학교에서는 상대적으로 열등한 학생을 찾을 수 없었다는 점이다.

그러나 기회가 마침 찾아오는 때도 있다. 자주는 아니지만 때로는 정말 그렇다. 초기 실험 결과들을 발표하고 얼마 지나지 않아 대학원생 조지프 브라운Joseph Brown과 그가 수업 조교로 일하면서 만난 대학생 미켈 졸렛Mikel Jollet이 면담을 요청했다. 그들은 흥미로운 한 쌍이었다. 금속 테 안경을 쓴 깡마른 조지프는 학구적인 아프리카계 미국인이었고, 힙합 스타일의 미켈은 생기와 자신감으로 큰 도전 정신을 지닌 대학생이었다. (실제로 미켈은 머지않아 아주 성공적인 록밴드 '에어본 톡식 이벤트Airborne Toxic Event'의 리드 싱어가 되었다.) 그들은 조슈아와 내가 했던 실험, 스탠퍼드 대학교 흑인 학생의 시험 성적에 미치는 인종적 고정관념의 영향에 관한 실험에 관심이 있었다. 그들은 한 가지 질문을 품고 있었다. 3년 전 미켈이 졸업한 로스앤젤레스의 저소득층 거주 지역의 고등학교에서 똑같은 실험을 반복한다면 역시 같은 결과가 나타날까? 중요한 질문이었다. 그리고 그들은 그 질문에 답을 얻을 기회를 얻었다. 미켈이 여전히 고등학교 선생님들과 연락을 취하고 있었기 때문이다. 그는 선생님들이 학교에서 실험하는 것을 허락해주리라고 자신했다. 기회가 온 것이다.

얼마 뒤 미켈은 조슈아와 내가 스탠퍼드 대학교에서 했던 실험을 모교에서 다시 수행하기 위해 필요한 물건을 잔뜩 챙겨서 로스앤젤레스로 향했다. 실험 결과는 그의 학부 논문이 될 예정이었다. 그는 빈 교실에 백인, 흑인 고등학생들을 모아놓고 30분간 어려운 시험(SAT 언어 시험의 한 부분)을 치르게 했다. 그는 일부 흑인 학생 그룹에는 나와 조슈아가 했던 것처럼 인종적 고정관념의 압력을 부여하기 위해 언어 능력을 측정하는 시험이라고 소개했다. 기억하기 바란다. 이런 간단한 언급만으로도 흑인 학생들은 자신의 성적이 자기 그룹의 지적 능력에 대한 고정관념을 확증할 수 있는 시험이라고 느끼게 된다. 다른 흑인 학생 그룹에는 인종적 고정관념이 주는 압력을 부여하지 않기 위해서 지적 능력을 측정하기 위한 시험이 아니라 일반적 문제 해결을 연구하기 위한 시험이라고 소개했다. 이렇게 해서 흑인의 지적 능력에 관한 고정관념은 주어진 시험 결과와 무관한 것으로 처리됐다.

그런 다음 미켈은 조슈아와 내가 하지 않았던 일을 하나 추가했다. 학생들이 학업에 얼마나 적극적인지, 얼마나 공부를 잘하고자 하는지 측정한 것이다. 그는 흥미로운 점을 발견했다. 우리가 내내 감지

해왔던 어떤 모순점이 생생하게 드러난 발견이었다. 먼저 미켈은 학업에 적극적인 흑인 학생들에게서 정확히 조슈아와 내가 확인했던 사실을 재확인했다. 학업에 적극적인 흑인 학생들은 시험이 지적 능력 용도로 소개되었을 때, 즉 자기 그룹에 대한 부정적 고정관념을 확증할 위협에 처했을 때 동일한 기량을 가진 백인 학생들보다 훨씬 낮은 점수를 받았다. 그러나 지적 능력을 측정하는 시험이라고 소개되지 않았을 때는, 즉 지적 능력에 관한 고정관념을 확증할 위협에 처하지 않았을 때는 동일한 기량의 백인 학생들과 비슷한 점수를 받았다. 저소득층 거주 지역의 고등학교에서 우등생에 속하는 흑인 학생들이 스탠퍼드 대학교 흑인 대학생들과 똑같은 반응을 보인 것이다. 그들은 자기 그룹에 대한 부정적 고정관념을 확증할 위협 앞에서 당황했다.

그러나 미켈의 고등학교에서 상대적으로 학문적 기량이 낮은 흑인 학생들에게는 이런 결과가 나타나지 않았다. 학업에 관심이 낮은 흑인 학생들은 고정관념 때문에 당황하지 않았다. 그들은 실험이 지적 능력을 측정하기 위해 치러진다고 알고 있을 때에도 그렇지 않은 경우와 같은 점수를 받았다. 그리고 두 경우 모두에서 그들처럼 학업에 관심이 없고 기량이 떨어지는 백인 열등생들과 같은 수준으로 점수를 냈다.

여러분이라면 학업에 대한 낮은 관심이 고정관념의 압력을 치료할 약이라고 섣불리 결론을 내리겠는가? 그러기에 앞서 한 가지 중요한 문제를 언급해야 한다. 바로 열등생들은 모두 시험을 잘 보지 못했다는 점이다. 흑인 열등생은 고정관념 압력이 없을 때보다 압력을 받았을 때 더 낮은 점수를 받은 것이 아니다. 백인 열등생처럼 두 경우 모두 극히 낮은 점수를 냈다. 그들은 그저 기량과 의욕이 부족했을 뿐이다. 그들은 협조적 태도로 공손하게 시험에 임했지만, 시험이 어렵게 느껴지자마자 별다른 고민 없이 문제 풀기를 포기했고 벽시계를 보며 시험 시간이 끝나기만을 기다렸다.

대부분의 사람들은 소수 인종 학생들의 학교 성적이 낮은 이유가 보통 미켈의 실험에 참가했던 열등생들처럼 기량과 의욕이 낮고 학교생활에 충실하지 않아서라고 생각한다. 소수 인종 학생들의 낮은 성적을 해명하려는 관찰자는 1978년 초 슈퍼소닉스의 패인을 설명하려는 시애틀의 스포츠 기자들처럼 학생의 여러 가지 결함을 근거로 든다. 이전 학교에서의 불충분한 교육, 가난한 지역 사회 출신, 부족한 자신감과 낮은 기대치, 그 결과 게을러지는 학교생활, 낮은 학문적 기량, 더욱 게을러지는 학교생활, 가족의 방임, 또래 문화에서의 소외 등. 물론 이러한 요소들 때문에 미켈의 고등학교에 다니는 열등생들이 시험을 포기하고 매우 낮은 성적을 받았을 수도 있다. 그렇다면 이들에게는 일반적 통념이 들어맞는 듯했다.

그러나 비록 저소득층 거주 지역의 고등학교에 다니기는 했으나 이런 문제들에서 어떻게든 비껴나 학교생활에 충실히 임하는 학생들에게는 일반적 통념이 들어맞지 않았다. 미켈의 실험에서 그들의 점수를 갉아먹은 유일한 요소는 부정적 고정관념의 압력, 즉 그 고정관념을 확증할 위협 또는 확증하는 것으로 보일 위협뿐이었다. 그것은 스탠퍼드 대학교의 흑인 학생과 미시간 대학교 수학과 여학생의 시험 점수를 떨어뜨린 것과 똑같은 압력이었다. 그리고 그들 모두 압력이 제거되었을 때는 자기 기량을 최대한 발휘했다.

우리가 전부터 짐작했으며 미켈의 실험에서 드러난 모순점은 바로 이것이다. 미켈의 실험에 참가한 흑인 우등생들을 고정관념의 압력에 취약하게 만든 요인은 낮은 기량과 자신감이 아니라 오히려 높은 기량과 자신감이었다. 그들은 높은 기량과 자신감으로 학교생활에 충실하고 학업에 적극 임했으며 좋은 성적을 받았지만, 지적 능력을 측정하는 것으로 보이는 어려운 과제 앞에서는 고정관념의 압력과 맞닥뜨렸다. 그렇다면 결국 낮은 기대치 때문이 아니라 높은 기대치 때문에 이들이 고정관념의 압력에 취약해졌다는 말이 된다.

한편 미켈의 실험에서 또 다른 점도 밝혀졌다. 일상적인 학교 교육 현장에서 고정관념의 압력이 눈에 잘 띄지 않는 이유가 드러난 것이다. 고정관념의 압력을 받은 흑인 우등생들은 압력과 무관하게 어차피 좋은 성과를 낼 기량이 없는 흑인 열등생들과 똑같은 수준으로 낮은 성과를 냈다. 두 그룹의 시험 점수에 차이가 없었던 것이다. 학생들의 담임교사, 더 나아가서 대학교 입학 사정관이 학생들의 점수를 볼 때 이 두 그룹이 서로 다른 원인으로 낮은 점수를 받았다는 점을 놓칠 수밖에 없을 것이다. 이 두 그룹 중 한 그룹은, 완벽하지는 않았을지 몰라도 우승할 수 있는 기량과 의욕을 갖춘 1978년 시즌 초반의 슈퍼소닉스 선수들처럼 우수한 성적을 낼 기량과 의욕을 갖춘 학생들이었다. 그들에게 필요한 것은 고정관념의 압력을 해소하는 것뿐이었다.

6

여기까지는 어떻게 보면 4년여 연구 여정의 출발점에 불과했다. 그로부터 4년여간 이어진 여정 내내 낮은 성과가 개인의 특성 때문이라는 증거는 나타나지 않았다. 낮은 성과의 원인은 그들이 시험장이나 교실에서 씨름해야만 했던 고정관념 압력인 듯했다. 우리는 이 압력을 정체성의 '곤경predicament'으로 보았다. 대학교에서 상급 수학을 공부하는 미국인 여학생은 자신이 여성이라는 이유로 어느 단계에서부터 자신의 실력이 부족해 보일 수 있다는 사실을 안다. 흑인 학생은 대부분의 상급 학문 분야에서 자신의 실력이 부족해 보일 수 있다는 사실을 안다. 백인 단거리 주자는 100미터 경주에서 마지막 10미터를 남겨두고 있을 때 그렇게 보일 수 있다는 사실을 안다. 이들 모두 자기 그룹의 정체성을 잘 알고 있다. 이들은 사회가 자신을 어떤 시선으로 보는지 알고, 자신이 사회의 그런 시선과 관련된 어떤 일을 하고 있다는 사실도 잘 안다. 또 어느 시점부터 자신이 곤경에 처하리라는 것, 즉 자기 그룹에 대한 부정적 관점을 확증할 수 있다는 사실을 안다.

수년간 우리는 이 곤경을 잠정적으로 '낙인', '낙인 압력', '낙인 취약성', '고정관념 취약성' 등으로 불러왔다. 그리고 결국 '고정관념 위협'이라는 이름을 택했다. 개인이 자신의 한계를 넘어서려고 할 때 부정적으로 판단되고 취급될 수 있는 심각한 위협인 그룹 정체성 비상사태로서의 곤경이라는 의도를 잘 포착한 용어라고 생각했기 때문이다.

7

우리는 여성과 소수 인종의 낮은 성과 현상을 이해하려고 노력함으로써 고정관념 위협이라는 견해에 도달했다. 그 과정에서 곤경이 누구에게나 다양한 형태와 수준으로, 다양한 장소에서, 가끔이 아닌 자주 영향을 끼친다는 사실을 알게 되었다. 이와 관련해 한 가지 마음에 들었던 것은 누구나 다른 그룹의 경험을 살펴볼 기회가 있었다는 점이다. 흑인 학생들이 표준 시험 문제를 풀면서 느꼈던 고정관념 위협은 여학생들이 어려운 수학 시험을 치르면서 느꼈던 고정관념 위협과 닮았다. 공통점이 있으면 감정이입을 통해 아주 쉽게 이해할 수 있는 법이다. 결국 사람은 누구나 자신의 고정관념 위협을 바탕으로 타인의 고정관념 위협을 이해할 수 있다.

고정관념 위협이 존재한다는 사실에서 우리가 알 수 있는 또 한 가지는 학교 교실, 대학 캠퍼스, 표준 시험 고사장, 육상 경기장 같은 장소들이 겉보기에는 누구에게나 똑같은 장소로 보이겠지만 사람에 따라 전부 다르게 느껴진다는 점이다. 사람들은 자기 그룹의 정체성에 따라 저마다 다른 문제를 겪기 때문이다. 다시 말해 서로 다른 고정관념 위협에 노출돼 있고, 자신의 경험을 어떻게 해석할지에 대해 서로 다른 어려움을 겪고 있으며, 서로 다른 목표를 갖고 서로 다른 대상에 몰두하기 때문이다.

상급 수학을 공부하는 여학생, 흑인 학생, 뒤늦게 다시 학교로 돌아간 나이든 사람들, 백인 단거리 주자에게는 '고삐 풀린' 고정관념이 씌워져 있어서 그들은 다른 그룹 사람들과는 다른 방식으로 상황을 받아들인다. 이를테면 단거리 종목에 계속 도전할지 고민하는 젊고 재능 있는 백인 단거리 육상 선수는 똑같은 고민을 하는 젊고 재능 있는 흑인 육상 선수와 근본적으로 전혀 다른 상황에서 결정을 내리는 것이다. 백인 선수는 만약 단거리 달리기를 계속한다면 부정적 고정관념에 매일같이 맞서야 할 것이다. 게다가 고정관념 위협은 최악의 순간에, 즉 자기 그룹에 관한 부정적 고정관념을 확증할 최대 위협에 처했을 때 확연히 등장한다.

서서히 연구 결과에서 발견된 사실의 내막이 드러났다. 이제 우리가 연구를 시작한 동기이기도 했던 성취도 격차 완화를 위해, 또 인간이 어떻게 기능하는지 자세히 살펴보기 위해 사회적 정체성이 실생활에서 작동하는 방식을 이해해야 했다. 미국 사회는 개성을 중시한다. 그래서 우리는 자신을 노인, 흑인, 백인, 남성, 종교인, 진보주의자 등 사회적 정체성이라는 경계선 안에 갇힌 존재로 바라보기를 거부한다. 이것은 좋은 현상이다. 정체성이라는 제약을 뛰어넘게 해주니 말이다. 그렇지만 우리의 연구 결과에서는 사회적 정체성이 삶에 엄청나게 중요한 요소라는 사실이 드러났다. 즉 우리의 연구 결과는 사회적 정체성에 따라오는 비상사태가 우리의 지적 기능에 큰 영향을 끼칠 수 있으며, 그 결과 학생 그룹이 낮은 성과를 얻게 할지도 모른다는 암시를 주었다. 정체성에 따라오는 비상상태는 때로 미묘한 탓에 잘 의식되지 않지만 말이다.

이러한 연구 결과가 밝혀진 뒤 나의 연구실뿐 아니라 다른 곳에서도 상당히 많은 후속 연구가 이뤄졌다. 다음과 같은 중요한 질문들이 탐구된 것이다. 어떻게 행동하고 어떤 능력을 발휘해야 고정관념 위협이 해소되는가? 고정관념 위협을 해소하려는 사람에게 고정관념 위협은 어떤 영향을 끼치는가? 무엇이 고정관념 위협을 강하거나 약하게 하는가? 개인이나 교육 기관이 이런 달갑지 않은 위협을 약화하기 위해 무엇을 할 수 있는가?

그러나 이 모든 질문에 관한 연구는 우리가 누구이고, 무엇을 하며, 그 일을 얼마나 잘하는지가 사회적 정체성으로 인해 어떻게 결정되는지, 지금까지 살펴본 사례보다 넓은 관점에 바탕을 두고 있었다. 이 책의 큰 줄기는 우리 연구의 진행 상황, 즉 고정관념 위협이라는 부정적 영향을 개선하기 위한 방책을 찾는 과정을 계속 따라갈 것이다. 그리고 여러분은 실제로 몇 가지 눈에 띄는 개선책을 확인할 수 있을 것이다. 그러나 현 시점에서는 그런 큰 줄기에서 잠시 물러나 좀 더 넓은 관점에서 바라본, 사회적 정체성이 우리 삶에 미치는 영향을 살펴보는 것이 도움이 될 것이다.[3]

---

3 이 장에서 논의된 실험 결과들을 보고 열등한 학교에 다니는 고정관념화된 학생들은 고정관념 위협에 별로 영향을 받지 않는다고 생각할지도 모른다. 이는 옳다고 증명될 가능성도 있다. 그러나 이 실험 결과들은 혜택을 덜 받은 열등한 학교에서조차 학업에 충실한 학생들, 즉 고정관념 위협에 매우 큰 영향을 받기 쉬운 학생들이 존재한다는 점도 보여준다. 또한 몇몇 지적인 행동, 예컨대 교사에게 혹은 교실에서 말을 조리 있게 잘한다거나 하는 행동에는 누구나 조금씩 신경을 쓰기 때문에 고정관념 위협은 열등한 학교에 다니는 열등생에게도 영향을 끼칠 것이다.

Chapter 4

정체성을 바라보는 좀 더 넓은 관점

A Broader View of Identity: In the Lives of Anatole Broyard, Amin Maalouf, and the Rest of Us

실험 결과가 나올 때마다 그 의미를 해석하려고 애썼던 기억이 난다. 여러분이 이미 보았듯이, 인간은 사회적 정체성 때문에 어떤 조건에 처하고, 그 조건을 통해 사회적 정체성이 우리 정체성에 큰 영향을 끼치는 결과가 모든 실험에서 나타났다. 그 조건이란 수영장 이용 제한에서 고정관념 위협까지 다양하다. 그러나 나는 여전히 그러한 해석을 조금은 이상하다고 느꼈다. 내가 심리학자여서이리라. 심리학자는 내면적인 것, 정신적인 것에 관심을 기울인다. 만약 어떤 여성이 어려운 수학 시험에서 낮은 점수를 낸다면, 심리학자는 그런 결과가 나올 수밖에 없었던 그 여성의 내면적 특성을 찾는다. 다시 관찰자 시점, 이번에는 심리학 분야에서의 관찰자 시점인 것이다. 나는 실생활에서 사회적 정체성 비상사태가 어떻게 작동하는지 좀 더 구체적 이미지를 얻고 싶었다. 그러면 우리의 해석이 취하는 방향을 좀 더 납득할 수 있을 듯했다.

그런 생각을 떠올렸던 계기는 어느 날 잡지 《뉴요커》에서 헨리 루이스 게이츠 주니어Henry Louis Gates Jr.가 쓴 〈나처럼 백인인: 아프리카계 미국인 작가 아나톨 브로야드White like Me: African American Author Anatole Broyard〉라는 기사를 읽으면서였다. 기사에는 내가 필요했던 것, 즉 실험에서 목격한 그 비상사태의 작동 과정이 실제로 현실에서 벌어지는 장면이 담겨 있었다. 그것은 미국 역사상 가장 강력한 정체성 비상사태라고 할 수 있는 어떤 정체성 비상사태를 거리낌 없이 없앤 한 남자 이야기였다. 그 이야기를 간단히 살펴보자.

1

아나톨 브로야드는 《뉴욕 타임스》의 서평란에 8년 동안 매일같이 신간을 소개했다. 《뉴욕 타임스 북 리뷰》에도 꾸준히 기고했다. 소설과 수필도 간헐적으로 집필했다. 그의 마지막 작품은 1990년 그의 사망 원인이 된 전립선암을 소재로 한 아름다운 연작 수필이었다. 나는 그의 작품을 수년간 읽어왔지만 특히 그 수필을 좋아했다. 재미있고 지적이며 깊이 있었다. 암 투병 생활이 구체적이고 사실적으로 묘사되었을 뿐 아니라 섬세하고 문학적인 표현까지 담긴 아름다운 작품이었다. 거기에는 스탠드업 코미디 요소도 들어 있었다. 한 박학한 영어학 교수가 삶과 나이 듦, 죽음을 이야기하는 장면에서였다. 그 교수는 솔 벨로Saul Bellow(유대인의 숙명을 통하여 개인의 존재 의미에 관한 문제를 추구한 미국 소설가.-옮긴이)를 떠올리게 하는 인물이었지만 성적性的인 것과 관련된 무의식을 드러내는 이야기를 늘어놓았다. 나는 어렴풋이 브로야드가 유럽에 사는 유대인이리라 짐작했다. 어쩌면 그의 이름과 유머 방식 때문에 그렇게 추측했는지도 모른다. 그러나 1996년에 《뉴요커》의 기사를 읽고 나서 브로야드와 그의 부모가 모두 흑인이며 18세기까지 거슬러 올라가는 그의 조상 역시 모두 흑인이라는 사실을 알게 되었다.

혼자만 이런 오해를 한 것이 아니었다. 브로야드는 속임수를 쓰며 살았기 때문이다. 그는 어느 모로 보나 흑인이었지만 성인이 되어서는 백인으로서만 살았다. 요컨대 흑인 지역 사회에서 흔히 쓰이는 말마따나 그는 백인 지역 사회에 '동화되었다passed.' 그리고 죽는 순간까지 흑인이라는 정체성을 자녀에게도 밝히지 않았다.

브로야드와 그의 직계 가족인 어머니, 아버지, 두 명의 자매는 다른 많은 흑인처럼 20세기 초중반 미국 남부에서 북부 도시로 거처를 옮겼다. 그의 가족은 뉴올리언스에서 브루클린의 베드퍼드스타이베선트Bedford-Stuyvesant(뉴욕 브루클린 중앙에 위치한 지역으로 아프리카계 미국인 문화의 중심지로 여겨진다.-옮긴이)로 이주했다. 사전 정의에 따르면 이주란 누구나 자신을 아는 지역 사회를 떠나 누구도 자신을 모르는 지역 사회로 가는 것이다. 만약 벗어버리고 싶은 신체 특징이 있는 사람이라면 자신의 그러한 인종적 정체성을 뒤로할 방법이 될 수도 있다. 대이동의 정점이던 1920년대에 매년 1만~3만 명의 흑인이 정확히 이런 방식으로, 즉 남쪽에서 북쪽으로 이주해 흑인이 다수를 이루는 사회의 일부가 되면서 흑인 정체성을 벗어버린 것으로 추산된다. 브로야드의 아버지 폴 브로야드는 고도로 숙련된 목수로 백인 사회에 '동화'하는 데 능했다. 하지만 오직 근무 시간에만 그랬을 뿐이었다. 그는 목수 조합에 가입해 일감을 얻기 위해 낮에는 백인 사회에 동화했지만, 하루 일과가 끝나면 가족이 있는 집으로 돌아가 누가 보아도 편안한 모습의 흑인이 되었다. 그 시대에는 비교적 밝은 피부색의 흑인이 낮에만 백인 사회에 동화하는 일이 흔했다. 어린 아나톨에게 아버지는 미국의 인종 차별 관행을 다루는 방식에 관한 본보기, 그것도 아주 가까이 있는 본보기였던 셈이다.

마이클 잭슨에 관한 이런 농담이 있다. "가난한 흑인 소년이 부유한 백인 여성으로 자랄 수 있는 곳은 미국뿐이다." 브로야드는 부자가 되지는 (또는 여성이라고 오해를 받지는) 않았지만, 브루클린 남자 고등학교와 브루클린 대학교에 다니면서 가난한 흑인으로 성장기를 보내면서 다른 종류의 공적을 쌓을 수 있었다. 이 시기에 그는 문학, 유럽과 미국의 고급문화와 대중문화에 깊은 관심을 쏟았다. 그는 작가가 되고 싶었다. 그것도 위대한 미국 작가가 되고 싶었다. 브루클린에서 성장하면서 도시 생활에 관한 지식을 얻은 그는 문학에 대한 해박한 지식으로 그런 경험을 엮어 글을 쓸 수 있었다.

제2차 세계대전이 끝나갈 무렵, 여전히 흑인 정체성을 지니고 살던 브로야드는 한 흑인 여성과 결혼해 아이를 낳았다. 그러던 어느 날 군에 입대했는데, 바로 이때 브로야드는 자신의 인종적 정체성을 바꾸기로 결심했다. 구체적 경위는 알 수 없지만 그는 군에서 제대하자마자 아내와 아이를 남겨두고 뉴욕 그리니치 빌리지로 떠났다. 브루클린 출신의 흑인 소년이 다른 옷을 입고 새 삶을 시작한 것이다. 그렇게 아나톨 브로야드는 백인이 되었다.

그리니치 빌리지에서 그는 재담가로 알려졌고, 수필을 출간했으며, 서점을 인수하고, 신사회연구학교New School for Social Research와 뉴욕 대학교에서 글쓰기 강사로 일했다. 또 다른 수필을 출간하고, 백인 여성과 결혼하고, 자전적 소설(그는 이 자전적 소설을 끝내 완성하지 못했다)이라는 한 대형 출판 계약을 따내고, 《뉴욕 타임스》에 매일 신간을 소개하는 서평가로 고용되었으며, 마침내는 주어진 사회적 정체성을 버리고 새로이 선택한 사회적 정체성을 한층 더 안전하게 보호할 수 있도록 코네티컷 주 교외로 이사 갔다.

브로야드는 흑인으로서 제한적인 삶의 조건에 저항해 싸울 수도 있었다. 그러나 새로운 기회를 얻은 그는 그러지 않았다. 그가 자신의 인종적 정체성을 바꾼 순간 그 정체성에 따라오는 비상사태—그가 직면한 제약, 그에게 주어진 기회, 그가 걸어간 길—도 달라졌고 전과는 다른 기대를 받았다. 그래서 그는 다른 장소에서 살 수 있었다. 베드퍼드스타이베선트나 할렘이 아니라 그리니치 빌리지의 서쪽 웨스트 빌리지에서 살 수 있었다. 또한 서점을 인수하거나 임차하기 위해 은행에서 대출금을 받을 수 있었고, 《뉴욕 타임스》에서 일자리를 얻게 해준 직업적 관계망을 구축할 수도 있었다. 만약 그가 흑인으로 남았더라면 이 두 가지는 완전히 불가능했다. 또한 그는 흑인 정체성을 지녔을 때와는 다른 사람들을 아주 많이 만나게 되었다. 그의 아이들도 좋은 학교에 입학할 수 있었다. 그는 다른 종류의 작가가 될 수 있었다. 과거에 흑인 정체성을 갖고 걷던 웨스트 빌리지의 똑같은 거리를 이제 백인으로서 걸어 다녔다. 그가 사는 사회의 법과 제도는 이전과 다르지 않았다. 그 자신은 이전과 똑같은 재능과 약점, 성격, 문화적 신념, 성향, 태도, 가치관 등을 지니고 있었다. 달라진 것은 그의 사회적 정체성뿐이었다. 그는 이제 흑인이 아니라 백인이었다. 그의 사회적 위치는 달라졌고, 그 달라진 위치로 삶의 경로가 완전히 바뀌었다.

흔히 우리는 인종을 생물학적으로나 문화적으로 고유하고 본질적인 것이라고 생각한다. 그러나 수많은 동화passing 이야기가 그렇듯 브로야드의 이야기 역시 이러한 관념에 반한다. 브로야드의 생물학적, 문화적 본질은 그가 백인 세계의 일부가 되었을 때도 전혀 바뀌지 않았다. 그는 여전히 같은 사람이었다. 바뀐 것은 그가 직면한 상황뿐이었다.

우리의 용어로 표현하자면, 그는 하나의 정체성 비상사태를 다른 정체성 비상사태로 교환했다. 당대 흑인의 삶에 따라오는 비상사태를 당대 백인의 삶에 따라오는 비상사태로 말이다. 그렇게 해서 그의 삶은 바뀌었다.

앞서 말했듯이 나는 심리학자의 편향을 가진 심리학자다. 인간의 행동과 성취의 원인을 찾기 위해 내면을 들여다본다는 말이다. 나는 우리의 연구(특정한 사회적 정체성에 따르는 고정관념 위협이 지적 성취에 영향을 미친다는 결과를 낸 연구)와 브로야드의 이야기(사회적 정체성을 바꾸면 완전히 다른 삶이 펼쳐진다는 사실을 보여주는 이야기)를 통해 정체성 비상사태가 실제로 존재하며, 인간의 행동과 성과의 원인으로서의 정체성 비상사태가 그 영향력에 비해 덜 주목받고 있다고 더욱 확신하게 되었다.

2

나는 20세기 내내 과학적 심리학을 지배한 행동주의 심리학behaviorism(심리적 탐구 대상을 의식하지 않고 외형적으로 나타나는 행동을 관찰하고 해석하는 심리학의 중요한 학파.-옮긴이)에서 '비상사태'라는 용어를 빌려왔다. 여기에서 비상사태란 어떤 행동에는 보상하고 어떤 행동에는 벌을 주는 환경에서의 조건들을 나타낸다. 거기에서 인간이 어떻게 반응하고 무엇을 습득하는지 알아내는 것이다. 행동주의 심리학에서는 이를 반응 비상사태response contingency라고 부른다. 나는 비상사태라는 용어를 인간이 어떤 환경 안에서 제대로 기능하기 위해서 처리해야 하는 조건이라는 뜻으로 사용한다. 그리고 누구나 특정한 사회적 정체성을 갖고 있기 때문에 정체성 비상사태는 모두에게 중요하다. 브로야드가 백인이었을 때만 은행 대출을 받을 수 있었듯이, 노인이라면 기억력이 나쁘리라 취급되듯이, 뉴잉글랜드 지역에서 열린 칵테일파티에서 남부 지방 억양으로 말하면 사람들에게 외면당하듯이 말이다. 이러한 것들이 정체성 비상사태다.

비상사태는 정체성을 둘러싸고 환경이 구성되는 방식, 그 환경에서 정체성이 고정관념화되는 방식에서 생긴다. 전형적인 미국 고등학교 구내식당을 떠올려보자. 그리고 백인 학생과 흑인 학생들의 정체성 비상사태가 이 구내식당에서 어떤 모습으로 나타나는지 상상해보자. (그들은 모두 학교와 미국 사회에서 보고 들은 것이 있기 때문에 비상사태를 아주 잘 안다.) 이를테면 흑인 학생은 만약 백인 학생들과 함께 앉아 식사하면 고약한 방식으로 취급될 수 있으리라는 것을 안다. 사람들은 그가 좋은 사람처럼 보이려고 애쓴다든가, 가식적이라든가,

인종적으로 둔감하다고 생각할 것이다. 그는 따가운 시선을 받을까 봐, 혹은 흑인 친구에게 문화적으로 잘못 받아들여지는 말을 할까 봐 걱정할 것이다. 흑인 학생 역시 자신이 처한 구내식당에서의 정체성 비상사태를 잘 안다. 그는 만약 백인 학생과 함께 앉아 식사한다면 다른 흑인 학생이 자신을 의리 없는 녀석이라고, 어쩌면 백인이 되고 싶은 놈이라고까지 생각하리라는 점을 안다. 그런 압박감을 백인 친구들이 이해하지 못할까 걱정할 테고, 그런 감정을 털어놓더라도 백인 친구들이 죄책감을 느끼게 될까 걱정할 것이다. 결국 자기 자신의 모습을 있는 그대로 보여주었다가는 반감을 살 수 있다고 느낄 것이다. 두 정체성 모두 이 구내식당에서 커다란 비상사태를 맞고 있는 셈이다. 이 비상사태는 인종을 둘러싼 미국 역사를 학생들의 일상적인 경험 속으로 끌어들이고 있다. 구내식당의 좌석이 인종적으로 구분되는 현상을 설명하기 위해 굳이 어떤 학생 쪽이 편견이 있다고 단정하지 않아도 된다. 이 현상은 두 그룹이 정체성 비상사태를 피하기 위해 노력하는 과정에서 저절로 생기는 것이다.

이제 여러분은 아마 내가 무슨 말을 하려는지 파악했을 것이다. 정치가 그렇듯 정체성도 지역적이다. 모든 정체성은 그 지역의 특색과 비상사태에서 유래한다.

3

그러나 사회적 정체성에 대해 (비상사태에 기초한) 이런 생각이 전개될수록, 그 생각에 내포된 요소를 좀 더 분명하게 명시할 필요가 있었다. 내가 떠올릴 수 있었던 정체성 비상사태는 대부분 고정관념 위협의 경우에서처럼 그 사람을 위협하는 비상사태, 또는 수영장 이용 제한처럼 기회에 접근하는 것을 제약하는 비상사태 둘 중 하나였다. 인간 기능에 가장 큰 영향을 끼치는 정체성 비상사태는 어떻게든 우리를 위협하거나 제약하는 것으로 보였다.

매사추세츠 주 케임브리지에 있는 래드클리프 대학원에서 강의한 후 스탠퍼드 대학교로 돌아왔을 때 나는 이런 생각을 하며 이메일을 확인했다. 한때 여자 대학이었던 래드클리프 대학원은 하버드 대학교 부속 기관으로 하버드 광장에서 아주 가까운 곳에 위치하며 저명한 학자들이 1년 동안 첨단 학문을 연구하는 유수의 기관이다. 그러나 내 강의를 들은 청중은 대부분 하버드와 보스턴 지역 대학교에서 온 학생들이었다. 나는 그들에게 사회적 정체성과 비상사태를 강의했는데, 인간의 사회적 정체성이 얼마나 다양한지 강조하기 위해 나이, 성별, 성적 지향, 인종, 직업, 국적, 정당 소속 등에 관련된 정체성을 파워포인트 슬라이드로 정리해서 보여주었다. 이렇게 하나하나 열거하는 것이 객관적이고 포괄적 방법이라고 생각했다. 그러나 그날 밤 다시 캘리포니아로 돌아가 이메일을 열어보니 다음과 같은 메시지가 기다리고 있었다.

> 오늘 래드클리프에서 고정관념과 정체성에 관한 교수님의 강의 잘 들었습니다. (여기까지는 마음에 들었다.) 저는 스탠퍼드 대학교 1998년 졸업생으로 현재 조울증을 앓고 있습니다. 저 역시 교수님께서 말씀하신 유의 비상사태를 겪고 있습니다. 건강할 때조차도 미친 사람으로 보

일까 봐 걱정하고, '정상적' 사회 구성원으로 통하며 대부분의 시간을 보내지만 조울증 후원 단체에 가면 좀 더 홀가분하고 마음이 열리는 기분이지요. 그러나 질의응답 시간에 이 점을 말할 수 없었습니다. 저의 증상을 말했을 때 냉대받았던 경험이 많았기 때문입니다. 증상에 대한 이야기를 함께 사는 사람들(지금은 정신 질환을 앓는 사람을 위한 집에 살고 있어서 형편이 훨씬 나아지기는 했습니다)이나 가족과 공유해도 제 마음은 황폐해지고 공유하지 않아도 황폐해집니다. 인종, 종교 등도 포함된 교수님의 정체성 목록에 정신 건강은 언급되지 않았더군요. 자주 빠뜨려지는 주제이기는 하지요. 그러나 그것을 저의 장애가 목록에 오를 수도 없을 만큼 매우 중요하다는 뜻으로 받아들였습니다. 부디 저의 이야기를 다른 사람들과 공유해주세요. 제 이름은 빼고요…….

그 학생이 자기 이야기를 공유할 수 있도록 허락해주어서 기뻤다. 그리고 이메일을 통해 그녀가 경험한 사회적 정체성 위협의 종류가 어떤 것인지를 알 수 있었다.

그녀가 경험한 것은 특정한 위협은 아니었다. 발생할 수 있는 한 가지 특정한 상황에만 국한된 비상사태가 아니라는 말이다. 그녀는 어떤 일이 일어날지 알 수 없었다. 어떤 일이 생길지 아니면 생기지 않을지조차 알 수 없었다. 또 어떤 일이 생긴다면 언제 어디일지 몰랐다. 그녀는 자신의 조울증 증세를 바탕으로 오직 뭔가가 발생할 수 있다는 것만 알 뿐이었다. 특히 부정적 비상사태를 흔히 떠올렸다. 가령 자신의 정체성이 청중이나 친구, 가족 등에게 드러났을 때 갑자기 당황하거나 모욕감을 느낄 비상사태, 사회적으로 거부당할 가능성, 어색하고 불편한 대화, 구직 기회를 놓칠 가능성, 묵살될 비상사태 등 말이다.

정체성 위협은 확산된다. 마치 우리에서 풀려나 집 안을 마음대로 돌아다니는 한 마리 뱀처럼 말이다. 우리의 조울증 학생은 만나는 사람마다 바짝 경계해야만 했으며, 조울증 환자를 그 사람이 어떻게 생각할지 증거를 찾아 헤맸다. 뱀은 어디로 향할 것인가, 뱀에게 물리면 얼마나 아플까, 취직하거나 교육받을 기회를 잃을까, 사회에서 배척당할까 등등.

확산되는 정체성 위협은 사람의 마음을 온통 사로잡아버린다. 그리고 정체성 위협은 정체성 위협이 위협하는 정체성을 가진 사람을 사로잡는다. 이 점이 명쾌하게 짚어야 할 지점이다. 정체성 위협은 정체성이 우리를 사로잡는 기본적 방법으로, 우리가 기능하는 방식을 구체화하고 심지어 우리가 특정한 정체성을 갖고 있다고 우리에게 말한다. 그날 강연장에서, 흠 없이 정상적이고 주변 환경에 완벽하게 적응한 듯 보이던 한 대학 졸업자는 사실 자신의 조울증 정체성에 사로잡혀 있었다. 확산되는 정체성 위협은 수수께끼 같지만 그럼에도 하나의 정체성을 뽑아내서 그 사람의 핵심 기능으로 만들 정도로 강력하고, 적어도 그 위협이 지속되는 동안은 성별, 인종, 종교, 젊음, 스탠퍼드 졸업생과 같은 다른 정체성보다 훨씬 더 중요한 요소로 만들 만큼 강력하다.

4

프랑스의 수필가이자 소설가인 아민 말루프Amin Maalouf는 여러 가지 사회적 정체성을 가진 사람이다. 레바논의 가톨릭 가정에서 태어나 아랍어를 모국어로 쓰는 그는 어릴 때 프랑스계 예수회 학교에 입학했다. 그리고 1976년에 레바논에서 벌어진 전쟁을 피해 프랑스로 이민했다. 그때부터 그는 프랑스어로 글을 썼고 계속 프랑스에서 살고 있다. 따라서 그는 최소한 레바논인, 프랑스인, 아랍인, 가톨릭교도, 작가, 남성, 망명자라는 정체성을 동시에 가졌다. 아마도 이렇게 다양한 정체성을 가졌기에 통찰력이 깊은 《사람 잡는 정체성Les Identites Meurtrieres》(이론과실천, 2006)이라는 책을 쓸 수 있었을 터다. 그의 책에서 중점적으로 다루는 주제는 우리 시대에도 깊은 울림을 준다. "왜 사람들은 정체성이라는 이름으로 범죄를 [그리고 폭력을] 저지르는가?" 이에 대해 이런 대답을 내놓는다. 인간은 혼자서는 결코 할 수 없는 일을 위기에 처한 것으로 보이는 자신의 정체성의 이름을 걸고는 할 수 있다. 즉 세계에서의 자기 그룹, 가령 자신의 나라, 종교, 지역, 민족 등을 변호하기 위해서라면 그런 이유가 아니고서는 상상조차 할 수 없는 일들을 해낸다. 이 책은 현대의 골칫거리인 테러리즘, 전쟁, 학살의 발생 원인을 이해하기 쉽게 밝히는 한 편의 탄탄한 논문이다. 그리고 그 과정에서 정체성 위협의 위력을 묘사한다.

> 사람들은 종종 가장 공격받고 있는 자신의 충성[정체성]의 측면에서 자신을 바라본다. 그리고 그 충성을 지킬 힘이 없을 때는 그것을 감춘다.

> 그러면 그 충성은 복수의 기회를 기다리며 깊은 어둠 속에 파묻힌다. 그러나 그것을 감내하든 감추든, 조심스럽게 표명하든 과시하든, 결국 그 충성 때문에 다른 정체성은 위태로워진다. **인종, 종교, 언어 또는 계급 중 무엇과 관계있든지 그 충성은 그 사람의 전체 정체성을 제압하기 때문이다**. 같은 충성을 공유하는 사람들은 함께 모여서 힘을 모으고 서로를 북돋우며 '반대편'에 대항한다. (26쪽, 강조는 내가 한 것)

말루프가 강조한 점은 내 의견과 비슷했다. 사람의 느낌과 생각에서 정체성을 중요 요소로 작용시키는 모든 것 중에서 정체성에 근거한 위협이 가장 강력하리라는 점 말이다. 내 청중이었던 그 학생이 자신의 조울증 정체성을 강렬하게 느낀 이유도 바로 이 공개적으로 폭로될 위협, 관계와 직업을 잃을 위협 때문이었다. 그 위협 때문에 그 사람의 모든 사회적 정체성 중에서 그 위협이 겨냥하는 바로 그 정체성이 그 사람의 감정과 생각을 지배하는 정체성이 된다. 즉 "그 사람의 전체 정체성을 제압"하는 정체성이 된다.

말루프와 내가 보기에, 위협하는 정체성 비상사태는 가장 커다란 위력이 있다. 우리는 **위협받을** 때 자신이 특정 **부류**의 사람임을 가장 크게 자각하게 된다.

여러분의 삶에서 중요한 장소인 학교나 직장, 집을 떠올려보자. 만약 이러한 장소에서 여러분이 여성이거나 노인 또는 흑인이라는 이유로, 아니면 스페인 억양으로 말한다는 이유로 대처해야 할 일이 아무것도 없다면, 그런 특성은 그 환경에서 여러분에게 중요한 사회적 정체성이 되지 않는다. 물론 그것들은 여전히 여러분의 특성일 테고, 어쩌면 여러 가지 이유로 여러분은 그러한 특성을 마음에 들어 할 수도 있다. 그러나 그 특성은 여러분이 어떤 관점을 갖고 있는지, 어떤 사람에게 동질감을 느끼는지, 그 장소에서 일어나는 사건에 감정적으로 어떻게 대처하는지, 어떤 사람들과 쉽게 친해지는지 등에 별로 영향을 끼치지 않을 것이다. 다시 말해, 그러한 특성은 여러분이 그 환경에서 어떤 사람인가 하는 문제의 핵심이 되지 않는다.

간단히 이렇게 설명할 수 있다. 심각한 정체성 비상사태, 즉 어떤 특성이 있다는 이유로 자기 그룹에 대한 부정적 고정관념, 이런저런 차별, 편견 같은 위협하거나 제한하는 비상사태에 대처해야 하는 상황에서 우리는 특정한 사회적 정체성을 갖고 있다고 의식하게 된다. 우리의 특성을 사회적 정체성으로 만드는 것은 그러한 특성에 따르는 비상사태, 특히 위협하는 비상사태다.

일고여덟 살 때까지 나는 아프리카계 미국인의 역사와 전통에 별로 관심이 없었다. 그러나 수영장에 갈 수 없게 되자 고작 일고여덟 살인데도 아프리카계 미국인이라는 정체성에 사로잡혔다. 다만 사실 브로야드에게 그랬던 것만큼 그 점이 내게 큰 짐이 된 적은 없다. 나는 브로야드 다음 세대였으니 말이다. 지금까지 살아오면서 대부분의 중요 시기마다 서로 다른 인종적 비상사태를 겪었고, 나의 정체성과 관련해 매우 긍정적인 일들도 겪었으며, 그러한 비상사태 아래서 살아온 사람도 많이 만났다. 아프리카계 미국인이라는 정체성은 여전히 나의 취향, 선호, 관점, 자의식 등에 영향을 끼친다. 그러나 나의 전체적인 사고방식과 개성이 이러한 정체성의 어떤 비상사태에서 시작되었다는 점, 즉 수요일에는 수영을 하고 다른 날에는 집에 있어야 했던 사실에서 시작되었다는 사실을 잊는다면 어리석은 일이리라.

정체성은 분명 부정적 비상사태뿐 아니라 긍정적 비상사태와 중립적 비상사태도 포함한다. 특정 정체성을 갖고 있기 때문에 직면할 수밖에 없지만 그것이 위협적이지 않고 중립적이거나 심지어 긍정적이기도 한 비상사태가 있다는 말이다. 단적인 예로 남성은 남자 화장실에 여성은 여자 화장실에 가야 한다. 이러한 질서도 분명 성적 정체성과 관련된 비상사태다. 그러나 이는 중립적이라고 표현하기에는 너무 교과서적이다. 우리는 의식하지도 못한 채 그 질서에 따르니 말이다. 따라서 중립적 비상사태로는 세상을 이해하지도, 느끼지도, 경험하지도 못한다. (실수로 다른 성별의 화장실에 들어간다거나 중성적 외모를 한 사람이라서 자기 성별에 맞는 화장실에 들어가도 사람들이 놀라는 경우가 아니라면 말이다. 하지만 만약 그런 상황에 처했다면 성별로 구분된 화장실은 자신의 성적 정체성을 크게 자각시키는 부정적 정체성 비상사태가 된다.)

긍정적 비상사태도 정체성을 별로 자각시키지 못한다. 농구 경기를 하려고 편을 짤 때 아마도 나는 아프리카계 미국인이라서 누구보다도 빨리 뽑힐 것이다. 미국 사회에서 아프리카계 미국인은 농구와 관련해 긍정적으로 고정관념화되어 있기 때문이다. 그러나 편을 짤 때 빨리 뽑히는 것은 내게 해가 되는 일이 전혀 아니므로 나는 그런 고정관념을 거의 의식하지 못할 것이다. 내가 유리한 위치를 점유하고 있다는 사실도 인식하지 못할 테고 다른 사람과 똑같은 기준으로 평가되었다고 생각할 것이다. 내가 가진 이점을 눈치채지 못한다는 것은 그 이점의 밑바탕인 정체성 역시 의식하지 못한다는 뜻이다.

그러므로 여러분에게 정체성을 억지로 주입할 가능성이 가장 높은 비상사태는 위협적 비상사태, 즉 특정 정체성을 갖고 있다는 이유로 뭔가 **나쁜** 일이 일어날 듯한 위협이다. 이때 나쁜 일이 꼭 일어나야만 위협적 비상사태인 것은 아니다. 일어날 **가능성이 있는 것만으로** 충분하다. 그런 가능성만으로도 정체성은 우리에게 잔뜩 경계하도록 요구하고 우리를 지배한다.

내 청중 가운데 한 명이었던 조울증 학생은 알고 싶었다. "정체성이라는 곤경을 연구하며 사는 사람이 어떻게 내 정체성을 언급하지 않을 수 있지?" "조울증이라는 게 정체성 목록에 언급될 수 없을 만큼 그렇게 나쁜 건가?" 그녀는 자기 정체성의 의미와 그것이 자기 삶에 어떤 영향을 미치는지 알아내려 했던 것이다. 비록 그녀는 그 자리에서 자신의 정체성을 숨겼지만, 그녀의 의문은 아주 중요했다.

제임스 커머James Comer는 학교 개혁 프로그램을 도입해 크게 성공시킨 사람이다. 그는 조심스럽게 몇 번이고 전략을 되풀이하는 방식으로 열등한 공공 학교를 뛰어난 학교로 변모시키고 학생들의 시험 점수를 크게 향상시켰다. 그는 저소득층 소수 인종 학생들이 여러 가지 힘든 일을 겪지만 그중에서도 특히 내가 말한 정체성 위협 때문에 고통받는다는 점을 잘 알고 있다. 그 고통을 덜어주기 위해 종종 실천에 옮기기 쉬운 조언을 건넨다. 편견을 가진 사람에게 불공정한 일을 당해도 그냥 무시하고 넘어가라. 단 그런 일이 세 번째 발생하면 화내며 항의하라.

커머의 조언은 확률을 이용한 전략이다. 인종이나 계급에 대한 편견의 신호일 수도 있는 최초의 단서는 사실 편견의 신호가 아닐 가능성도 충분하다. 제임스와 나는 재미로 그 가능성을 점쳐보기도 했다. 최초의 단서 가운데 무죄인 것은 30퍼센트 정도 될까? 아니면 70퍼센트? 그 비율은 상황에 따라 달라질까? 물론 거기에 고정된 비율이 있을 리 없었다. 어쨌든 커머의 조언은 학생들의 정신적 부담감을 엿볼 수 있게 해준다는 점에서 마음에 들었다. 학생들의 정신적 부담감은 대부분 자신의 종교와 계급이 자신에 대한 평가에 영향을 미칠지에 대한 걱정, 즉 정체성 비상사태에 관한 걱정에서 시작됐다. 애매모호함이 잉태한 걱정이었다. 커머의 조언을 습관화한다면 애매모호함이 과연 얼마나 걱정할 만한 가치가 있는지 새로이 판단할 수 있게 될 것이다. 그리고 모든 것이 분명해질 때까지 정체성과 관련된 걱정을 잠시 보류할 수 있을 것이다.

특정한 정체성이 '[우리의] 전체 정체성을 제압'하도록 만드는 것은 대개 '위협'이다. 그리고 나는 지금까지 심각한 위협, 가령 일자리를 잃을 가능성, 사회적 배척, 공개적 무안 등을 예로 들어 설명했다. 그러나 정말 이런 심각한 비상사태만이 정체성을 인간 기능의 핵심으로 만들까? 사회심리학의 연구는 끊임없이 정반대 결과를 보여준다. 최소한의 정체성 위협만으로도 우리를 어떤 그룹의 구성원으로서 생각하고 행동하게 만들기에 충분하다고 말이다.

5

1969년 여름, 저명한 사회심리학자 헨리 타펠Henri Tajfel은 잉글랜드 브리스틀 대학교에서 석좌 교수직을 맡은 직후 마이클 빌리그Michael Billig, M. G. 번디M.G. Bundy, 클로드 플레이먼트Claude Flament와 함께 열네다섯 살짜리 소년 64명을 대상으로 실험을 했다. 그들은 소년들에게 시각적 판단력을 실험한다고 소개한 뒤 40개의 점들이 번쩍이는 스크린을 보여주고는 점이 몇 개인지 답하게 했다. 그런 다음 각각의 소년들에게 '과대평가자' 또는 '과소평가자'라고 말해주었다. 그러나 사실 이러한 구분은 무작위로 주어진 것이었다.

그다음 한 명씩 격리된 공간으로 데려가서 다른 소년 둘을 택해 얼마간의 돈의 값어치가 있는 점수를 부여하도록 했다. 그리고 둘 중 한 명에게 더 높은 점수를 주도록 했다. 각자 표를 받은 소년들은 두 명을 골라 점수를 표시했다. 소년들은 자기 '그룹', 즉 '과대평가자' 또는 '과소평가자'가 날조되었음에도 자기 그룹의 소년을 편애할까?

불확실하지만 그렇다고 할 수 있다. 소년들은 자기 그룹에서 두 명의 소년을 골랐을 때는 최대한 비슷하게 점수를 할당했다. 그러나 자기 그룹의 소년과 다른 그룹의 소년을 골랐을 때는 예외 없이 자기 그룹의 소년에게 훨씬 후한 점수를 할당했다. 그들은 이러한 아주 사소한 정체성조차도 우대했다.

두 번째 연구는 비슷한 연령대의 소년들을 꽤 비슷한 화풍과 화법을 가진 20세기 초 유럽 화가 파울 클레Paul Klee와 바실리 칸딘스키Wassily Kandinsky의 그림 중에서 어떤 그림을 더 선호하는지에 따라 두 그룹으로 나누었다. 그다음 이번에도 점수를 할당하도록 했다. 단 이번에는 점수 할당 방식을 세 가지 제시해 그중에서 각자 선택하도록 했다. 첫 번째 방식은 두 그룹에 속한 소년들에게 언제나 동등한 점수를 할당하는 것, 두 번째 방식은 양 그룹의 소년들이 부여한 점수의 합을 언제나 극대화하는 것, 세 번째 방식은 두 그룹의 소년에게 같은 점수를 주는 방식보다 자기 그룹의 소년이 더 적은 점수를 받더라도, 다른 그룹의 소년보다는 자기 그룹 소년들의 이익을 극대화하는 방식이었다.

이번에도 소년들은 자기 그룹의 소년들을 우대했다. 양쪽 그룹에 속한 소년의 이익을 극대화하는 방식과 다른 그룹에 속한 소년보다 자기 그룹에 속한 소년의 이익을 극대화하는 방식 중에서 그들은 후자를 택했다. **심지어 양쪽 그룹에 속한 소년들에게 동등하게 돈을 나눠줄 때보다 더 적은 돈이 주어져도 말이다**. 이 옥스퍼드 지역의 소년들은 경쟁심이 강한 학생들이었다. 그들은 '그룹'이 전적으로 허위였음에도 자기 그룹의 점수를 희생해서라도 상대 그룹에게 점수를 주지 않으려 했다.

그리고 옥스퍼드 지역의 어린 소년들만이 이런 식으로 행동한다고 오해하지 않도록 강조하자면, 이와 비슷한 연구 결과는 35년간 다른 표본의 사람들 사이에서, 세계 수십 개 국가에서 수없이 반복되어왔다. 어느 나라에 사는 어떤 유형의 사람도 이러한 '최소 그룹 효과minimal group effect'(최소한의 조건만 있어도 그룹 사이에 차별이 일어나는 현상.–옮긴이)에 저항하지 못했다.

우리는 왜 이렇게 쉽게 차별할까? 타펠과 그의 제자 존 터너John Turner는 '자존감' 때문이라고 상정했다. 우리는 자신을 좋게 생각하기 위해서 우리가 속한 그룹을 좋게 생각한다. 가령 그 그룹이 과소평가자나 과대평가자처럼 잠시 존재했다가 사라질 '대수롭지 않은' 그룹일 때도 말이다. 이를테면 모교처럼 좀 더 중요한 그룹이라면 이해하기가 한결 쉽다. 우리는 자신을 좋게 생각하기 때문에 우리가 졸업한 고등학교를 좋게 생각한다. 물론 이런 현상은 이웃, 도시, 세대, 소득 수준 등 모든 종류의 그룹이나 소속에도 적용된다. 그리고 자신을 좋아하는 한 방법으로 자기 그룹을 좋아함으로써 다른 그룹의 구성원보다 우리가 속한 그룹의 구성원에 호의적인지도 모른다. 자존감에 대한 욕구가 내집단in-group에 대한 호의로 이어지는지도 모른다. 이는 우리가 크게 자각하지 못하는 상태에서 발생하지만, 실제로 발생하는 현상인 듯하다.

타펠과 그의 동료들이 행한 실험은 우리에게 쉽게 인식되지 않는 놀라운 사실 몇 가지를 밝혔다. 자존감에 대한 욕구는 사소한 그룹 정체성에까지 관심을 기울이게 할 만큼 강렬하고, 우리는 그 그룹이 아무리 사소해도 같은 그룹에 속하지 않았다는 사실 외에는 아무것도 모르는 다른 사람을 차별 대우 할 수 있으며, 이 모든 현상이 지구상 거의 모든 사람에게 적용된다는 사실이 바로 그것이다. 비록 집단주의 사회collective society(개인주의 사회와 대립되는 개념으로 개인보다는 집단의 화합을 강조하는 사회.-옮긴이)에 속한 사람들에는 덜 적용된다는 증거가 있기는 하지만 말이다.

인간의 편향에 불을 붙이기란 얼마나 쉬운 일인지. 가해자에게도 피해자에게도 특별히 필요한 요소는 아무것도 없었다. 그저 평범한 인간의 기능, 즉 자존감을 지키는 것만으로도 편향을 일으키기에 충분했다. 이것은 인간의 정신세계에 대한 하나의 발견이었다.

타펠의 실험에서 최소한의 조건만으로도 그룹 편견이 나타난다는 결과를 통해 우리는 그룹의 정체성에 관한 의식이 최소한의 조건만으로 생겨난다는 사실을 알 수 있었다. 정체성과 관련 있는 비상사태가 극적이거나 중요해야만 특정한 정체성을 느끼고 그 정체성에 지배되는 것은 아니다. '최소한'의 위협만으로도 그렇게 될 수 있다. 이를테면 '과대평가자'로 분류되는 것은 분명 사소한 위협이지만 정체성을 작동시키고 적어도 당분간은 그 정체성이 '전체 정체성에 스며들도록' 할 만큼의 위협은 된다. 정체성 위협에 관한 한 우리 인간은 아주 민감한 종족이다.

6

얼마 전에 미국 공영 라디오NPR, National Public Radio의 〈디스 아메리칸 라이프This American Life〉라는 프로그램에서 아이라 글래스Ira Glass가 수행한 인터뷰를 들었다. 우리의 생각에 중요하게 작용하는 영향과 관련된 날카로운 인터뷰였다. 그 영향이란 이러하다. 만약 인종, 성별, 정치적 성향 등 우리의 사회적 정체성이 내적 특성만큼 또는 그보다 더 실질적으로 지역적 비상사태에서 비롯되었다면, 그 정체성은 다른 지역에서는 효력을 잃을 것이다. 요컨대 자신이 특정한 유형의 사람이라는 의식은 우리가 생각하는 것보다 더 맥락에 따라 가변적인지도 모른다. 우리의 실험은 그럴 가능성을 보여주었다. 여성이나 흑인은 고정관념 위협의 정체성 비상사태 아래 있을 때 낮은 성과를 냈지만, 그 비상사태가 제거되었을 때는 그렇지 않았다. 정체성이 그들에게 끼친 영향이 상황에 따라 극적으로 달라졌다. 그러나 여전히 의문스러운 부분이 남아 있었다. 환경이 달라진다고 해서 특정한 사회적 정체성이 '전체 정체성을 제압하는' 정도가 달라진다는 것은 상상하기 어려운 일이다. 그렇다면 실생활에서 사회적 정체성의 가변성을 보여주는 예를 찾을 수 있을까? 만약 그럴 수 있다면 우리는 추론을 전개할 수 있을 터였다. 이렇듯 때로 문제를 해결하는 과정은 "내 왕국을 줄 테니 말을 다오(셰익스피어의 희곡 《리처드 3세》에서 리처드 3세가 패주할 때 탈 말이 없자 구원을 요청하며 내지르는 말. –옮긴이)"가 아니라 "내 왕국을 줄 테니 좋은 예를 다오"라고 외치며 예를 찾는 과정이 된다. 마침 아이라 글래스의 인터뷰를 듣게 된 것은 이 때였다.

아이라 글래스는 "왜 그렇게 많은 미국인이 파리를 사랑할까?"라는 질문을 파헤쳤다. 그는 제임스 볼드윈James Baldwin, 조세핀 베이커Josephine Baker, 리처드 라이트Richard Wright 같은 아프리카계 미국인 작가, 예술가 들이 파리로 이주하는 오랜 전통에 주목했다. 이는 20세기 초부터 시작된 현상으로 그들은 파리에서 전설적 공동체를 이루었다. 글래스는 몇 년 동안 파리에서 살아온 한 젊은 아프리카계 미국인 여성에게 아프리카계 미국인이 여전히 파리로 많이 이주하는지 물었다.

그녀는 미국에서의 삶이 어떤지를 묘사하며 말문을 열었다. 그녀는 브루클린에서 태어나 저소득층 임대 주택 단지에서 자랐다. 공부를 잘하는 편이었지만 어울리는 친구는 없었다. 그녀는 좋은 대학에 입학했고 이번에는 더 즐겁게 학교생활을 하고 싶었다. 그러나 거기서도 친구들과 자연스럽게 어울리지 못했다. 가까이 지내려고 했던 중산층 흑인 여학생들은 그녀를 '임대 주택 출신 여자애'로 보았고, 그녀는 그들을 '지나친 속물'로 보았다. 그래서 그들과 함께 있으면 끊임없이 긴장감을 느꼈다. 백인 여학생들에게도 기댈 수 없다. 그녀는 백인 여학생들과의 공통점을 찾을 수 없었다고 말했다. 게다가 미국에는 인종 간 관계에 얽힌 사회적 맥락이 있었다. 아직도 미국 사회는 우리 모두가, 특히 브루클린 임대 주택 단지 출신의 흑인 여성이 비상사태를 겪을 만큼 충분히 인종에 따라 구분되어 있다.

그녀는 파리로 가는 비행기에 몸을 실었다. 파리가 아름답다고 느꼈고 그곳에서 편안함을 느꼈다. 그녀는 살 곳을 구하고 일자리를 얻었으며, 프랑스어를 익히기 위해 많은 시간을 들이며 불분명한 미래에 투자했다.

아이라 글래스는 파리에서 겪은 인종 차별 경험에 관해 물었다. 그녀의 목소리가 갑자기 바뀌었다. 행복으로 들뜬 목소리였다. 그녀는 자신이 파리에서도 여전히 흑인이기는 하지만, 파리 사람들은 그 점을 가장 중요한 부분으로 받아들이지 않는다고 했다. 그녀가 말하길, 자신이 흑인, 특히 교육받은 흑인이라는 점을 파리 사람들은 미국 사람들과는 전혀 다른 의미로 받아들였다. 그녀는 아프리카계 미국인에 대한 파리 사람들의 애정, 재즈와 아프리카계 미국인 작가에 대한 그들의 깊은 사랑을 들려주었다. 그녀는 파리에서 처음으로 온전한 사람으로 대접받았다고 말했다.

그러나 그녀는 프랑스인이 다른 사람 못지않게 편견이 있다고 덧

붙였다. 과거 식민지였던 북아프리카 출신 이민자들에게는 프랑스인이 그런 애정을 보여주지 않는다는 것이다. 대부분 그녀와 닮은 사람들인데도 그랬다. 그녀는 자신의 미국식 억양이 밴 프랑스어가 자신을 북아프리카 사람으로 혼동하지 않도록 해주었다고 밝혔다. 프랑스인과 북아프리카인의 관계가 미국의 흑인과 백인의 관계와 비슷하지만, 프랑스 사회는 미국 사회보다 소수자에게 한층 더 닫혀 있다고 말했다. 그녀가 아무리 프랑스어를 잘하게 돼도 결코 온전한 프랑스인으로 받아들여지지는 않으리라고 말했다.

그럼에도 그녀는 때때로 자기도 모르게 이 나라에 살 수 있게 해준 프랑스인에게 감사하다는 말을 낮게 중얼거린다고 말했다. 파리에서 편안함을 느끼고 있으며 모르기는 해도 다시 미국으로 돌아가지는 않으리라고 했다.

나는 모든 정체성이 지역적 비상사태에 뿌리를 둔 지역적인 것이라고 주장해왔다. 그런 점에서 보았을 때, 이 여성이 파리로 이주한 순간 정체성 비상사태도 달라졌다. 정체성 비상사태의 변화와 함께 그녀가 일상생활에서 심리적으로 중요하게 여기는 것들도 바뀌었다. 파리에서는 아프리카계 미국인이라는 것이 그녀의 일상생활에서 거의 중요하지 않았다. 오히려 때에 따라서는 애정을 불러일으키기도 했다. 게다가 '임대 주택 출신 여자애'라는 정체성과 '부르주아' 여자애들과의 씨름에서도 완전히 벗어났다. 이런 정체성과 관련해서는 파리지앵으로서의 삶에서 처리해야 할 일이 전혀 없었다. 어떤 비상사태도, 정체성도 문제를 낳지 않았다. 글래스가 말했듯, 미국에서 일상생활을 좌우했던 정체성 충돌은 파리에서 그야말로 한순간에 사라졌다.

그녀는 브로야드가 동화함passing으로써 성취했던 것을 대부분 파리에서 이뤘다. 동화하면 인종은 바뀌지만 사는 나라는 그대로다. 이민을 떠나면 인종은 그대로지만 사는 나라는 바뀐다. 이는 비상사태의 제약을 덜어내기 위한 두 가지 전략이다.

파리에 사는 이 아프리카계 미국인 여성이 아프리카계 미국인 정체성을 완전히 버린 것은 아니다. 정체성의 흔적은 물론 남을 터다. 가령 햄버거와 바비큐, 야구, 활기차게 인사하는 미국인의 인사 방식, 특정 음악 분야에 대한 선호 등은 여전할 것이다. 그래서 그녀는 아마 프랑스에 사는 다른 미국인과 어울리면서 큰 기쁨을 느낄지도 모른다. 그러나 아프리카계 미국인 정체성에서 비롯된 이러한 내면적 성향은 그녀의 새로운 삶에 부적합할 테고 시간이 흐르면서 점차 흐릿해질 것이다.

그녀의 말을 들으면서 나는 '프랑스인'으로 받아들여질 수 없다는 것이 어떤 뜻인지 궁금했다. 공직에 출마할 수 없다는 뜻인가? 중산층이 될 수 없다는 뜻인가? 의사나 교수 같은 전문직에 종사할 수 없다는 뜻인가? 국외 거주는 쉽게 무를 수 없는 전략이라는 생각도 스쳤다. 파리에서 미국으로 돌아오려면 그녀는 자신의 성 정체성, 인종 정체성 등 옛 정체성에 관련된 미국식 비상사태를 새로 배워야 한다. 비상사태는 변하기 때문이다. 외국에 더 오래 머물수록 본국으로 돌아오기 위해 배워야 할 것은 더 많아질 터다. 이렇듯 국외 거주는 새로운 정체성을 습득해야 하는 위험을 안고 있다. 동화 역시 같은 위험을 안고 있다. 아마 그래서 브로야드는 자녀들에게 자신의 인종적 정체성을 밝히지 못했을 것이다. 만약 자신의 정체성을 밝혔더라면 그는 새로운 흑인 비상사태에 맞서는 새로운 흑인 정체성과 더불어 강제로 흑인 세계로 돌아와야 했을 것이다. 그의 아내 샌디는 아이들에게 말하라고 브로야드를 주기적으로 종용했다고 한다. 그러나 그는 늘 단호히 거절했다. '제자리로 돌아오는' 일은, 즉 흑인이라는 그의 옛 정체성에 관한 새로운 비상사태를 다루는 방법을 배우는 일은 어마어마했다. 특히 그처럼 유명한 사람에게는 말이다.

내가 하던 실험이 보여준 사실은 흔히 사회적 정체성과 관련된 내면적 능력에서 비롯된다고 추정되는 어떤 활동의 성과가 그 정체성 비상사태를 바꿈으로써 크게 달라질 수 있다는 점이었다. 가령 여성의 수학 시험 점수는 여성의 수학 실력에서 비롯된다는 고정관념이 사회적 정체성의 한 예다. 여성의 수학 성과에 관한 실험은, 수험자들이 자기 그룹의 부정적 고정관념을 확증할 위협의 정도를 바꿈으로써 전혀 다른 결과를 낳았다. 그리고 동화와 국외 거주 같은 정체성 변화 관련 현상은 우리가 실험실에서 관찰하던 것이 빙산의 일각에 불과하다는 사실을 일깨웠다. 사회적 정체성에 관한 더욱 핵심적 사실은 거대한 빙산처럼 수면 아래에 있었다. 또 그 현상들은 특정한 사회적 정체성이 개인의 삶에서 얼마만큼의 비중을 차지하느냐라는 비상사태, 즉 개인이 그 정체성을 갖고 있기 때문에 다뤄야 하는 현실에 달려 있다는 것을 환기했다. '동화'하거나 외국에 나감으로써 이러한 비상사태를 제거하거나 바꾸면, 전체 정체성은 특정한 사회적 정체성의 지배에서 벗어난다. 파리로 이주하면 삶을 규정하던 정체성 충돌은 사라진다.

이것이 사회적 정체성에 대해 무엇을 말해줄까? 우리가 연구를 시작한 동기인 낮은 성과 문제에 진전을 이루기 위해 바로잡아야 하는 것에 대해 무엇을 말해줄까? 두 가지 불가피한 결론을 내릴 수 있겠다. 첫째, 우리의 사회적 정체성은 내가 정체성 비상사태라 부르는 삶의 특정 상황에 대한 적응이다. 만약 우리가 특정 상황에 맞설 때에 정체성의 도움이 필요 없다면, 우리의 사회적 정체성의 기질적 측면을 형성하는 태도, 감정적 성향, 가치관, 포부, 습관 등은 점차 우리의 정신에서 새어나와 사라질 것이다.

두 번째 결론은 이 책이 좀 더 실용적 방향을 취하리라는 것을 예고한다. 만약 여러분이 사회적 정체성과 관련된 행동이나 결과, 말하자면 컴퓨터공학 분야에 종사하는 여성의 수가 극히 적은 현상을 바꾸고 싶다면, 가치관이나 사고방식 같은 내면적 지표를 바꾸려고 해서는 안 된다. 대신 비상사태를 바꾸는 데 힘을 쏟아야 한다. 20세기 초반의 유명한 아프리카계 미국인 코미디언 버트 윌리엄스Bert Williams는 이렇게 말했다. "나는 흑인이라는 것이 부끄럽다고 느껴본 적이 결코 없습니다. 그러나 불편하다는 점은 수긍해야겠네요." 그의 말에 따르면 우리는 흑인이라는 사실의 '부끄러운' 뭔가를 바꾸기 위해 애쓰지 않아도 된다. 대신 흑인이라는 것의 '불편함', 곧 정체성 비상사태를 바꿔야 한다.

비록 우리가 전개해나가던 이러한 사회적 정체성에 관한 견해가 그럴듯해 보이기는 했지만, 과학 연구는 이른바 경험 연구의 현장에서 이뤄져야 한다. 우리는 이미 뚜렷하고 검증할 수 있는 단서를 확보했다. 우리가 주장하듯 여성과 흑인 학생들에게서 나타난 효과가 그들 그룹의 내적 특성이 아니라 고정관념과 정체성 위협에서 기인한 것이라면, 그 밖에 여러 가지 고정관념, 성과, 행동 등과 관련해 다른 그룹들에서 유사 효과를 관찰할 수 있을 터였다. 그렇게 된다면 우리의 새로운 견해에 실증적 무게를 더할 수 있었다. 이제 이 책의 큰 줄기인 정체성 위협과 그것을 해결할 방안에 대한 연구로 돌아가 보자.

Chapter 5 전 세계를 지배한 고정관념 위협

The Many Experiences of Stereotype Threat

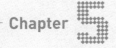

1

미국의 명문 대학교에 다니는 백인 학생 테드 맥두걸Ted McDougal은 '아프리카계 미국인 정치학' 첫 수업이 열리는 강의실에 들어서면서 자기도 모르게 학생 수를 세어보았다. 강의실에는 모두 45명의 학생이 있었다. 자신 외에 또 다른 백인 한 명이 있었고 드문드문 아시아인 학생이 몇 있었으며 나머지는 전부 흑인이었다. 테드는 아프리카계 미국인이 미국 사회에서 어떤 경험을 하며 살아가는지 잘 몰랐다. 그가 이 과목을 신청한 이유는 그저 시야를 넓히고 싶어서였다. 그러나 자리에 앉자마자 따가운 시선이 느껴지는 듯했다. 사람들은 이렇게 생각하는 것 같았다. '이 백인 녀석이 이 수업에는 왜 들어왔지?'

첫 수업은 역사 강의였다. 미국 남북 전쟁 후 백인이 정치적으로 남부를 지배하는 데 폭력이 어떤 역할을 했는가가 집중적으로 설명되었다. 파워포인트 슬라이드에 채찍질하는 사진이 나오자 교수는 학생들에게 이 장면에 나오는 사람들의 입장이 되어 생각해보라고 말했다. 곧이어 격렬한 토론이 벌어졌다. 테드는 흑인 학생이 '우리'

라는 표현을 쓰기 시작했다는 사실에 주목했다. 그리고 자신은 '우리'에 포함되지 않는다는 것을 느꼈다. '백인들'이라는 표현도 등장했다. "백인들은 이런 역사를 인정하려고 하지 않습니다." "백인들은 이러한 명백한 범죄 행위를 책임지려고 하지 않습니다." 그는 마음이 불편해졌다. 몇 주 뒤, 연구의 일환으로 진행한 인터뷰에서 그는 내게 이렇게 말했다. 보통 때는 자신의 학문적 역량을 입증해야 한다는 압박감에 종종 시달리지만 이 수업에서는 다른 방식으로 자신을 입증해야 할 것 같다고 말이다. 즉 그는 자신이 좋은 사람, 다수의 뜻에 협력하는 사람, 인종 차별을 배척하는 백인임을 입증해야 했다.

수업에서 그는 자신이 여러 가지 일을 힘겹게 동시에 처리하고 있다고 느꼈다. 토론에 참여하기는 했지만 동시에 그의 언급이나 심지어 머릿속 생각이 어떤 혐의를 확증하지는 않을지 걱정도 했다. 그는 다른 사람들을 기분 나쁘게 하지 않기 위해서 언제나 '빙산의 일각' 만큼만 말했다. 이를테면 시민권 운동 지도자 베이야드 러스틴Bayard Rustin을 정말 좋아한다고 말하면서도 동시에 시민권 운동에서 그가 정확히 어떤 역할을 했는지는 잘 몰라도 묻지 않았다. 너무 과묵했던 탓에 자신의 궁금증을 해소할 수 없었다. 같은 수업을 듣는 다른 백인 학생도 자신과 똑같은 처지에 몰렸다는 점을 눈치챘다. 둘은 수업 중에 거의 입을 열지 않았다. 그날 첫 수업이 끝날 무렵 교수가 강의실을 돌며 학생들에게 이름과 전공을 물을 때 기진맥진한 그는 자신의 이름 '테드'를 겨우 '헤드'에 가깝게 발음하고는 자리에 털썩 주저앉았다.

학기 중간쯤 다시 인터뷰를 진행할 때까지도 상황은 크게 나아지지 않았다. 나는 그런 긴장감이 학습에 방해가 되느냐고 물었다. 그는 그런 것 같다고 답했다. 그러면서 기숙사에서 과제를 하기 위해 클레어 드레이크Clair Drake와 호러스 케이턴Horace Cayton의 명저 《검은 도시Black Metropolis》를 읽었던 때를 떠올렸다. 20세기 중반 흑인 인구의 증가가 시카고 시의 정치에 어떤 영향을 미쳤는지에 관한 부분을 읽을 때였다. 그는 자신이 그 내용을 정확하게 이해하고 있는지 확신이 서지 않았다. 어쩌면 자신이 편향적인지도 모른다는 생각이 들었다. 자신의 생각이 편견이나 고정관념, 또는 단순히 세상 물정 모르는 순진함으로 오염되어 있는지도 모른다는 생각이 스쳤던 것이다. 기숙사에 혼자 있을 때조차도 그의 사고는 이렇게 자유롭지 못하고 불안정했다.

그러나 그가 보기에 흑인 학생들에게는 그 수업이 긍정적으로 작용하는 듯했다. 그는 이렇게 말했다. "그들은 그 수업에서 자신의 똑똑함을 과시할 수 있었죠." 그러나 대부분의 다른 수업에서 흑인 학생들은 소수에 해당한다. 때로는 극소수인 경우도 있다. 그런 수업에서는 아마 흑인 학생들이 테드와 같은 느낌을 받을 터였다. 테드가 그 수업을 포기하지 않고 계속 들었던 이유 중 하나가 바로 그 점이었다. 서로 입장을 바꿔보는 것이 공정하다고 생각했다. 무엇보다도 가장 중요한 것은 그가 뭔가를 깨닫고 있었다는 점이다. 그는 환경이 '똑똑함'의 정도를 변화시킨다는 사실을 알게 되었다. 수업에서 압박감을 느꼈을 때 안전하고 남에게 해를 끼치지 않으며 피상적인 '빙산의 일각' 안에 자신의 생각을 가두었다. 한시라도 남의 눈을 의식하지 않은 적이 없기도 했다. 그러나 수업 내용과 관련해 경험이 풍부

할 뿐만 아니라 다수를 차지해서 강의실에서 단연 우세한 흑인 학생들은 남의 눈을 전혀 의식하지 않았고, 열정적으로 토론에 참여했으며, 자주 인상적인 발언을 했다.

인터뷰에서 테드는 그 수업이 자신에게 그렇게 큰 영향을 끼치리라고는 전혀 예상하지 못했다고 말했다. 나는 내가 천착하던 견해를 설명해주었다. 흑인이나 백인이라는 사회적 정체성은 상황에 따른 비상사태에서 생겨난다고 말이다. 그가 수업에서 '백인임'을 그토록 강하게 느낀 이유는 그런 상황적 비상사태 탓이라고 말해주었다. 그가 소수자가 된 상황 때문이라고 말이다. 또한 수업의 주제 역시 백인에 관한 부정적 고정관념을 끊임없이 부각시켰기에 그가 압박감을 느꼈다고 설명해주었다.

나는 그런 압박감이 그 강의실 안에서 그가 겪은 정체성 비상사태라고도 말해주었다. 즉 그가 짊어지고 가야 할 십자가 같은 것이라고 말이다. 그는 내 말에 귀 기울였다. 이에 고무된 나는 그가 뭔가 가치 있는 것을 배우는 중이라고 설득하며 한층 더 가르치려 들었다. 그가 현재 다른 그룹의 경험을 들여다보는 중이며, 그 덕분에 원하던 대로 시야를 넓히고 앞으로 더욱 교양 있는 사람이 되리라고 말이다. 그는 귀 기울여 들었다. 그러더니 그랬으면 좋겠다고 답했다. 그러나 인터뷰가 끝날 때쯤, 그는 강의실에서 느꼈던 불편함과 자신을 비롯한 여타 흑인 학생들의 '똑똑함'의 급격한 변화에서 가장 큰 충격을 받았다고 되새기듯 말했다.

테드가 이 수업에서 경험한 위협은 어려운 수학 문제를 푸는 여성, 어떤 과목이든 어려운 시험을 치르는 흑인 학생들이 경험한 위협과 유사한 듯했다. 그 위협이란 바로 소극적인 참여, 자의식, 자유롭지 못한 사고, 평소보다 낮은 성과를 말한다. 그러나 유형은 다르다. 이들의 그룹 정체성이 서로 다르기 때문이다. 테드는 백인 남성이지 여성이거나 흑인이 아니다. 또한 위협에 따른 행동 변화도 여성이나 흑인과는 달랐다. 테드는 성과 자체보다는 수업에서의 자의식과 낮은 참여도에 신경을 썼다. 확증할까 봐 염려한 고정관념도 달랐다. 그는 인종 문제에 몰상식한 사람으로 보일까 걱정했지 지능이 낮아 보일까 걱정하지는 않았다. 또한 그는 자신이 소수자에 해당하지 않는 다른 수업에서는 이런 압박감에서 벗어날 수 있다는 점을 알고 있었다. 그 수업이 자유로움을 누릴 수 있는 거의 유일한 시간인 흑인 학생들과는 다르게 말이다. 그렇기는 해도 테드가 그 수업에서 경험한 것은 분명 고정관념 위협이었다.

테드 이야기에서 쉽고 간단한 사실을 확인할 수 있다. 여성과 흑인의 지적 성과에 영향을 끼친 정체성 위협이 누구에게나 어떤 형태로든 어떤 상황에서나 영향을 끼칠 수 있는 일반적 현상일 가능성이 크다는 점이다. 노인, 젊은이, 북부나 남부 지역 출신자, 미국 앵글로·색슨계 신교도, 컴퓨터 신동, 캘리포니아 사람 등 어떤 식으로든 부정적으로 고정관념화되지 않은 그룹은 이 세상에 없다. 따라서 누구나 자기 그룹의 부정적 고정관념과 관련된 상황에 처했을 때 고정관념 위협을 느낄 수 있다. 즉 고정관념대로 판단되고 취급되리라는 두려움 때문에 고정관념을 확증하지 않아야 한다는 압박감을 느낄 수 있다. 누구나 일상생활에서 이런 정체성 위협을 겪을 것이다.

그러나 연구를 시작한 초기에는 누구나 일상생활에서 정체성 위협을 겪는다는 증거를 확보하지 못했다. 우리는 뛰어난 여학생과 아프리카계 미국인 학생 사이에서 정체성 위협 효과를 관찰했을 뿐이다. 한 그룹이 아니라 두 그룹에서 발생한 현상이기 때문에 어쩌면 보편적이라고 할 수 있을지 모른다. 그러나 의심이 많은 사람이라면 여성과 흑인이라는 두 그룹이 어쩌면 자기 그룹의 부정적 고정관념을 내면화했을지도 모르며, 그로 인해 고정관념 위협에 쉽게 영향을 받는지도 모른다고 주장할 것이다. 제3장에서 인용한 고든 올포트의 주장을 떠올려보자. "사람은 그것이 옳든 그르든 자신에 대한 악평을 받아들이는 과정에서 성격이 변한다." 그렇다면 만약 악평을 받아들이지 않아서 자신감을 잃지 않고 성장한 사람이 있다면, 그 사람 역시 정체성 위협을 겪을까?

이것은 '경험 연구'가 필요한 질문이다. 추론이 아닌 실험으로 답을 얻을 수 있는 질문이다. 우리는 이 질문에 답을 얻기 위해 두 가지 절차를 밟아야 했다. 첫 번째는 고정관념 위협이 정말로 고정관념에 대한 어떤 내적 취약성 때문에 발생하는지 밝히는 것이었다. 두 번째는 고정관념 위협 효과가 실제로 다른 그룹에서도 일어나는지 알아보는 것이었다.

우리는 마음을 졸이며 첫 번째 질문에 대한 답부터 찾았다. 당시 내 사무실 맞은편에는 리 로스Lee Ross의 사무실이 있었다. 한 가지 문제를 여러 측면에서 바라볼 줄 아는 리는 종종 사회심리학계의 찰리 파커Charlie Parker로 불린다. 재즈 색소폰 연주자 찰리 파커가 복잡한 주제의 수많은 음표를 자유자재로 불듯이 굉장히 빠르게 말하기 때문이다. 리가 어떻게 생각하는지 알아보기 위해 그의 사무실로 가는 것도 나쁘지 않았다. 우리는 한동안 이야기를 나눴다.

그러자 곧 한 가지 접근법이 드러났다. 우리는 거의 불가능해 보이는 일을 해야 했다. 즉 한 그룹을 골라 그 그룹에 대한 부정적 고정관념이 없는 어떤 분야에서 고정관념 위협을 인위적으로 부여해야 했다. 만약 그들이 낮은 성과를 낸다면, 고정관념 위협에 쉽게 영향을 받는 내면화된 취약성이 없더라도 고정관념 위협을 겪을 수 있다는 증거가 될 터였다. 바꿔 말하면 즉흥적 상황이 발생하는 것만으로도 고정관념 위협을 겪기에 충분하다는 뜻이다. 반대로 만약 낮은 성과를 내지 않는다면, 고정관념 위협에 쉽게 영향을 받는 내면화된 취약성이 없으면 고정관념 위협을 겪지 않는다는 증거가 될 터였다. 그러나 부정적으로 고정관념화되지 않은 분야에서 고정관념 위협을 겪을 그룹을 어떻게 골라야 할까?

조슈아 애런슨, 마이클 러스티나Michael Lustina, 켈리 코프Kelli Keough, 조지프 브라운, 캐서린 굿Catherine Good과 나는 머리를 맞댄 끝에 하나의 방법을 떠올렸다. 성적이 우수하고 매우 자신감 넘치는 백인 남성 수학과 학생을 수학에 대해 긍정적으로 고정관념화된 다른 그룹, 즉 아시아계 미국인이 겪는 긍정적 고정관념의 영향 아래 놓기로 했다. 시험 직전에 백인 학생들에게 해당 시험이 '아시아인이 백인보다 더 높은 점수를 내는 경향이 있는 시험 중 하나'라고 소개할 계획이었다. 이렇게 하면 그들은 앞선 실험에서 고정관념 위협에 직면한 여성이나 흑인과 같은 상황에 놓일 것이었다. 즉 자기 그룹의 열등함을 확증할 위협에 처할 것이다. 그러나 이번에는 직접적이지 않고 다른 그룹의 고정관념화된 우월성과 비교한 상대적 위협이었다. 만약 그들이 시험을 치르면서 좌절감을 느낀다면 그들이 아시아인과 비교해 실제로 수학 실력이 열등하다는 의미가 될 수 있었다. 수학을 중시하는 백인 학생은 그런 식으로 판단되고 취급될 가능성을 떠올리는 순간 마음이 어수선해질 수 있고 결국 시험을 망칠 것이었다.

그러나 이 백인 남성들은 자기 그룹에 대한 부정적 고정관념을 겪으며 자라지 않았다. 따라서 그런 성장 환경이 초래할 수 있는 내면화된 자기 회의가 없었다. 그러므로 만약 그들이 아시아인에 관한 고정관념에 대해 듣고 난 뒤 낮은 성적을 낸다면, 그것은 오랜 사회화 과정을 통해 습득된 자기 회의 때문이 아니라 일시적 상황에 따른 고정관념의 효과 때문임을 확인하게 될 것이었다.

물론 어떤 사람은 이렇게 주장할 수도 있다. 백인 남성 수학과 학생이 자기 그룹의 수학에 대한 열등함을 곧이곧대로 받아들이지는 않더라도, 어쩌면 아시아인의 수학 관련 고정관념에 대해 전부터 알고 있었을지도 모르고 은연중에 아시아인보다 수학 실력이 떨어진다는 의식을 키워왔을지도 모른다고 말이다. 그러나 몇 가지를 고려해 본 결과 우리는 그 점을 크게 걱정할 필요가 없다는 결론을 내렸다. 어떤 분야에서 다른 그룹이 긍정적으로 고정관념화되어 있다는 사실을 알고 있다고 해서 여러분이 열등하다는 뜻은 아니다. 여러분은 그 그룹과 무관하기 때문이다. 또한 수학에 뛰어난 아시아인 학생 여러 명과 오랜 시간 가까이 지내지 않는 이상 그런 고정관념을 알 기회가 없을 것이다. 알게 되더라도 전적으로 믿지는 않을 것이다.

그러나 좀 더 확실히 하기 위해 우리는 오직 수학에 매우 뛰어난 백인 남학생만을 연구 대상으로 삼았다. 그들은 SAT 수리 영역에서 평균 712점을 받았고(만점은 800점) 자신감도 넘쳤다. 그들이 수학 실력과 관련된 고정관념에서 나온 자기 회의를 품을 가능성은 없어 보였다. 따라서 만약 그들이 아시아인에 관한 긍정적 고정관념을 들은 뒤 낮은 성적을 낸다면, 우리는 간접적 형태의 고정관념 위협, 즉 일시적 상황에 따른 압박감을 느꼈기 때문이라고 확신할 수 있을 터였다.

결과는 예상한 대로였다. 아주 흥미진진한 결과였다. 18개 항목의 어려운 시험을 치른 백인 남학생 중에서 '아시아인이 백인보다 더 높은 점수를 내는 경향이 있는 시험'이라는 설명을 들은 학생은 그렇지 않은 학생보다 평균 세 개 항목을 더 틀렸다.

'아시아인이 백인보다 더 높은 점수를 내는 경향이 있는 시험'이라는 소개말 때문에 발생한 일시적 고정관념 위협은 **극히 우수한 백인 남학생**의 수학 점수에 영향을 끼쳤다. 여기에 자기 회의가 개입된 것 같지는 않았다.

한편 그 무렵 하버드 대학교 연구팀은 일시적 상황에 따라 발생하는 고정관념 위협에 관한 또 다른 증거를 발견했다. 마거릿 시Margaret Shih, 토드 L. 피틴스키Todd L. Pittinsky, 날리니 앰버디Nalini Ambady는 매우 흥미로운 질문을 던졌다. 어느 특정한 한 분야에서 두 가지 사회적 정체성을 동시에 가진 그룹에게 고정관념 위협이 어떻게 작동할까 하는 질문이었다. 특히 하나의 정체성은 그 분야에서 긍정적으로 고정관념화돼 있고 다른 정체성은 그 분야에서 부정적으로 고정관념화돼 있다면 말이다. 그들은 수학을 공부하는 아시아계 여성을 염두에 두고 있었다. 이 그룹의 구성원은 수학과 관련해 두 가지 정체성이 있기 때문이다. 그들의 성 정체성은 수학과 관련해 부정적으로 고정관념화돼 있고 그들의 인종적 정체성은 수학과 관련해 긍정적으로 고정관념화돼 있다.

만약 고정관념 위협이 주로 일시적 상황에 따른 압박감이라면, 아시아계 여성은 해당 상황에서 인종이나 성별 중에서 어떤 정체성을 떠올리느냐에 따라 다른 수학 성과를 낼 것이었다. 시와 그녀의 동료들은 보스턴 지역 대학교에 다니는 아시아계 여학생들을 불러 간단한 실험에 참여시켰다. 먼저 성장 환경에 관한 짧은 설문지를 작성한 다음 20분간 어려운 수학 시험을 푸는 것이었다. 시험은 캐나다의 권위 있는 고등학생 경시대회인 캐나다 수학 대회에서 출제된 12개 항목으로 이루어져 있었다. 그리고 설문지에는 수학 관련 정체성 중 하나를 상기시키는 질문이 담겨 있었다. 결과는 아주 뚜렷했다. 성 정체성을 떠올리게 한 설문—현재 머무는 기숙사가 남녀 공동인지, 왜 남녀 공동 생활을 선호하는지에 대한 질문—을 작성한 여성들은 43퍼센트의 문제를 맞혔다. 반면 성 정체성을 상기시키지 않는 설문—이용 중인 통신사에 관한 질문—을 작성한 여성들은 49퍼센트의 문제를 맞혔다. 이러한 결과는 성과에 미치는 고정관념 위협의 해로운 영향을 다시 한 번 확인시켜준다. 그러나 여기서 중요한 점은 인종적 정체성을 상기시키는 설문—가족과 소통할 때 어떤 언어를 사용하는지, 미국 이민 몇 세대인지를 묻는 질문—을 작성한 여학생들은 전혀 낮은 점수를 내지 않았다는 사실이다. 그들은 54퍼센트의 문제를 맞혔다. 결국 시험을 치르기 전 어떤 정체성을 떠올렸느냐에 따라 평균 2점 차가 났다. 시험 시간이 훨씬 긴 정규 시험을 치렀다면 분명 그 차이는 훨씬 더 크게 벌어졌을 터다.

이 실험 결과가 개인의 수학적 기량이나 일반적 특성인 수학과 관련된 여성의 내면화된 취약성이 아시아계 여학생의 성과에 전혀 영향을 미치지 않았음을 뜻하지는 않는다. 그러한 요소들 역시 실험 참가자들의 성과에 영향을 끼쳤을 것이다. 그러나 중요한 점은 시험을 치르는 상황에서 고정관념 위협을 받는 정체성과 그렇지 않은 정체성 중에 어떤 정체성이 두드러졌느냐에 따라 수학 성과가 달라졌다는 점이다. 이는 어떤 기량이나 취약성이 있든 상황에 따른 고정관념 위협, 즉 사회적 정체성 비상사태만으로도 지적 성과에 상당한 영향을 끼치기에 충분하다는 중요한 핵심을 말해준다.

이 연구 결과는 고정관념 위협 효과에 대한 해결책까지 제시한다. 그것은 바로 고정관념의 악영향에 맞설 수 있는 다른 정체성을 일깨우는 것이다. 몇 년 전 당시 대학원생이던 커스틴 스타우트메이어Kirsten Stoutemeyer와 나는 우연히 이와 관련된 증거를 발견했다. 어려운 수학 시험을 치르는 여성들에게 우리는 그들이 스탠퍼드 대학교 학생이라는 점을 상기시켰다. 그러자 그들의 시험 성과에 고정관념 위협이 거의 영향을 미치지 않았다. 나중에 우리는 R. B. 매킨타이어R. B. McIntyre, R. M. 폴슨R. M. Paulson, 찰스 로드Charles Lord 역시 같은 증거를 발견했다는 사실을 알게 됐다. 그들은 시험 직전에 긍정적인 여성의 본보기를 떠올리게 함으로써 여성의 수학 성과에 미치는 고정관념 위협의 영향을 크게 줄였다.

과학은 우리의 삶과 마찬가지로 좀처럼 확정적이지 않다. 그러나 우리는 몇 가지 연구 결과에 비추어 다음과 같은 결론에 확신이 섰다. 고정관념 위협은 특정 그룹에만 나타나는 현상이 아니며, 만약 어떤 취약성이 있어야만 고정관념 위협을 겪는다면 그 취약성이란 그저 해당 고정관념을 익히 들어 안다는 점, 그 분야에서 좋은 성과를 내려고 애쓰는 태도일 뿐이리라는 결론이었다. 앞서 설명했듯, 고정관념 위협은 고정관념화된 그룹의 구성원 중 가장 뛰어난 학생에게 가장 큰 영향을 끼친다. 이런 사실은 자기 회의가 고정관념 위협에서 불가피한 취약성 요소라는 주장에 의문을 품는 또 다른 이유가 된다. 정황은 분명해졌다. 결국 고정관념 위협은 지적 성과를 방해하는 내적 취약성이 없더라도 상황에 따라 발생할 수 있는 압박감이다.

이를 알아보기 위해 이번에는 고정관념 위협의 효과가 얼마나 보편적 현상인지 확인해야 했다. 고정관념 위협의 원인이 내면적 취약성이 아니라면, 여러 다양한 고정관념과 관련해서 여러 다양한 그룹에서 고정관념 위협 현상을 관찰할 수 있을 터였다. 우리 연구실 동료들과 다른 사회심리학자들은 점차 이 주제로 옮아갔다.

2

장클로드 크루아제Jean-Claude Croizet는 미국에서 박사 후 연수 과정을 마친 프랑스의 사회심리학자다. 중키에 마라톤 애호가임을 반영하듯 마른 체구를 한 그는 호기심이 가득하고 사려 깊으며 세심하고 꼼꼼하게 사고하는 연구자다. 그는 프랑스의 노동자 계층 출신인데, 프랑스에서 계층은 미국에서의 인종만큼이나 사회를 분열시키는 핵심 요소다. 아마도 이런 성장 배경 때문에 그는 자신이 가르치던 프랑스의 대학교에서 노동자 계층 학생들이 언어 분야에서 지적 성취를 하는 데에 방해가 되는 뭔가가 있다고 인식하게 된 듯하다. 그는 자신이 목격하는 현상을 어떻게 연구하면 좋을지 고심하다가 아프리카계 미국인의 시험 성과에 미친 고정관념 위협의 영향을 밝힌 나와 조슈아 애런슨의 연구를 읽게 되었다.

그가 품은 의문은 기본적으로 보편성에 관한 것이었다. 우수한 아프리카계 미국인 학생 사이에서 일어난 현상과 노동자 계층의 프랑스 학생 사이에서 일어난 현상은 같을까? 그들이 언어 분야에서 겪는 어려움은 '고정관념 위협' 때문일까? 고정관념 위협은 인간의 보편적 경험에 속할까?

장클로드와 그의 공동 연구자인 테레사 클레르Theresa Claire는 그러한 가능성을 확인하기 위해 첫 번째 실험을 했다. 그들은 우리가 스탠퍼드 대학교에서 여성과 흑인 미국인을 대상으로 했던 실험을 모방해 프랑스 남동부의 클레르몽페랑 대학교에서 상류층과 노동자 계층의 프랑스인 대학생을 대상으로 실험했다. 그들은 두 집단으로 학생을 나누어 아주 어려운 언어 영역 시험(GRE 유형의 시험)을 절반의 참가자들에게는 언어 능력을 진단하는 시험이라고 소개했다. 노동자 계층의 언어 능력이 떨어진다는 프랑스인의 고정관념을 확증할지도 모른다는 좌절감을 인위적으로 불러일으킴으로써 노동자 계층 학생들을 고정관념 위협에 처하게 하기 위해서였다. 나머지 절반의 참가자들에게는 언어 능력을 진단하는 시험이 아니라고 소개했다. 노동자 계층의 언어 능력에 관한 고정관념을 시험과 무관하게 만든 것이다.

결과는 나와 조슈아의 실험 결과와 정확히 일치했다. 언어 능력을 측정하는 시험이 아니라고 소개했을 때, 노동자 계층의 프랑스 학생들은 총 21개 문제 중 평균 11.4개 문제를 맞혀 평균 10.3개 문제를 맞힌 상류층 프랑스 학생들보다 조금 더 좋은 결과를 냈다. 그러나 언어 능력을 측정하는 시험이라고 소개했을 때, 노동자 계층의 프랑스 학생들은 상류층 프랑스 학생들에 비해 평균 세 개 문제를 더 틀렸다. 결국 고정관념 위협은 다른 나라와 문화, 다른 상황, 다른 그룹에서도 발생하는 보편적 현상이었다.

다시 미국으로 시선을 돌리면, 노스캐롤라이나 주립 대학교의 토머스 헤스Thomas Hess와 그의 동료들도 고정관념의 보편성에 증거를 더했다. 수년간의 연구로 타성에 빠진 나 같은 사람에게는 정곡을 찌르는 연구로 보였다. 고정관념 중에는 노화와 기억력에 관련된 것도 있다. 그렇다면 그러한 고정관념을 확증할지도 모를 위협은 실제로 노인의 기억력에 영향을 미칠까? 토머스 헤스와 그의 동료들은 이를 확인하기 위해 노인(평균 70.8세)과 젊은이(평균 19.3세)에게 서른 개의 단어 목록을 주고 2분간 암기시킨 다음 단어를 적도록 하는 실험을 설계했다. 노화와 기억력에 관한 고정관념을 부각시켜서 노인들에게 고정관념 확증의 위협을 불러일으키기 위해 그들은 먼저 참가자들에게 노화가 기억력을 손상시킨다는 주장이 담긴 신문 기사를 읽도록 했다. 실험 결과 그런 기사를 전혀 읽지 않거나 노화가 기억력에 거의 영향을 미치지 않는다는 주장이 담긴 기사를 읽은 참가자들은 전체 단어의 58퍼센트를 기억했고, 고정관념을 환기시키는 기사를 읽은 참가자들은 전체 단어의 44퍼센트를 기억했다. 그리고 고정관념 위협에 처한 집단 중에서도 노화에 관한 고정관념을 더 많이 인식하는 참가자일수록 더 적은 단어를 기억했다. 즉 기억력 유지에 관심이 높은 노인 참가자가 더 적은 단어를 기억했다.

고정관념 위협 효과의 보편성을 마지막으로 살펴보기 위해 제1장에서 소개한 제프 스톤의 흥미로운 연구를 다시 떠올려보자. 운동에 소질이 있는 프린스턴 대학교 학생들의 골프 성적에 미친 고정관념 위협의 효과를 관찰한 연구 말이다.

이 연구 결과가 발표된 이래 거의 15년 동안 고정관념 위협 효과에 관한 연구가 세계적으로 왕성하게 이뤄졌다. 그리고 이 효과는 여성, 아프리카계 미국인, 백인 남성, 라틴계 미국인, 3학년 미국인 여학생, 아시아계 미국인 학생, 임상심리학자를 지망하는 유럽 남성(감정을 이해하는 남성의 능력에 관한 부정적 고정관념 위협에 처한), 프랑스 대학생, 독일 초등학교 여학생, 이탈리아 육군 기지의 미군, 경영 대학에 다니는 여학생, 백인 운동선수와 흑인 운동선수, 미국인 노인 등의 그룹에서 관찰되었다. 또한 수학, 언어, 분석력, 지능, 골프 퍼팅, 반응 속도, 어법, 협상에서의 공격성, 기억력, 높이뛰기 등 여러 분야의 성과에 영향을 끼치는 것으로 나타났다. 어떤 특별한 취약성이 없더라도 압박감을 겪을 수 있다는 말이다. 단 연구를 통해 전제 조건 하나가 발견되었다. 바로 해당 분야에 대한 높은 관심이다. 해당 분야에 관심이 높아야 부정적 고정관념을 확증할 가능성 앞에서 마음이 어수선해져 낮은 성과를 낸다.

사람들에게 이 점을 말하면 종종 이런 질문을 받는다. "고정관념 위협이 그 사람에게 정확히 어떻게 작용하나요?" "고정관념 위협 효과를 줄이기 위해서 사회나 개인 차원에서 어떤 일을 할 수 있을까요?" 한편 씁쓸함을 느끼며 이렇게 묻는 사람도 있다. "교수님, 왜 인간이 그깟 고정관념도 극복할 수 없나요?" 나의 부모님 역시 인간은 고정관념을 극복할 수 있다고 생각했다. 이 글을 쓰는 지금, 부모님의 잔소리가 귓전에 맴도는 듯하다. 앞으로 이 책은 처음 두 질문에 관해 광범위하게 다룰 예정이다. 그러나 지금은 나 역시 일말의 씁쓸함을 느끼며 부모님의 조언을 여러분께 소개한다. **그래, 아들아, 고정관념 위협은 정말 나쁜 것이지. 그러나 그것을 자극제로 이용할 수 있단다. 당장 밖으로 나가 그 고정관념이 틀렸다는 것을 증명해라**.

Chapter 6 정체성 위협과 노력하는 삶의 함정

Identity Threat and the Efforting Life

1

수학자 필립 우리 트리스먼Philip Uri Treisman은 수학 능력이 부정적으로 고정관념화된 대학생에게 수학을 가르치기 위한 혁신적인 워크숍을 창안했다. 처음에는 버클리에 있는 캘리포니아 대학교의 흑인 학생을 대상으로 그다음에는 오스틴에 있는 텍사스 대학교의 여학생을 대상으로 워크숍을 열었다.

남다른 관찰력을 지녔으며 쉬지 않고 새로운 아이디어를 좇는 그는 이 워크숍으로 일찌감치 맥아더 재단의 '천재상Genius Grant'(맥아더 재단에서 매년 여러 창의적 분야에 기여한 20~40명의 개인에게 수여하는 특별 연구비.-옮긴이)을 받았다. 그의 워크숍은 어려운 수학을 여럿이 모여 함께 공부하는 방식으로 이뤄진다. 워크숍이 성공하자 이 학습법은 미국 전역으로 퍼졌다. 초기 워크숍에서 캘리포니아 대학교의 흑인 학생들은 첫해 미적분학 과정에서 다른 모든 그룹을 뛰어넘는 성과를 냈다. 또한 미국에서 대학원 과정에 진학해 수학을 계속 공부하는 여성의 상당수는 텍사스 대학교에서 열린 트리스먼의 수학 워크숍 출신이다.

그러나 나는 여기서 그의 다른 업적을 부각하고자 한다. 워크숍 창설의 발단이 되었던, 근본적으로 인류학적인 그의 초기 연구 말이다. 그는 캘리포니아 대학교에서 5년간 미적분학 과정을 가르치면서 어떤 현상을 목격했다. 그 현상은 내가 후에 미시간 대학교에 방문해 입학 당시 SAT 점수로 분류된 흑인과 백인 학생들의 성적에서 목격했던 흑인 학생들의 낮은 성적과 같은 것이었다. 트리스먼은 캘리포니아 대학교에 입학할 당시 비슷한 SAT 수학 점수를 받은 학생 중에서 흑인 학생은 백인이나 아시아계 학생에 비해 늘 낮은 성적을 받는다는 사실을 눈치챘다. 나는 트리스먼이 이러한 상황을 정상적이지 않다고 여겼다는 점에서 그가 매우 뛰어난 통찰력을 지녔다고 항상 생각해왔다. 여기서부터 그의 인류학이 시작되었다.

그는 학생들의 동의를 얻어 그야말로 온종일 학생들을 따라다니며 강의실 밖에서 그들이 어떻게 생활하는지 관찰했다. 학생 기숙사에서도 시간을 보내고 도서관에도 따라갔다. 특히 그들이 어디서 누구와 어떻게 공부하는지 관찰했다. 그리고 그들과 어울려 시간을 보내기도 했다.

곧 그룹 간의 차이점이 눈에 들어왔다. 흑인과 아시아인이 가장 큰 차이를 보였고 백인은 그 중간쯤이었다. 아시아인 학생은 흑인이나 백인 학생보다 더 여럿이 모여 함께 공부하는 경향이 있었다. 이는 미적분학을 익히는 데 큰 도움이 되었다. 한 명이 어떤 문제에서 막히면 그것을 풀 수 있는 다른 누군가가 설명해줄 수 있기 때문이다.

그들은 단순 연산보다는 미적분 관련 개념을 이해하는 데 더 많은 시간을 할애할 수 있었다. (그렇게 해서 과제 하는 시간을 줄였다.) 그리고 서로의 실수는 물론 교수의 실수까지 재빨리 파악하고 지적할 수 있었다. 아시아인 학생들은 학업과 일상생활을 뚜렷하게 구분 짓지도 않았다. 그들은 토요일 밤에 친한 친구와 도서관에서 함께 공부하는 것을 친목으로 여겼다.

백인 학생들은 그보다는 좀 더 독립적으로 공부했다. 그러나 언제든 필요하면 다른 학생이나 교수에게 도움을 요청했다. 강의실 밖에서도 거리낌 없이 미적분학에 관해 얘기했으며 어려운 문제를 두고서는 의견을 교환하기도 했다. 그러나 아시아인 학생에 비해서는 학업보다는 친교를 좀 더 중시했다.

흑인 학생들은 위 두 가지 유형과 다른 방식으로 공부했다. 그들은 지극히 독립적이고 개인적이었다. 수업이 끝나면 그들은 각자 자신의 방으로 돌아가 문을 닫고 오랜 시간 동안 과제에 매달렸다. 백인이나 아시아인 학생이 들인 시간보다 더 길었다. 그들 중 상당수는 가족 중에서 최초로 대학에 입학해 고등 교육을 받고 있었다. 가족의 기대를 등에 업고 있었던 것이다. 트리스먼이 관찰한 흑인 학생들의 학습법은 그들의 낮은 성적에 관해서 많은 것을 설명해주었다. 대화를 나눌 상대가 하나도 없는 상황에서 자신이 수학 문제의 개념을 제대로 이해했는지 알 수 있는 유일한 방법은 책 뒤쪽에 실린 답안지를 확인하는 것뿐이다. 그래서 그들은 미적분의 개념을 생각하기보다는 책 뒤의 답안지와 연산을 대조하는 데 더 많은 시간을 썼다. 이런 식의 학습법 때문에 그들은 미적분 개념을 제대로 이해하지 못했다. 결국 오랜 시간 노력했음에도 백인과 아시아인 학생보다 더 낮은 성적을 받았다. 그들은 백인과 아시아인 학생들이 자신들보다 더 많이 공부하지 않았다는 사실을 알고 있었다. 그들로서는 의식할 수밖에 없는 인종적 고정관념에 비추어 보았을 때, 이는 커다란 좌절감을 안겨주는 경험이었다. 결국 그들은 과연 자신이 있어야 할 자리에 있는지 의문을 품게 되었다.

낙담한 그들은 학업과 일상생활을 단호히 구별하면서 강의실 밖에서는 학업에 관한 이야기를 전혀 입 밖에 내지 않았다. 그 결과 그들은 다른 학생들도 학업에 어려움을 겪는다는 사실을 알지 못했다. 그들은 자기 자신의 무능 또는 자기 그룹의 무능 때문에 오직 자신들만 어려움을 겪는다고 생각했다. 낮은 성적을 낸 후에는 또다시 두 배의 노력을 기울여 공부했지만 여전히 고립된 방식이었다. 그런 방식으로는 맹렬한 기세로 노력한 것에 비해 낮은 점수가 나올 것이었다. 결국 낙심한 나머지 미적분학이 자신에게 맞지 않는 학문이라고 단정하기에 이를 터였다. 어쩌면 캘리포니아 대학교까지도 자신에게 맞지 않는다고 말이다. 보통 미적분학 같은 중요한 관문에서 낮은 점수를 받으면 의사, 치과 의사, 또는 엔지니어 같은 확실한 목표를 성취할 가능성이 낮아진다. 불과 몇 개월 전에 큰 포부를 품고 대학교에 입학한 그들은 1학년 미적분학 과정이 끝나가는 시기부터 이미 목표를 낮추고 있었다. 그들은 짐작컨대 의사가 되기를 포기하고 그 대신 미적분학 실력이 요구되지 않는 공중 보건 전문가가 되기 위해 노력할 것이다.

트리스먼은 어느 날 제프라는 학생을 면담했다. 제프는 샌프란시스코에서 가장 우수한 가톨릭 계열 고등학교 중 한 곳을 나와 캘리포니아 대학교에 입학한 학생이었다. 그는 지원을 아끼지 않는 가정에서 자라 의욕이 넘치고, SAT 수학에서 거의 600점을 받아서 특히 아프리카계 미국인으로서는 전국 상위권에 오르기도 했다. 트리스먼은 그 학생이 1학년 때 어떤 경험을 했는지 듣게 되었다.

> 처음 만났을 때, 제프는 담담한 태도로 내게 백인 학생 두 명에 대한 이야기를 해주었다. 그들은 미적분학 수업 중에 그의 옆 자리에 앉아《플레이보이》를 읽으며 쇼핑백에 몰래 감춘 맥주를 병나발로 마셨다. 그는 그들의 행동을 신성 모독쯤으로 생각했고 '정의는 반드시 승리할 것'이라고 예측했다. 그러나 몇 주 후 치러진 시험에서 자신은 C-를 받았는데 그 백인 학생들이 A를 받았다는 사실을 알고 엄청난 충격을 받았다. 망연자실한 그는 조교를 찾아가 도움을 구했다. 조교는 제프가 대학교 수업을 따라갈 준비가 되지 않았기 때문에 커뮤니티 칼리지로 전학할 것을 고려해야 한다고 조언했다. 제프는 그 조언을 받아들여 캘리포니아 대학교를 나와 다음 학기에 샌프란시스코 시티 칼리지에 입학했다.
>
> 몇 년 뒤, 우리가 캘리포니아 대학교에서의 경험을 다시 나누게 되었을 때 제프는 강의실에서 맥주를 마시던 그 백인 학생들의 A학점을 '첫 번째 일격에 불과'했다고 묘사했다. 마지막 일격은 첫 학기 성적표였다. 예를 들어 보충 영어 과목의 강사는 그에게 언제나 선뜻 시간을 내주고 항상 격려를 아끼지 않았기 때문에 그는 그녀가 자신에게 낙제 점수를 줬다는 사실을 좀처럼 받아들일 수 없었다. 배신감을 느꼈다. 만약 낮

은 성적을 받은 과목을 재수강한다고 해도 성적을 올리기 위해 무엇을 어떻게 해야 할지 알 수 없었다. 미로를 헤매는 기분이었다. 학업 문제뿐만이 아니었다. 제프는 교내 사무실의 몇몇 행정 직원과의 소통에서도 잇따라 착오를 일으켰다. 그에게는 그들이 자신에게 한 약속을 계속해서 어기는 것처럼 보였다. 그는 자신이 캘리포니아 대학교에 속하지 않은 사람처럼 느꼈다.

물론, 이런 일은 그룹 정체성과는 관계없이 다른 대학생에게도 일어난다. 대학 생활 초기에 이렇게 목표를 축소하는 일은 아주 흔해서 어느 한 그룹의 패턴을 알아보기 힘들 정도다. 그러나 앞서 언급했듯 트리스먼은 특유의 통찰력으로 이런 패턴을 알아차린 다음 진상을 캐내 해석하려 했다. 흑인 학생들은 자기 능력이 부정적으로 고정관념화된 분야에서 성과를 내기 위해 홀로 고립되어 맹렬한 기세로 노력하는 전략을 따랐다. 결과적으로 패배와 낙담만을 안겨준 전략이었다. 그들은 나의 부모님의 조언(그리고 아마도 그들의 부모님이 건넨 조언)을 받아들여 열심히 노력했지만, 그것은 잘못된 방식이었다. 다른 학생들이 서로 지식을 교환하며 더 즐겁고 효율적으로 공부하는 강의실에서 그들은 홀로 고립되어 있었다.

2

트리스먼이 관찰한 흑인 학생들의 '과잉 노력'이 일반적 현상이리라는 나의 추측은 몇 년 전 프린스턴 대학교를 방문해 나의 친구 캐럴 포터Carol Porter와 대화하면서 더욱 분명해졌다.

캐럴은 프린스턴이나 스탠퍼드 같은 대학교에서 학생들이 더 나은 대학 생활을 할 수 있는 방안을 오랫동안 연구해온 사회심리학자다. 몇 년 전 나는 캐럴과 프린스턴 대학교 학장의 초대로 프린스턴 대학교에 방문해 그곳 소수 인종 학생들의 캠퍼스 생활에 대해 상담했다. 공식 일정이 끝나자 캐럴은 유기화학을 수강하는 학생들을 지도하는 과정에서 목격한 현상을 들려주었다. 유기화학은 의과 대학을 가기 위해 거쳐야 하는 관문으로 여겨진다. 유기화학을 망치면 의과 대학에 들어가는 기회를 놓칠 수도 있기 때문이다. 프린스턴 대학교 학생들은 어려운 이 과목을 무사히 통과하는 나름대로의 전략을 개발해 왔다. 어떤 학생들은 한 학기 동안 청강하며 학습한 다음 그다음 학기에 두 번째로 수강해서 점수를 딴다. 또 어떤 학생들은 여름에 짐작컨대 경쟁력이 더 낮은 학교에서 유기화학을 수강한 다음 그 학교에서 받은 학점을 프린스턴 대학교로 넘기려고 한다. 이 과목에서 어려움을 겪는 학생들을 보면 교수들은 아마 그 학생들이 나쁜 점수를 얻어 의과 대학에 진학할 가능성을 낮추는 일이 없도록 이런 전략 중 하나를 제시할 것이다.

캐럴의 말에 따르면, 백인이나 아시아인 학생들은 조언에 따라 순순히 수강을 포기하고 두 가지 전략 중 하나를 택했다. 그러나 흑인 학생들은 조언을 받아들이지 않고 고집스럽게 계속 수강하다가 결국 낮은 점수를 받아 의과 대학에 진학할 기회를 위태롭게 하는 경우가 많았다.

그때 나는 이미 트리스먼의 연구를 알고 있었는데, 캐럴이 들려준 현상은 트리스먼이 관찰한 현상을 다른 방식으로 표현했을 뿐 동일하게 느껴졌다. 그녀의 묘사에 따르면 흑인 학생들은 마치 자기 부모의 조언에 따라 고정관념을 깨뜨리기 위해 그 과목을 계속 수강하는 듯했다. 고정관념이라는 '혐의'에 직면하지 않은 다른 사람들이라면 그냥 간편히 더 나은 전략으로 바꾸고 말 일을 그들은 끝까지 밀고 나간 것이다. 그렇다면 프린스턴 대학교에서도 과잉 노력 현상이 나타난다고 말할 수 있을까?

과잉 노력 현상은 이미 몇 가지 성취 상황에서 관찰되었기 때문에 이제 지적 성취를 낮춘다고 말하기에 충분할 듯하다. 나는 데이비드 누스바움David Nussbaum과 함께 과잉 노력 현상의 예를 찾아보면서 그렇게 생각했다. 데이비드는 예일 대학교에서 철학을 전공하고 온 대학원생으로 철학 전공자답게 질문을 면밀하게 '분석하기'를 사랑했다. 당시 그는 이런 식으로 분석할 만한 흥미로운 질문과 마주쳤다. 트리스먼이 관찰한 흑인 학생들의 과잉 노력과 혼자서 학습하는 태도, 그리고 캐럴 포터의 유기화학 과목을 수강하는 학생들에게서 나타나는 현상은 고정관념과 정체성 위협 때문에 발생할까? 아니면 성공하기 위해서는 남들보다 두 배 더 노력해야 한다고 배워온—또다시 나의 부모님의 말씀이 귓전에 맴돈다—아프리카계 미국인의 일반적 특성일까? 어쩌면 어려서부터 들어온 부모님의 말씀이 행동 원칙으로 내면화되어 정체성 위협이 없는 상황에서조차도 치열하게 노력하게 하는지도 몰랐다.

앞서 말했듯 훌륭한 분석가인 데이비드는 간단한 실험을 설계했다. 실험의 첫 번째 목표는 과잉 노력 증후군을 실험실에서 재연하는 것이었다. 두 번째 목표는 첫 번째 목표가 실현된다면 위의 두 가지 해석 중에서 어느 쪽이 더 정확한지 확인하는 것이었다.

우리는 애너그램anagram(철자의 순서를 바꾼 말)을 이용하기로 했다. 학생들에게 철자가 뒤죽박죽 섞인 애너그램을 뜻이 담긴 단어로 철자를 재배치하는 시험에 응하게 했다. 어떤 애너그램은 풀기 아주 쉽고 어떤 것은 어려웠다. 가령 'ebd' 같은 것은 아주 쉽게 'bed'로 철자를 재배치할 수 있지만 'ferhsiidsaenncd' 같은 것은 'disenfranchised'(권리가 박탈된)로 재배치하기 아주 어렵다. 먼저 우리는 흑인과 백인 스탠퍼드 학생들에게 아주 어려운 애너그램 스무 개를 풀게 했다. 미적분이나 유기화학 수업에서처럼 그들이 좌절감을 겪기를 바랐다. 그 다음 애너그램과 유추 문제 두 가지를 풀도록 했는데, 애너그램의 경우 각자 원하는 만큼 더 문제를 풀 수 있도록 했다. 이렇게 함으로써 그들이 첫 번째 시험에서 좌절감을 느꼈던 애너그램을 얼마나 계속해서 풀고 싶어 하는지 측정할 수 있었다. 그 결과는 유기화학에서 어려움을 겪는 학생들이 실패를 감수하면서까지 계속 수강하고 싶어 하는 정도와 유사할 것이었다. 결과는 아주 뚜렷했다. 애너그램을 인지 능력 측정과 관계없는 단순 실험으로 소개했을 때 학생들은 아주 많은 애너그램을 추가로 풀고 싶어 하지는 않았다. 흑인이나 백인 학생 모두 의례적으로 최대 네다섯 개를 더 풀었을 뿐이다. 어느 참가자도 과잉 노력을 하지 않았다. 흑인 학생 역시 백인이나 아시아인 학생이 어려운 유기화학 수업을 그만두고 계획을 조정했던 것처럼 어려운 애너그램 풀기를 그만두었다.

그러나 인지 능력 측정 실험이라는 소개말을 들은 다른 집단의 흑인 학생들은 정확히 똑같은 과정을 되풀이했다. 그들은 흑인의 인지 능력에 관한 고정관념을 애너그램 풀기와 관련이 있다고 느꼈다. 흑인 학생들은 좌절감을 느꼈고 이제 자기 그룹에 관한 고정관념을 확증할지도 모른다고 걱정했다. 이 집단의 백인 학생들과 달리 고정관념 위협에 처한 것이다.

그들은 애너그램을 추가로 풀어야 하는 두 번째 시험에서 어떻게 반응했을까? 고정관념 위협을 피하기 위해 더 적은 애너그램을 골랐을까? 아니면 나의 부모님(또는 그들의 부모님)의 조언을 따라 그 고정관념이 틀렸다는 것을 증명하기 위해 더 많은 애너그램을 골랐을까? 결과는 역시 뚜렷했다. 그들은 트리스먼이 캘리포니아 대학교 기숙사에서 관찰한 흑인 학생들, 캐럴 포터가 프린스턴 대학교의 유기화학 수업에서 관찰한 학생들과 정확히 똑같이 행동했다. 그들은 아주 오랜 시간 애너그램에 매달렸다. 고정관념 위협에 처하지 않은 백인 학생들은 첫 번째 집단의 학생들처럼 의례적으로 애너그램 네 개 정도를 더 풀었지만, 흑인 학생들은 그보다 두 배 더 많은 여덟 개의 애너그램을 풀었다. 과잉 노력을 한 것이다.

우리는 두 가지 질문에 대답을 얻었다. 첫째, 흑인 학생들의 학업적 과잉 노력을 실험실에서 쉽게 재연할 수 있다. 다시 말해 그것이 실재하는 현상이라는 뜻이었다. 둘째, 과잉 노력 현상은 고정관념 위협 때문에 초래된 듯 보였다. 고정관념 위협이 없었을 때, 즉 인지 능력과 무관한 단순 애너그램으로 실험을 소개했을 때는 그런 현상이 나타나지 않았기 때문이다. 흑인 학생들은 남달리 동기가 뛰어난 학생들이 아니었다. 고정관념 위협에 처하지 않았을 때는 다른 사람들보다 특별히 더 열심히 하지 않았다. 그러나 깨뜨려야 할 고정관념이 있을 때는 다른 사람들보다 두 배는 더 열심히 노력했다. 나의 아버지가 구체적으로 조언했던 것과 정확히 동일한 양의 추가 노력을 기울이면서 말이다.

결국 학업에서 어려움을 겪는 흑인 학생들은 고정관념 위협에 처하더라도 포기하지 않고 끝까지 매달릴 가능성이 높다. 실제로 실험에서 그들은 유기화학과 미적분학 수업을 듣는 흑인 학생들처럼 압박감에 맞서 최대한 노력했다. 그들에게는 이제 부모의 재촉도 필요 없었다. 자기 그룹의 능력에 관한 고정관념이 나타날라치면 알아서 추가 노력을 기울였다.

3

그렇다면 이러한 지나친 의욕이 성과에 언제나 문제를 일으킬까? 두 배로 노력하라는 수많은 부모의 조언이 정말로 완전히 틀릴까? 아프리카계 미국인 사이에서 재키 로빈슨Jackie Robinson(흑인으로서 최초로 메이저 리그에 진출한 미국의 프로 야구 선수.-옮긴이) 이야기는 아주 깊이 각인되어 있다. 또 50여 년 전부터 《에보니Ebony》라는 잡지는 이런저런 인종적 장벽을 허물어뜨린 사람들 이야기를 매호 다루고 있다. 이렇듯 의욕을 발판으로 삼아 성취하고 인종적 장벽과 고정관념을 극복하는 것은 미국에 사는 흑인에게 매우 중요한 이야깃거리다. 부정적 고정관념과 씨름하는 다른 그룹, 이를테면 여성에게도 그렇듯이 말이다. 그런데도 이 의욕이 성과에 언제나 역효과를 낸다고 할 수 있을까?

고정관념 위협에 관한 연구는 고난도의 수학 시험, 지능 검사, 언어 시험 등 대부분 수험자의 기량의 한계치에 달하는 어려운 과제를 부여하는 데 초점을 맞춘다. 이런 과제에서 좌절감을 느낀 개인은 고정관념을 좌절감의 원인으로 여긴다. 그다음으로는 부정적 고정관념을 확증할 수도 있다는 두려움을 느끼게 된다. 결국 감정과 생각이 흐트러져 성과는 더 나빠진다. 그에 따라 고정관념을 확증할 위협도 더 높아진다. 악순환이 발생하는 것이다. 이런 과정을 거쳐 유기화학과 같은 기량의 한계치에 달하는 분야에서 고정관념을 깨뜨리려는 추가 의욕은 성과를 방해하는 것으로 보인다. (제7장에서 이 과정을 더 자세히 살펴볼 예정이다.)

그런데 자기 그룹이 부정적으로 고정관념화된 분야의 어떤 일이 그리 좌절감을 겪지 않아도 되는, 그런대로 기량 범위 내의 일일 때는 무슨 일이 생길까? 기량 범위 내의 일에서 성과를 낸다는 것은 기본적으로 고정관념에 대한 반박이면서도 꽤 쉽게 해낼 수 있는 일이기에, 그 과정에서 좋은 성과를 내려는 의욕이 특히 더 강해지리라 추측할 수도 있다. 어쩌면 이런 상황에서 고정관념을 깨뜨리려는 의욕은 더 나은 성과를 내는 데 확실히 도움이 될지도 모른다.

캔자스 대학교의 두 사회심리학자 로리 오브라이언Laurie O'Brien과 크리스천 크랜들Christian Crandall은 바로 이를 확인하기로 하고 간단한 실험을 설계했다. 그들은 캔자스 대학교에 다니는 한 무리의 남녀 학생을 그룹 지어 어려운 수학 문제와 그보다 쉬운 수학 문제를 풀도록 했다. 쉬운 수학 문제는 10분 동안 세 자리 수 곱셈을 가능한 한 많이 푸는 것이었고, 어려운 수학 문제는 마찬가지로 10분 동안 SAT 수리 영역에서 나오는 유형의 대수학 문제 15개를 푸는 것이었다. 한 집단은 정체성 위협 아래서 시험을 치렀다. 즉 예전에 치러진 시험에서 성별에 따라 결과에 차이가 났다는 소개말을 들었다. 다른 집단은 정체성 위협 없이 시험을 치렀다. 그 학생들은 시험 결과에 성별에 따른 차이가 없었다는 소개말을 들었다. 실험 결과는 오브라이언과 크랜들의 추론을 뒷받침해주었다. 어려운 시험에서 정체성 위협을 받은 여학생들은 정체성 위협을 받지 않은 여학생들보다, 그리고 각 집단의 모든 남학생보다 낮은 점수를 받았다. 그러나 쉬운 시험에서는 전혀 다른 결과가 나왔다. **고정관념 위협을 받은 여학생들이 고정관념 위협을 받지 않은 여학생들은 물론 각 집단의 모든 남학생보다 더 높은 점수를 받았다.**

기량의 한계치에 달하는 어려운 일에서는 고정관념 위협과 고정관념을 깨려는 의욕은 성과를 낮추었다. 짐작컨대 앞서 묘사한, 고정관념이 끼어들어서 생기는 악순환을 통해서 말이다. 그러나 좌절감을 덜 느낄 만한 좀 더 쉬운 일에서는 고정관념을 깨뜨리려는 노력이 오히려 다른 모든 사람보다 더 높은 성과를 내게 했다.

아마도 나의 부모님을 비롯한 수많은 부모는 실제로 이런 현상을 목격했기에 고정관념을 무너뜨리려는 의지로 성과를 높일 수 있다고 확신했을 것이다. 그리고 오브라이언과 크랜들의 실험 역시 감당할 수 있는 일을 할 때는 고정관념을 깨뜨리려는 추가 의지가 성과를 높인다는 것을 보여주었다.

그렇다면 실제 삶에서 고정관념을 '깨뜨리려는' 이 욕구는 어떤 모습을 하고 있을까? 그런 욕구를 가진 사람은 성취 지상주의자나 일 중독자가 될까? 이를 실제 삶의 현장에서 관찰하기 위해 나는 연구실의 창의적 대학원생인 밸러리 존스Valerie Jones와 함께 간단한 설문 조사를 실시했다. 우리는 설문 조사에 앞서 이렇게 추측했다. 여성이 수적으로 열세인 직장에 다니는 여성들은 그렇지 않은 여성들보다 부정적 고정관념을 깨뜨리고 스스로의 능력을 입증해야 한다는 압박감을 더 많이 느끼리라고 말이다. 밸러리는 기술 분야의 여성 종사자에 관한 학회에 참가한 여성 41명에게 직장에 몇 명의 여성이 근무하며 능력을 입증해야 한다는 압박감을 얼마나 많이 느끼는지 물었다. 결과는 매우 함축적이었다. 여성이 수적으로 덜 열세인 직장의 여성들과 비교해 더 열세인 직장의 여성들은 일을 통해 자신을 입증해야 한다는 압박감을 훨씬 더 많이 느끼는 것으로 나타났다. 그리고 그런 압박감 때문에 남들보다 일찍 출근하고 늦게 퇴근하며 일 외의 활동에는 더 적게 참여하는 것으로 나타났다. 실생활에서도 사람들이 고정관념에 의한 압박감을 의지로 삼아 자기 능력을 입증하려 한다는 증거를 찾은 것이다.

그러나 이것이 진정 좋은 현상일까? 이 모든 연구 결과에서 미루어 볼 때 그렇지 않다고 대답할 수밖에 없다. 문제는 어떤 상황에서 **어떤 일**에 관여하느냐에 따라 고정관념을 깨뜨려야 한다는 압박감의 정도가 변한다는 데 있다. 학생들은 학교에서 새로운 기량, 지식, 사고하는 방법을 배우는 것에 더하여, 첨단 기술 분야 회사에서 일하는 여성들은 직장에서 성과를 내기 위해 노력하는 것에 더하여 자기 그룹에 관한 부정적 고정관념이라는 유령까지 죽여야 한다. 한 번에

두 가지 일을 동시에 해야 하는 것이다. 게다가 자기 삶에서 중요한 분야에서 살아남고 성공하느냐 아니면 실패하느냐를 결정할 만큼 중요한 일이기 때문에 그들은 스트레스를 받고 마음이 산란해질 수밖에 없다.

이는 심각한 결과를 불러온다. 첫째, 스트레스를 받고 주의가 산만해져서 성과를 거두지 못할 수 있다. 특히 자기 기량과 지식의 한계치에 달하는 일을 할 때, 정확히 말하면 더욱 배우고 성장할 수 있는 좋은 기회가 되는 순간에 일을 그르칠 수 있다. 둘째, 제프의 이야기와 트리스먼의 관찰에서 알 수 있듯이 융통성 없는 매우 비효율적 전략을 택할 수 있다. 유기화학 과목을 다음 학기에 재수강할 계획을 세우지 못한 흑인 학생들처럼 말이다. 그들은 수강 포기를 고정관념을 확증하는 일인 양 느꼈을 테고, 그래서 꿋꿋이 버텨야 한다고 생각했을 터다.

그리고 그 환경에서 끊임없이 그런 압박감에 시달리리라는 것을 깨닫는 순간 당자는 그 환경에서 성공하겠다는 의지를 유지하기가 어려울 수 있다. 고정관념을 깨뜨리려는 시도는 그 고정관념과 관련된 영역에 머무는 한 거푸 반복해야 할 끝없는 헛고생으로 여겨질 것이기 때문이다. 제프 역시 소속감을 느낄 수 없었던 캘리포니아 대학교에서 이런 식으로 느꼈던 듯싶다. 수학 관련 전공에서 중도 하차하는 남학생은 대개 낮은 성적 때문에 그렇게 한다. 그러나 여학생들이 수학과 관련된 전공에서 중도 하차할 때 그것은 대개 성적과 무관하다. 여학생들은 수학적 기량 때문이 아니라 끊임없이 자기 능력을 입증해야 하는 분야에서 만성 스트레스에 시달리며 평생을 살아야 한다는 예측 때문에 그만둔다.

열심히 노력하는 태도를 반박하려는 의도도 아니고 스트레스를 많이 받는 길을 택하는 것을 부정하려는 것도 아니다. 사실 노력하지 않고는 성장할 수 없으며, 스트레스를 받지 않고서는 한계를 극복하거나 큰 성취를 이루기 어렵다. 그리고 다행스럽게도 대부분의 사람은 이런 압박감을 잘 이겨내는 편이다(제7장에서 이에 관해 살펴볼 것이다). 따라서 여기서 중요한 것은 오히려 이러한 경쟁의 장을 더욱 공평한 환경으로 조성하기 위해 무엇을 없애야 할지 아는 것이다. 고정관념 위협을 겪는 사람은 언제나 최선을 다한다. 그들은 성과를 중요시한다. 의욕도 있다. 결국 추가로 해야 할 일은 고정관념이라는 유령을 없애는 것뿐이다.

여기에 나의 부모님과 나, 그리고 수많은 부모가 완전히 이해하지 못한 바로 그 증후군이 있다. 몇몇 상황에서는 고정관념을 깨뜨리려는 의욕이 건설적 효과를 낼 수 있다. 그러나 정작 성과를 내야 할 가장 중요한 순간, 가령 학교나 직장에서 성장하기 위해 자기 기량과 지식의 한계치에 달하는 일을 할 때는 이러한 형태의 의욕이 매우 자주 역효과를 낳는다. 아이러니하게도 많은 부모가 자녀에게 피하라고 지도하는 바로 그 낮은 성과가 나타나는 것이다.

이 문제에 관한 해결책은 제9장에서 다룰 예정이다. 개인과 교육기관이 이러한 압박감과 그 압박감이 낳는 낮은 성과 현상을 줄이기 위해 할 수 있는 일들을 다룰 것이다. 그러나 트리스먼이 제프가 겪는 문제에 대해 해결책을 발견했다는 사실을 언급하지 않고 이 장을 마칠 수는 없겠다. 그것은 매우 효과적인 해결책이었다.

거칠게 말해 트리스먼은 미적분학에 관한 한 흑인 학생을 아시아인 학생처럼 공부하도록 만드는 프로그램을 마음속으로 그렸다. 특히 긴 시간 동안(최소한 주 여섯 시간) 강의실 밖에 삼삼오오 모여 이야기를 나누며 시간을 보내도록 했다. 자연스럽게 미적분학에 대해서도 이야기를 나누도록 말이다. 그는 아시아인 학생에게서 관찰했던 이점이 흑인 학생 사이에서도 나타나리라 기대했다. 여럿이 함께 공부함으로써 계산하고 답안지를 확인하는 데 쓰는 시간을 줄이고 핵심 개념을 익히는 데 시간을 더 할애할 수 있으리라고 말이다. 결과적으로 자신의 지식과 실력이 어느 정도인지 정확히 판단할 수 있을 테고, 교수들과도 확신을 갖고 소통할 수 있을 것이었다. 실제로 효과가 나타났다. 그들이 높은 점수를 받았다. 트리스먼의 워크숍에 참가한 흑인 학생들은 캘리포니아 대학교 정규 미적분학 수업에서 백인이나 아시아인 학생보다 더 높은 성적을 받았다. 나는 트리스먼이 제프에게 도움이 되도록 제때 이 워크숍을 열었더라면 하는 아쉬움마저 느낀다.

트리스먼의 워크숍은 미적분학을 좀 더 쉽게 배우도록 공동으로 학습하는 방법을 가르친다. 그러나 이 방법이 바로잡는 것은 무엇일까? 그의 인류학적 연구 성과가 드러나는 것은 바로 이 지점이다. 그의 워크숍은 흑인 학생 사이에서 나타나는 방어적으로 고립되어 지나치게 혼자 공부하는 경향을 바로잡는다. 즉 고정관념을 갖고 그들을 바라볼 듯한 사람들을 피할 수 있는 동시에 필요한 도움마저도 차단하는 전략을 바로잡았다. 이 학생들이 부모님에게 조언을 받지 못했던 것은 아니다. 오히려 그 조언을 따랐더니 주의가 산만해졌다.

그것이 문제였다. 트리스먼의 워크숍은 그들이 학업에 관심을 기울이도록 돕는 워크숍이 아니었다. 그가 해결했던 문제는 그들이 이미 갖고 있던 학업에 대한 관심이 현실에서 더 나은 결과물을 내도록 하는 것이었다.

최근 몇 년간 몇몇 독창적 과학자는 이런 정체성의 곤경이 인간에게 정확히 어떤 영향을 미치는지 연구하기 시작했다. 즉 어떤 일을 지속하고 성과를 이루는 데 정체성의 곤경이 어떤 문제를 일으키는지 연구하기 시작했다. 그 연구는 누구나 살면서 인식하게 되는 이러한 곤경의 위력을 실감시켜주었다. 그리고 나의 부모님의 조언이 필요하기는 해도 왜 불충분한지 이해시켜주기도 했다.

Chapter 7 고정관념 위협에 따른 신체의 변화

The Mind on Stereotype Threat: Racing and Overloaded

1

몇 년 전 두 심리학자인 도널드 더턴Donald Dutton과 아서 애런Arthur Aron은 남자 대학생들에게 캐나다 브리티시컬럼비아 주 밴쿠버 외곽에 있는 캐필라노 다리를 건너게 했다. 캐필라노 다리는 캐필라노 강을 가로지르는 약 70미터 높이, 약 137미터 길이의 좁다란 흔들다리다. 다리 건너편에는 매력적인 젊은 여성이 학생들을 기다리고 있었다. 그녀는 한 명씩 다리를 건너온 학생들에게 설문지를 작성하게 한 다음 자신이 진행 중인 연구에 관해 더 궁금한 점이 있으면 연락하라면서 전화번호를 건네주었다.

더턴과 애런은 인간 본성에 관한 근본 문제에 관심을 두고 있었다. 인간은 자기감정을 정확히 알고 있을까? 아니면 감정과 분리되어 있어서 때로는 감정을 인식하지 못하거나 여러 가지 감정을 서로 혼동하지는 않을까?

인간 본성에 관한 이 중요한 질문은 그들의 실험에서 하나의 구체적 질문으로 귀결되었다. 남학생들은 캐필라노 다리를 건너면서 느낀 불안감의 잔재를 다리 건너편에서 기다리고 있던 젊은 여성에 대한 끌림으로 혼동할까? 만약 인간이 항상 자기감정을 정확히 알지 못하고 하나의 감정을 다른 감정으로 착각할 수 있다면, 남학생들은 아마 아찔한 다리를 건넌 후 느낀 불안감의 잔재를 바로 앞에 서 있는 젊은 여성에 대한 끌림으로 혼동할 것이다. 더턴과 애런은 '연구에 관해 더 궁금한 점'을 물으러 그날 밤 그 여성에게 전화를 걸었던 남성의 숫자로 혼동의 정도를 측정했다.

다른 두 집단이 더 이 실험에 참여했는데, 한 집단은 캐필라노 다리 건너편에 남성 연구자가 기다리고 있었다. 다리를 건넘으로써 생긴 지속적 불안감 그 자체만으로 전화를 거는 사람이 있을지 확인하기 위한 장치였다. 마지막 집단의 남성들은 다리 건너편에서 매력적 여성 연구자를 만났지만, 그 다리는 불안감을 낳는 캐필라노 다리가 아닌 낮고 튼튼한 다리였다. 이는 여성 면담자의 매력 자체만으로도 그날 밤 전화를 거는 사람이 있을지 확인하기 위한 장치였다.

어떤 결과가 나왔을까? 캐필라노 다리를 건넌 후 젊은 여성을 만난 남성들이 다른 두 집단의 남성들보다 그날 밤 훨씬 더 많이 전화를 걸었다. 그들은 흔들거리는 다리를 건너며 불안감을 느꼈을 테고 그 불안감은 다리를 건넌 후에도 잠시 동안 지속되었을 것이다. 이 불안감의 정체를 정확히 인식하지 못한 채 매력적인 젊은 여성과 대면함으로써 이 남성들은 자기감정을 불안감이 아닌 강렬한 끌림으로 해석했던 것이다.

다른 그룹의 남성들은 명백히 원래의 감정을 그대로 유지했다. 연구자가 남성이었을 때 그들은 불안감을 끌림으로 혼동하지 않았다. 그 상황에서는 끌림을 느낄 만한 계기가 없었다. 그리고 안전하고 튼튼한 다리를 건넌 남성들에게는 연구자를 향해 특별한 끌림을 느낄 만한 불안감의 잔재가 없었다. 실제로 이 두 집단의 남성들은 거의 해당 연구자에게 전화를 걸지 않았다.

결국 자기감정을 파악하는 인간의 능력은 완벽하지 않다. 감정이 매우 강렬할 때는 그것을 정확히 파악하기가 쉽지만, 캐필라노 다리를 건넌 후 느끼는 불안감의 잔재처럼 감정이 그만그만할 때는 그것을 정확히 알아차리기가 어려워진다. 당면한 상황에서 벌어지고 있는 일에 의존해 감정을 인식하고 해석하기 때문이다. 더턴과 애런의 실험에 참가한 남성 중 흔들다리를 건너고 매력적인 여성을 대면한 남성들은 매우 강렬한 끌림을 느꼈다. 비록 그 끌림의 원인이 아찔한 다리를 건넌 뒤 느낀 불안감의 잔재이기는 했지만 말이다.

2

나와 스티븐 스펜서, 조슈아 애런슨은 정체성 위협이 **어떻게** 효력을 미치는지에 대한 문제로 다시 돌아왔을 때 인간 기능의 이러한 한계를 연구한 결과를 알게 되어서 다행이라고 생각했다. 인간은 자기감정과 그 감정의 원인을 정확히 알지 못하는 한계를 지니고 있었던 것이다. 우리는 정체성 위협이 사람들을 불안하게 하고 바로 그 불안감이 성과를 직접 저해하는 요인이라고 늘 가정해왔다. 우리는 불안감을 성과를 저해하는 위협의 일종으로 보았다. 분명히 그래 보였다.

그러나 스티븐과 내가 여성들에게 정체성 위협을 부과하며 어려운 수학 시험을 치르게 했던 최초의 실험에서, 그 여성들은 정체성 위협을 느끼지 않은 채(시험 결과가 성별에 따라 차이를 나타내지 않는다고 알고 있는 상황에서) 시험을 본 여성들에 비해 특별히 더 많은 불안감을 느꼈다고 언급하지는 않았다. 그들은 정체성 위협 아래서 더 나쁜 성과를 냈지만 더 많은 불안감을 느꼈다고 말하지는 않았다. 우리는 어리둥절했다.

나중에 조슈아와 나는 더욱 당혹스러운 경험을 했다. 흑인 학생들의 언어 시험 점수에 미친 고정관념 위협의 영향을 보여주는 실험 결과가 나왔을 때 우리는 흑인 학생들이 시험을 치르면서 불안해했는지, 또 그 때문에 낮은 성과를 냈는지 의아했다. 그래서 조슈아는 직접 실험 참가자들을 면담했다. 그러나 전혀 그런 사실을 발견할 수 없었다. 고정관념 위협을 겪은 학생들은 그렇지 않은 학생들 이상으로 더 많은 불안감을 느꼈다고 말하지 않았다. 고정관념 위협을 느낀 참가자들은 오히려 침착하고 단호해 보였다. 그들은 시험이 어렵기는 했지만 적극 임해서 잘 해내기로 마음먹었다고 말했다. 그들은 노력하면 해낼 수 있다고 믿었다. 시험지를 보면 그들이 전혀 잘 해내지 못했다는 사실을 알 수 있는데도 그렇게 말했다.

그래서 불안감 같은 내면 상태에 인간이 얼마나 무지한지 알게 된 것은 다행이었다. 덕분에 고정관념 위협에 느끼는 불안감이라는 불충분한 증거에 속지 않을 수 있었고 몇 가지 반증을 한층 깊게 고려할 수 있었다. 고정관념 위협을 겪는 사람들이 단어 완성 테스트에서 더 많은 단어 조각을 고정관념과 관련된 단어로 완성했던 사실을 떠올려보자. 이는 그들이 고정관념을 확증하거나 확증하는 것처럼 보일지 걱정했음을 보여준다. 정체성 위협을 겪은 흑인 학생들도 그들이 고정관념화되는 것에 대해 걱정했음을 나타내는 행동을 보였다. 그들은 재즈, 힙합, 농구 같은 흑인과 관련된 항목에 관한 선호도를 낮게 적었고, 클래식, 테니스, 수영 같은 백인과 관련된 항목에 대한 선호도를 높게 적었다. 그리고 자신의 낮은 성과에 대해 더 많이 변명했다. 가령, 그들은 전날 밤 잠을 거의 취하지 못했다고 말하기도 했다. 그런 경향은 그들이 고정관념을 확증하거나 확증하는 것처럼 보일 것을 걱정했음을 나타낸다. 그러나 그들은 자신이 걱정했다는 사실을 터놓고 얘기하지 않았다. 인정하고 싶지 않았을 것이다. 아니면 캐필라노 다리를 건넌 후 매력적인 여성을 만난 남성들처럼, 그들은 어쩌면 자신이 불안해했다는 사실을 깨닫지 못했을 수도 있다.

불안감이 어떻게 고정관념 위협의 효과가 되는지 알기 위해서 우리는 불안감 자체를 더 자세히 살펴봐야 했다. 사람들이 잘 인식하지 못하거나 인정하지 않으려는 불안감 말이다.

3

샌타바버라에 있는 캘리포니아 대학교의 제임스 블라스코비치James Blascovich가 이끄는 연구팀은 스트레스와 불안감, 평균 혈압을 측정하는 실험을 했다. 이 실험은 몇 가지 차이점을 빼면 여느 고정관념 위협 실험과 매우 비슷했다. 연구팀은 실험실에 도착한 흑인과 백인 대학생들에게 두뇌의 생리적 반응을 측정할 예정이라고 안내하며 심혈관 기록 장치를 그들의 몸에 연결했다. 그리고 기초 혈압을 수집하고 나서는 언어 시험을 치르게 했다. 그것은 원격 결합하기 Remote Association Task라 불리는 검사의 한 형태로, 주어진 세 단어를 보고 연상되는 단어를 적는 시험이었다. 가령 '쥐mouse', '(맛이) 톡 쏘는sharp', '푸른곰팡이blue'라는 단어가 주어졌을 때는 '치즈cheese'라고 쓰면 됐다. 학생들은 이 과제를 지적 능력을 측정하는 것으로 받아들였다.

고정관념 위협을 받은 집단의 참가자들에게는 더 이상 아무 설명도 주어지지 않았다. 기억하기 바란다. 시험을 지적 능력 측정으로 받아들이는 것만으로도 흑인 학생들은 자신의 지적 능력에 대한 고정관념을 확증할 위협에 처한다는 사실을.

반대로 고정관념 위협을 받지 않은 집단의 참가자들에게는 시험이 '인종에 따라 결과에 차이가 나지 않는' 시험이라고 설명해주었다. 즉 흑인이 백인만큼 잘 해내며, 그 시험이 인종적으로 통합된 연구팀에 의해 여러 흑인 대학black colleges(미국 내 흑인 지역 사회의 교육을 위해 1964년 이전에 세워진 고등 교육 기관.-옮긴이)에서 개발되었다는 설명을 들었다.

결과는 극적이었다. 고정관념 위협을 받지 않은 백인과 흑인 참가자 모두의 혈압은 혈압 측정기를 착용했을 때부터 시험 중간까지 크게 떨어졌다. 시험을 지적 능력 측정으로 소개받은 백인의 혈압도 마찬가지였다. 그러나 같은 집단의 흑인의 평균 혈압은 시험을 치르는 동안 크게 상승했다. 고정관념 위협에 처한 사람들은 자기감정이 불안감인지 사랑의 감정인지 구분하지 못할 수도 있지만 불안하기는 했던 것이다. 그들의 생리적 반응은 그들이 불안해한다는 사실을 분명히 보여주었다.

곧 우리는 고정관념 위협의 생리적 효과를 한층 더 폭넓게 이해하게 되었다. 제임스 블라스코비치의 오랜 동료인 웬디 멘데스Wendy Mendes와 또 다른 연구팀이 백인이 흑인과 의사소통하면서 고정관념 위협을 느끼면 혈압이 상승하는지 실험했다. 실험 방법은 매우 단순했다. 백인 학생은 혈압 측정기를 착용한 상태에서 자신이 모르는 백인 또는 흑인 학생과 그저 이야기를 나누기만 하면 됐다. 낯선 백인 학생과 이야기하는 것에 비해 낯선 흑인 학생과 이야기하면 백인 참가자는 아마 인종적으로 무감각하다는 고정관념에 따라 보일 더 큰 위협에 처할 터였다. 그리고 이런 정체성 위협 때문에 불안감을 느낀다면 참가자들의 혈압은 상승할 것이었다. 실제로 혈압은 상당히 크게 상승했다.

비록 사람들이 의식하지 않는 듯하지만, 고정관념 위협 같은 정체성 위협은 혈압에서 유추할 수 있듯이 충분히 불안감을 유발한다는 사실을 알 수 있었다. 그러나 누군가는 이렇게 질문할지도 모르겠다. 그것은 얼마나 큰 불안감일까? 정체성 위협으로 발생한 불안감은 일 처리 능력과 인간 기능에 영향을 끼칠 만큼 강렬할까?

내가 어떤 사람에게 어떤 형태의 고정관념 위협을 가했다고 가정해보자. 말하자면, 수학을 전공하는 여성들에게 아주 어려운 수학 시험을 치를 것이라고 예상하게 했다가 돌연 자기 이름을 여러 차례 쓰는 쉬운 일과 자기 이름을 거꾸로 여러 번 쓰는 어려운 일을 시켰다고 가정해보자. 고정관념 위협 때문에 발생한 불안감이 정말로 이 과제의 성과를 저해할까?

이것은 흥미로운 실험이다. 손으로 글씨를 쓰는 일은 수학 분야의 고정관념과 무관하기 때문이다. 글씨 쓰기를 잘 못한다고 해도 여성의 수학 능력에 관한 고정관념을 확증하지는 않는다. 또 고정관념을 확증할지도 모른다는 두려움 때문에 글씨 쓰기 결과가 영향을 받지도 않을 것이다. 성과에 영향을 미치는 유일한 것은 정체성 위협 때문에 발생한 불안감이다. 만약 그 불안감만으로도 성과가 저해된다면 여성들은 글씨 쓰기 과제를 그다지 잘 해내지 못할 것이다. 특히 거꾸로 이름을 쓰는 어려운 과제는 더욱 그럴 터다.

샌프란시스코 주립 대학교의 아비 벤지브Avi Ben-Zeev와 그의 학생들은 정확히 이런 방식으로 실험을 설계했다. 그리고 분명한 해답을 얻었다. 수학을 전공하는 여성들이 어려운 수학 시험을 기다리며 느꼈던 그리 대단하지 않은 불안감조차도 거꾸로 자기 이름을 쓰는 데에 부정적 영향을 끼쳤다. 캐필라노 다리를 건너거나 정말 중요한 SAT 시험을 실제로 치르면서 생기는 불안감과는 전혀 달랐다는 뜻이다. 정체성 위협은 끝없이 발생한다. 보통 실험에서는 이처럼 대단하지 않은 정도로만 위협을 가한다. 예를 들면 진짜 GRE 시험을 기다리며 느끼는 커다란 위협의 정도와는 다르게 실험실에서 수학 시험을 기다리며 느끼는 위협의 정도만큼만 말이다. 그러나 이러한 작은 위협조차도 거꾸로 자기 이름 쓰기 같은 간단한 일을 하는 과정에서 심혈관 스트레스를 유발했다.

따라서 여성의 낮은 수학 성적, 프랑스 노동자 계층 학생의 언어 분야의 낮은 성취, 백인 남성의 미니어처 골프 성적 등과 같은 고정관념 위협의 영향은 심장 박동 수, 혈압 상승, 그 밖의 성과에 영향을 끼칠 정도에 이르는 불안감의 생리적 징후 때문에 발생한다. 또한 사람들은 실제로 불안감의 생리적 징후가 나타나더라도 거의 그 사실을 알아차리지 못한다. 그들은 질문을 받았을 때도 고정관념 위협의 영향을 말하지 않는다. 우리는 인식하지도 못한 채 고정관념 위협의 영향이라는 대가를 지불하는 셈이다. 그러나 성과를 저해하는 정체성 위협의 작동 방식이 단지 생리적 반응 유발뿐일까? 정체성 위협은 우리의 생각에도 직접 영향을 끼칠까?

4

앞으로 살펴보겠지만 대답은 '그렇다'이다. 우리는 정체성 위협 때문에 고정관념을 확증할까 걱정하고("내가 능력 밖의 일을 하는 것으로 보이지는 않을까?"), 그랬을 때의 결과를 걱정하며("사람들이 나를 인종차별주의자라고 여긴다면 나를 어떻게 대할까?"), 고정관념을 깨뜨리기 위해 무엇을 해야 할지 염려한다("이 사람들에게 내가 좋은 사람이라는 것을 보여줄 기회가 올까?"). 우리는 그런 생각을 되풀이하느라 정신력을 소모하고, 정작 치르고 있는 시험 문제라든가 다른 인종의 사람과 나누는 대화 같은 당면 과제에 집중하지 못한다. 그러므로 정체성 위협은 생리적 반응을 유발할 뿐만 아니라 우리 생각에도 영향을 끼침으로써 성과를 저해한다.

적어도 제5장에서 소개한 프랑스의 사회심리학자 장클로드 크루아제와 그의 동료들은 그렇게 생각했다. 그들은 이 사실을 확인할 매우 기발한 실험 방법을 찾아냈다. 놀라울 정도로 단순한 인체생리학적 사실, 즉 지적 활동에 더욱 관여할수록 또는 생리학 용어로 표현해 '인지 부하cognitive load'가 더욱 클수록 심장이 더욱 안정적으로 박동하는 경향이 있다는 사실에 바탕을 둔 실험이었다. 지적 활동은 많은 신진대사를 요구하며, 심장이 얼마나 빨리 뛰느냐의 차이는 얼마나 많이 생각하고 있느냐를 가리키는 지표가 된다. 인지 부하가 클수록 심장은 더 안정적으로 뛰고, 인지 부하가 적을수록 심장 박동 수는 더욱 불안정하다.

크루아제의 연구팀은 심리학자들로서는 매우 불미스럽다고 여기는 고정관념을 이용해 실험했다. 그것은 바로 과학 전공자가 심리학 전공자보다 똑똑하다는 고정관념이었다. 우리는 물론 그 고정관념을 싫어하지만 실제로 그런 관념이 있다. 크루아제 연구팀은 과학 전공자와 심리학 전공자에게 레이븐의 누진 행렬 지능 검사Raven's Progressive Matrices IQ test를 받게 했다. 그리고 전형적 결과를 얻었다. 심리학 전공자들은 시험을 지능 지수 검사로 인식했을 때, 즉 그에 따라 자기 그룹의 지능에 대한 부정적 고정관념을 확증할 위험에 처했을 때 과학 전공자보다 낮은 점수를 받았다. 그러나 그 시험이 지능 측정과 무관한 단순 수수께끼로 소개되어 압박감이 사라지자 과학 전공자와 같은 점수를 받았다.

물론 크루아제와 그의 동료들은 뭔가 다른 것에 관심을 두었다. 그들은 지능 지수 검사 내내 모든 참가자의 심장 박동 수를 측정했다. 시험이 지능 지수 검사로 소개되었을 때는 모든 참가자의 심장이 안정적으로 박동했다. 고정관념 위협에 처한 심리학 전공자와 고정관념 위협에 덜 처한 과학 전공자는 모두 이 지능 지수 검사에서 상당한 인지 부하를 견디는 듯했다. 두 그룹을 구분한 것은 뭔가 다른 요인이었다. 그들의 심장 박동 수와 성과 사이의 관계였다. 고정관념 위협에 처하지 않은 과학 전공자들은 더 열심히 생각할수록, 즉 더 안정적으로 심장이 박동할수록 더 좋은 결과를 냈다. 그러나 고정관념을 확증할 위협에 처한 심리학 전공자들은 더 열심히 생각할수록, 즉 더 안정적으로 심장이 박동할수록 성과는 더 낮아졌다. 고정관념 위협에 처하지 않은 과학 전공자들의 심사숙고는 시험에 실제로 도움이 되는 집중을 했다는 것을 나타낸 반면 고정관념을 확증할 위협에 처한 심리학 전공자들의 심사숙고는 성과를 저해하는 생각이었다는 것을 나타냈다.

이렇게 마음에 들지 않으면서도 신경 쓰이는 고정관념을 확증할 위협에 처하면, 우리 마음은 빠르게 움직인다. 마음은 아마 온갖 종류의 생각을 다 할 것이다. 고정관념을 반박한다든가, 그것이 자기에게는 적용되지 않는다고 부정한다든가, 고정관념에 따라 자신을 바라볼 듯한 사람이라면 누구라도 폄하한다든가, 자기 연민을 느낀다든가, 고정관념을 깨뜨리라고 스스로를 몰아붙인다든가. 이렇게 우리는 자신을 방어하면서 고정관념화될 위협에 저항할 터다. 그리고 아마도 이런 방어와 저항을 얼마간은 인식할 것이다. 그러나 심혈을 기울이지 않는 이상 대부분의 시간 동안 우리는 자신이 그렇게 하고 있다는 사실을 인식하지 못할 것이다. 크루아제 연구팀의 실험 결과는 고정관념을 깨뜨리려는 인간의 마음이 일을 처리하는 데 써야 할 정신력을 다 소모해버린다는 것을 시사한다.

애리조나 대학교의 두 심리학자인 토니 슈메이더Toni Schmader와 마이클 존스Michael Johns는 이렇게 생각이 꼬리를 물고 거듭되는 현상이 정확히 어떤 능력을 저해하는지 알기 위해 정밀한 실험 방법을 개발했다. 그 결과 가장 핵심적으로 손상되는 것은 작업 기억working memory, 즉 "즉시 사용하기 위해 또는 곧 사용하기 위해 정보를 비축하고 다루는 기억"(44쪽)으로 나타났다. 쉽게 말해 시험을 치르거나, 대화나 토론에 참가하거나, 기숙사에서 혼자 아프리카계 미국인 정치학 수업 과제를 하려고 참고 자료를 읽는 데 사용하기 위해 정보를 비축하고 다루는 기억이 가장 크게 손상된다는 말이다.

슈메이더와 존스는 수학에 관심 있는 여자 대학생들에게 여러 문장을 제시한 다음 모음의 숫자를 세라고 요청했다. 그 문장들 사이에는 전혀 관계가 없는 단어들이 끼어 있었다. 어려운 수학 시험을 예상했던, 즉 고정관념 위협에 처한 여학생들은 모음의 숫자를 그럭저럭 잘 셌지만 문장 사이의 단어는 기억하지 못했다. 적어도 단순한 문제 해결 시험을 예상하고 있던, 즉 고정관념 위협에 처하지 않은 여학생들에 비해서는 잘 기억하지 못했다. 생각이 꼬리를 물고 거듭되는 현상이 작용했던 것이다. 그것은 고정관념 위협에 처한 여학생들의, 문장 사이에 낀 단어를 기억하는 능력을 저해했다. 그들의 작업 기억을 손상시킨 것이다. 마찬가지로 중요한 점은, 고정관념 위협으로 작업 기억이 더 많이 손상될수록, 즉 더 적은 단어를 기억할수록 여성들은 이어진 수학 시험에서 더 낮은 점수를 받았다는 것이다. 고정관념 위협이 작업 기억을 손상시키자 성과도 즉시 떨어졌다.

슈메이더와 존스는 생각이 꼬리를 물고 거듭되는 현상이 이렇게 진행된다고 설명했다. 첫째, 고정관념을 확증할지도 모른다는 위협은 그 위협과 위협을 피할 수 있는 기회와 관련된 모든 것에 대해 바짝 긴장시킨다. 둘째, 그 위협 때문에 자기 회의가 시작되고, 자기 회의가 얼마나 타당한지를 곱씹게 된다. 셋째, 끊임없이 자신이 얼마나 잘하고 있는지 주시한다(이때 운동선수는 '숨이 막히는' 현상을 겪는다). 넷째, 위협적인 생각, 잘하지 못할 것에 대한 생각, 고정관념을 확증할 나쁜 결과에 대한 생각을 억누른다. 여러분도 그런 경험이 있는가? 만약 그렇다면, 그것이 굉장히 소모적인 지적 활동이며 그런 현상이 지속되는 동안에는 다른 일을 돌볼 여력이 거의 남지 않는다는 사실을 잘 알 것이다.

앤 크렌들Anne Krendl, 제니퍼 리치슨Jennifer Richeson, 윌리엄 켈리William Kelley, 토드 헤서턴Todd Heatherton은 기능적 자기공명 영상fMRI 기술을 이용해 고정관념 위협이 뇌 활동에 미치는 효과를 검사함으로써 이런 견해를 추가로 증명했다. 그들은 스물여덟 명의 우수한 수학 전공 여학생을 불러 기능적 자기공명 영상 장치에 누워 어려운 수학 문제 50개를 풀도록 했다. 자기공명 영상 장치로 뇌의 혈류를 탐지함으로써 수학 문제를 푸는 동안 뇌의 어떤 부분에서 가장 활발하게 정신 활동이 일어나는지 측정할 수 있었다. 여학생의 절반은 문제를 푸는 동안 고정관념 위협에 처했고(시험을 보기 전 '수학 성과에서 성별에 따른 격차가 드러난 연구'에 대해 들었다), 나머지 절반의 학생들은 고정관념 위협에 처하지 않았거나 상대적으로 적은 위협에 처했다(성별 격차에 관한 고정관념을 듣지 않았다).

고정관념 위협으로 뇌의 어떤 신경 조직이 활성화되었을까? 연구팀은 분명한 양상을 확인했다. "고정관념 위협에 처하지 않은 여성들의 뇌는 수학 학습과 관련된 신경 구조(각회, 좌두정엽, 전전두엽)를 활성화했지만, 고정관념 위협에 처한 여성의 뇌는 사교 및 감정 처리와 관련된 신경 구조(전방 대상 피질)의 활성을 고조시킨 것으로 드러났다"(168쪽). 고정관념 위협은 우리가 수학 문제를 풀 때 사용하는 부분의 뇌 활동을 둔화시키고 사회적 맥락과 감정을 일깨우는 것과 관련된 뇌 활동을 활성화했다. 다시 연구자의 글을 인용해보면, "고정관념 위협은 자기 그룹에 대한 부정적 고정관념을 확증할 수도 있다는 부정적 결과로 여성의 주의를 끌었다. 그렇게 함으로써 성과에 대한 불안감을 고조시켰다"(173쪽). 다른 많은 연구팀도 이와 유사한 연구 결과를 얻었고, 덕분에 우리는 고정관념 위협에 영향을 받는 신경 구조를 훨씬 넓게 이해해나갔다.

지금 이 순간에도 생리학 연구, 인지 부하 연구, 슈메이더와 존스의 견해, 뇌 연구 덕분에 고정관념 위협의 영향에 대한 공통 합의가 형성되고 있다. 합의된 내용은 이렇다. 고정관념과 정체성 위협은 앞으로 있음 직한 위협과 나쁜 결과를 더욱 경계하게 하고, 결국 당면 과제에 주의와 정신력을 쏟지 못하게 되며, 그로써 일반적인 기능과 성과가 악화되고, 이 모든 것이 불안감을 더욱 증폭시켜 위협을 더욱 경계하게 되며 과제에 더 집중하지 못하게 된다. 철저한 악순환이 이어지는 것이다.

이런 악순환이 아프리카계 미국인 정치학 수업을 듣는 테드에게 발생했다. 또한 모든 고정관념 위협 연구에서 고정관념 위협에 처한 모든 실험 참가자에게 발생했다. 어떤 능력에 관해 부정적으로 고정관념화된 사람들은 실제 시험을 치를 때 종종 그런 악순환을 겪고, 자신이 싫어하는 고정관념을 확증할 가능성이 있는 학교나 직장에 있을 때도 겪는다. 이때 그들의 생각은 꼬리를 물며 거듭되고, 혈압이 상승하며, 식은땀을 흘리고, 남보다 몇 배의 노력을 기울이며, 고정관념을 부인하려 하고, 부인할 수 없는 것은 억누르려고 할 뿐 아니라, 위협을 경계하느라 성과와 기능에 필요한 뇌 활동을 둔화시킨다. 어려운 일을 할 때면 사람들은 종종 낮은 성과를 낸다. 더 많이 신경 쓸수록, 더 많이 좌절감을 느낄수록, 결과에 따르는 위협이 더 클수록, 그런 일은 더 자주 발생한다. 그리고 직장, 학교, 관계 등 삶에서 정체성 위협이 계속된다면, 이러한 악순환은 만성적 정체성 비상사태가 될 것이다.

캐필라노 다리를 건넌 남성들이 여성에게 그토록 큰 매력을 느끼는 원인을 의식하지 못했듯이 그들도 자신에게 무슨 일이 일어나는지 의식하지 못할 것이다.

이제 우리는 분명한 사실을 알게 되었다. 고정관념 위협이 실제로 사람들에게 영향을 끼친다는 점, 즉 생각이 꼬리를 물고 거듭되는 현상과 생리적 변화, 행동 변화를 불러일으킨다는 점을 말이다. 사람들은 이런 일이 일어나리라는 것을 잘 알아채지 못하거나 적어도 인지하고 싶어 하지 않는다. 이러한 위협과 영향은 바로 정체성 위협과 영향이다. 그리고 이때 정체성이란 특정 상황 속의 특정 사회적 정체성을 뜻한다. 상급 수학을 공부하는 여성, 100미터 단거리 달리기를 하는 백인 남성, 반에서 성적이 상위권인 흑인 학생처럼 말이다.

이것은 중요한 발견이다. 그러나 고정관념 위협의 영향은 주로 일회적 실험에서만 연구돼왔다. 따라서 나는 고정관념 위협이 만성적이 될 때, 즉 삶의 어떤 측면에서 끊임없이 진행될 때 어떤 일이 벌어지는지 궁금해졌다. 사람들은 단지 일회적이 아니라 오랜 기간 동안 학교, 직장, 전공, 스포츠 등의 분야에서 공부하거나 일한다. 몇 달이나 몇 년 때로는 수십 년을 말이다. 이렇게 장기간 지속되는 고정관념 위협은 어떤 영향을 끼칠까?

지금까지 살펴본 바에 따르면 염려스러운 상황을 떠올릴 수밖에 없다. 만약 사람들이 오랜 기간 고정관념 위협에 처하거나 다른 정체성 비상사태에 놓인다면, 값비싼 대가를 치러야 할 것이다. 먼저 끊임없이 지속되는 과도한 압력으로 행복감을 잃을 것이다. 더불어 생리적 변화를 지속적으로 겪음으로써 건강도 악화될 것이다. 그러는 동안 자신이 그러한 대가를 치르고 있음을 거의 인식하지 못할 것이다. 캐필라노 다리 연구에 참가한 남성들처럼 말이다.

나는 이와 관련한 증거를 찾을 수 있을지 궁금해졌다. 정체성 위협을 오랜 기간 경험하는 것이 인간에게 어떤 영향을 끼치는지 보여주는 실례를 찾을 수 있을까?

5

전염병학자이자 공중 보건 전문가인 셔먼 제임스Sherman James는 부드러운 목소리와 명석한 두뇌를 가진 아프리카계 미국인이다. 사우스캐롤라이나 주 하츠빌에서 나고 자란 그는 탈라데가 대학에서 심리학을 전공하고 미주리 주 세인트루이스의 워싱턴 대학교에서 심리학 박사 학위를 받았다. 대학원 과정을 마쳐갈 즈음 그는 옛 고등학교 친구에게 전염병학과 환경 보건 분야에 관해 이야기를 들었다. 그는 감명받았다. 자신이 늘 하고 싶었던 일이었기 때문이다. 그 후 1년이 흘렀다. 대학원 교육을 마친 그는 난데없이 노스캐롤라이나 대학교 채플힐 캠퍼스의 의과 대학 전염병학과 학과장에게 전화를 받았다. 그리고 갑작스럽게 일자리를 제의받았다. 전염병학과 조교수 자리였다. 그 순간 자기가 왜 그런 전화를 받는지 이해할 수 없었지만 어떤 대답을 할지는 분명했다. 그는 일자리 제의를 수락했다.

노스캐롤라이나 대학교에서 그는 인종에 따른 건강 차이에 몰두했다. 그러다가 널리 알려진 한 가지 현상과 마주쳤다. 바로 아프리카계 미국인이 백인 미국인보다 고혈압(수축기 혈압이 140mmHg 이상이거나 확장기 혈압이 90mmHg 이상인 경우)을 더 많이 앓는 현상 말이다. 최근 한 연구에 따르면, "흑인 남성(34퍼센트)과 흑인 여성(31퍼센트)이 세 명 중 한 명꼴로 고혈압을 앓는 데 비해 백인 남성과 여성은 각각 25퍼센트와 21퍼센트만이 고혈압을 앓고 있다". 이런 흑인과 백인의 차이가 소득 격차, 교육 수준, 체질량 지수, 흡연 등 고혈압을 유발하는 여러 가지 요소가 복합적으로 작용했기 때문에 나타난다고 짐작할 수도 있다. 그러나 고혈압을 앓는 흑인과 백인 간의 비율 차이는 이러한 요소들의 효과를 감안해서 재검토해도 여전했다. 혹은 흑인 혈통의 유전적 특성이 원인이라고 짐작할 수도 있겠지만, 아프리카 흑인은 혈압이 높지 않았다.

제임스는 그 수수께끼를 풀어보기로 했다. 우선 연구 지원금을 받기 위해 신청서를 작성했다. 신청서에 작성할 내용을 찾다가 그는 노스캐롤라이나 대학교 병원에 통원하는 흑인 고혈압 환자들을 면담했다. 그중 한 남성이 특히 인상적이었다. 이야기를 정말 재미있게 잘하는 그 남성은 그 지역 원로로서 자신의 성공담을 들려주었다.

그는 1907년에 노스캐롤라이나 주 피드먼트 지역의 아주 가난한 소작농의 아들로 태어났다. 가까스로 읽고 쓰는 법을 배웠지만 학교에는 2학년까지밖에 다닐 수 없었다. 제임스는 이렇게 적었다.

> 한층 인상적인 것은 …… 그칠 줄 모르는 고된 노력과 투지로 …… 엄청난 역경에 맞서 그는 자신과 후손들을 소작농 제도의 굴레에서 해방시켰다는 점이다. 구체적으로 말하면 그는 40세가 되던 해 약 10만 평의 비옥한 노스캐롤라이나 농장을 소유하게 되었다. …… [그러나] 50대 후반에는 고혈압, 관절염을 앓았으며 위궤양은 너무 심각해서 위의 40퍼센트를 절제해야만 했다(167쪽).

어느 날 제임스는 그의 집으로 찾아갔다. 둘은 그의 집 뒤뜰에 앉았고, 남자는 고투와 성공에 관한 이야기를 시작했다. 잠시 후 그의 아내가 집 안에서 소리쳤다. "존 헨리……. 점심시간이에요." 그의 이름을 듣는 순간 제임스는 불현듯 한 가지 연구 과제를 떠올렸다. 그의 이름은 미국 민담 속 영웅 존 헨리와 같았다. 그리고 두 존 헨리의 삶은 그냥 지나치기 어려울 정도로 유사했다.

그 민담은 19세기 말에 철도를 건설하고 터널을 굴착하는 노동자들 사이에서 전해 내려온 것이었다. 확인할 수 있는 정확한 사실은 그게 전부지만, 여러 학자는 1870년대 후반 웨스트버지니아 주 빅벤드 터널 부근에서 전설 같은 놀라운 사건이 실제로 있었다는 데 의견을 일치하고 있다. 전설에 따르면, 존 헨리는 침목에 선로를 고정하는 금속 조각을 박아 넣는 일을 했는데 놀라운 힘과 인내심을 발휘하는 인물로 유명했다. 그는 어떤 계기로 증기 망치 기계와 장대한 대결을 하게 되었다. 존 헨리와 증기 망치 기계는 무려 몇 년 동안 막상막하로 각축전을 벌였다. 그러다가 막바지에 갑자기 존 헨리가 자신의 약 4킬로그램짜리 망치를 힘껏 휘두르며 속도를 내어 승리했다. 그러나 끔찍한 대가가 뒤따랐다. 지쳐 쓰러진 존 헨리는 그 자리에서 숨을 거두었다.

현대의 존 헨리 이야기를 듣고 그의 건강 상태를 알게 된 셔먼 제임스는 그 전설이 단순히 전설 같지만은 않았다. 그 전설이 흑인 고혈압 환자의 비율을 더 높였다고 추정되는 정신신체증psychosomatic syndrome (신체적 요인인 듯하지만 부분적 또는 전적으로 심리적 요인과 결과인 증상.-옮긴이)을 상징하는 듯했다. 현대의 존 헨리가 많은 어려움을 이겨냈다고 하더라도, 그렇게 하기까지 들인 강도 높은 오랜 노력은 그의 건강을 악화시켰을 것이다.

제임스는 존 헨리의 역경을 "사회 경제적 차별이라는 보편적이고 매우 견고한 제도에서 벗어나기 위해 노력하는 아프리카계 미국인 남녀(특히 노동자 계층)의 역경"(169쪽)의 상징으로 보았다. 그는 이 '적극적 대처-고혈압' 가설을 검증하기로 했다. 그는 그것을 '존 헨리이즘' 가설이라고 불렀다.

제임스는 먼저 존 헨리이즘을 구성하는 가치들을 평가하고 수량화할 수 있도록 척도를 개발했다. 조사 응답자들은 "나는 항상 내가 살면서 이루고 싶은 일을 꽤 많이 이룰 수 있으리라 느꼈다", "원하는 대로 일이 풀리지 않으면 더 열심히 노력했다"와 같은 열두 개의 진술문을 1에서 5까지 점수를 매겨 평가했다. 소득이 낮은 흑인으로서 받는 스트레스에 대처하는 것은 누구에게나 힘든 일이겠지만, 특히 척도에서 높은 점수가 나온 사람, 그러니까 이 그룹 안에서도 '어려운 조건 속에서 계속 적극적으로 힘겹게 대처하는 사람'들은 유난히 스트레스를 더 많이 받을 것이었다. 이렇게 보았을 때 존 헨리이즘은 고정관념 위협을 받은 사람들의 바로 그 태도와 매우 유사하다. 자기 그룹이 부정적으로 고정관념화된 분야에서 성공하는 것을 중시하는 사람들의 태도 말이다.

제임스는 노스캐롤라이나 주 피트 카운티와 에지컴 카운티 출신의 몇몇 흑인 남성을 대상으로 이 가설을 실험했다. 두 카운티는 몇 가지 예외가 있기는 하지만 대체로 소득이 낮은 지역이다. 참가자들은 존 헨리이즘 척도의 열두 개 진술문에 점수를 매기고 혈압을 쟀다. 제임스의 추측은 옳았다. 존 헨리이즘 척도의 총점이 높은 사람은 낮은 사람보다 혈압이 높았다. 그리고 형편이 비교적 나은 사람보다 더 가난한 사람에게 이런 현상이 크게 나타났다. 같은 지역에서 더 많은 사람을 대상으로 후속 연구를 진행했지만 결과는 같았다. 예를 들어 피트 카운티에서 25세부터 50세 사이의 1,784명의 참가자를 대상으로 실험했는데, 소득 분포에서 3분의 1에 속하는 흑인, 즉 존 헨리이즘 척도의 총점이 낮은 사람들은 고혈압 발생률이 19.3퍼센트인 반면 총점이 높은 사람들은 발생률이 35퍼센트였다.

이 시골 지역의 열악한 환경 자체만으로 소득 수준이 낮은 흑인의 혈압이 상승하지는 않았다. 고혈압은 확고한 존 헨리이즘의 태도를 지닌 사람에게만 나타났다. 힘겨운 조건에 맞서 싸우는 일을 견딜 만큼 성공에 관심이 높은 사람들에게만 말이다. 인종 역시 한 요소였다. 존 헨리이즘 척도의 총점이 높은 같은 지역의 백인은 혈압이 오르지 않았다. 이 남부 시골 지역의 가난한 흑인들, 그중에서도 특히 존 헨리이즘 척도의 총점이 높은 흑인에게 높은 혈압이 나타났다. 최근에는 중산층 흑인에게도 비슷한 현상이 나타났다.

6

이 연구는 심각한 의미를 담고 있다. 자기 그룹이 불이익과 차별을 받으며 부정적으로 고정관념화된 분야에서 성공하기를 원하다가는 큰 대가를 치를 수 있다. 때로는 아주 값비싼 대가일 터다. 그렇더라도 그 분야에서 성공하는 데 주의를 기울이는 것밖에는 달리 도리가 없다. 가령 경제적으로 안정적이 될 만큼 사회에서 충분히 성공하는 것에 주의를 기울이지 않기란 어려운 일이다. 유일한 장애물이 부정적으로 고정관념화되는 것뿐일 때조차도 대가는 치르게 돼 있다. 그것이 바로 고정관념 위협이 일으키는 생리적 변화에 관한 여러 실험이 보여준 바다.

또한 일시적 고정관념 위협도 충분히 혈압을 높이고, 작업 기억을 손상시키며, 어려운 과제에서 성과를 떨어뜨린다. 그리고 만약 어떤 사람이 자기 그룹이 부정적으로 고정관념화돼 있고 불이익과 차별을 받는 분야에서 성공하기 위해 오랜 시간 극심하게 분투한다면, 만성적 건강 문제가 생길 수 있다. 가장 먼저 고혈압 증상을 얻을 것이다.

테드는 아프리카계 미국인 정치학 수업에서 극심한 정체성 위협을 경험했다. 그는 무슨 일이 일어나고 있는지 완전히 파악하지는 못했다. 다만 극도의 긴장감, 생각이 꼬리를 물고 거듭되는 현상, 평범한 일들 심지어는 자기 이름을 말하는 일에서까지 자신감을 잃는 듯한 강렬한 증상을 호소할 뿐이었다. 이러한 정체성 위협의 효과는 물론 강렬했지만 이 경우에는 일시적 현상이었다.

그런데 만약 그 효과들이 테드에게 오랫동안 지속되었다고 가정해보자. 가령 삶의 목표를 달성하기 위해서는 정체성 위협을 느끼는 환경에서 삶의 대부분의 시간을 보내야 한다고 가정해보자. 아마 그는 어느 정도까지는 익숙해지고 대처하는 솜씨도 키울 것이다. 때로는 같은 정체성이라는 배를 탄 사람들과 결속할 수도 있을 것이다. 그러나 장기적으로는 결국 그 위협과 싸워야만 할 것이다. 얼마 지나지 않아 그의 건강이 악화되리라는 것은 쉽게 상상이 된다.

그럼에도 불구하고 현대의 존 헨리가 그렇게 했듯이 그는 아마도 기꺼이 그 싸움을 감수할 것이다. 경제적으로 안정되고 사회에서 성공해야 한다는 압박감이 너무 크기 때문이다. 오히려 감사의 마음으로 그러한 대가를 치를 공산이 크다. 당장의 필요와 목표는 눈에 잘 띄고, 그것을 추구하는 데 따르는 대가는 눈에 잘 띄지 않기 때문이다. 그러한 이유로 제임스의 실험에 참가한 사람들이나 테드는 자신이 건강 악화라는 대가를 지불하고 있다는 사실을 잘 파악하지 못하고 있다.[4]

그러한 대가를 최소화하려면 우리는 무엇이 정체성 위협을 약화하는지 알아야 한다. 이제부터 그것을 다룰 것이다.

4 정체성 위협의 압력과 그것의 점증적 영향이 아프리카계 미국인에게 지독히도 배타적이어서 극소수의 개인만이 성공한다고 말하려는 것은 아니다. 분명 세상에는 성공한 사람이 많고 개인에 대한 이러한 영향을 줄일 수 있는 요소도 많다. 이를테면 어떤 사람은 정체성 위협이 낮은 환경에서 지적 성취를 이룰 테고(앞으로 살펴보겠지만, 이런 일은 같은 정체성을 공유하는 사람들이 '임계 질량critical mass'에 이른 환경에서 발생한다), 어떤 사람은 그 고정관념에 관한 하나의 예외적 인물로 여겨져서 그러한 혜택을 즐기며 필요한 기술과 의욕을 키워나갈 것이다. 또 어떤 사람은 크게 성공해서 그 자체가 비발디의 선율을 휘파람으로 부는 듯한 효과를 내어 고정관념에 따른 판단을 모면할 테고, 어떤 사람은 피부색, 억양, 복장 등 개인의 특성 때문에 고정관념에 따른 판단을 모면할 것이다. 그리고 존 헨리처럼 최악의 조건에서도 정체성 위협을 극복하려고 노력하는 사람도 분명 있을 터다. 그러나 여기서 내가 의도한 바는 우리가 성공하기 위해서 무엇을 극복해야 하는지, 그에 따른 대가가 무엇인지 늘 인식해야 하는 것은 아님을 밝히는 일이다.

Chapter 8 고정관념 위협의 영향력: 신호의 역할

The Strength of Stereotype Threat: The Role of Cues

1

2003년 6월 23일, 미국 대법원은 소수자 우대 정책과 관련한 두 가지 소송 사건에 대해 판결을 내렸다. 피고인 미시간 대학교는 인종적 다양성을 목표로 하는 입학 정책에 따라 학부 과정(그라츠 대 볼린저 사건*Gratz v. Bollinger*)과 법학 전문 대학원(그러터 대 볼린저 사건*Grutter v. Bollinger*) 입학 지원자의 인종을 고려해 학생을 선발할 권리를 주장했다. 판결이 내려지기 몇 주 전부터 나는 이미 그 결과를 예상했다. 5월 13일에 미국 공영 라디오 방송 NPR의 〈모든 것을 고려해보자면All Things Considered〉이라는 프로그램에서 니나 토텐버그Nina Totenberg가 진행한 샌드라 데이 오코너Sandra Day O'Connor 판사의 인터뷰를 들었기 때문이다. 당시 두 사건에 대한 판결 모두에서 나머지 여덟 명의 대법원 판사는 반으로 갈리고 결국 오코너가 결정권을 쥐게 되리라고 점쳐졌다.

사실 그 인터뷰에서는 소수자 우대 정책은 전혀 언급되지 않았다.

중심 화제는 오코너가 막 출판한 회고록 《법의 존엄The Majesty of the Law》이었다. 그 회고록은 오코너가 애리조나 주에서 보낸 어린 시절부터 대법원 판사가 되기까지를 다룬 책이다. 토텐버그가 오코너에게 대법원의 유일한 여성 판사로서 임명 후 초기 몇 해를 어떻게 보냈는지 묻자 오코너는 '질식'할 것 같았다고 답했다. "무엇을 하더라도 압박감이 반드시 따라왔다"라고 했다. 또 판결을 내릴 때마다 "오코너 판사가 어떤 결정을 내렸느냐는 질문이 뒤따랐다"는 것이다. 그녀의 직책을 의문시하는 사람도 많았다. 오코너가 판사로서 적합한 인물인가? 여성주의 성향을 지니고 있지는 않은가? 여성주의에 무지하지는 않은가? 이런 식으로 사회 각 진영에서 그녀를 지나치게 하나하나 뜯어보았다.

토텐버그는 두 번째 질문을 던졌다. "긴스버그Ruth Bader Ginsburg(두 번째 여성 대법원 판사)가 대법원 판사로 임명되고 나서는 상황이 나아졌습니까?" 오코너는 대답했다. "상황이 완전히 달라졌습니다. 그녀가 대법원에 온 순간 압박감이 사라졌습니다. …… 정말 반가운 변화였지요." 운전하며 이 방송을 듣고 있던 나는 그 말을 듣는 순간 소수자 우대 정책과 관련된 소송이 어떤 결말을 맞을지 대번에 예감할 수 있었다. 왜냐하면 오코너의 말에서 그녀가 '임계 질량critical mass' 개념을 이해하고 있음을 엿보았기 때문이다. 임계 질량은 미시간 대학교가 소수자 우대 정책을 변호하며 내세운 근거이기도 했다.

임계 질량이란 학교나 직장 등 어떤 환경에서 소수자들의 수가 충분히 많아져서 소수자 개인이 더 이상 소수자라는 이유로 불편함을 느끼지 않는 지점을 말한다. 우리 용어로 표현한다면 더 이상 정체성 위협을 느끼지 않는 지점이다. 대법원에서 유일한 여성이던 시절 오코너 판사에게는 임계 질량이 없었다. 그녀는 법조계의 재키 로빈슨이 될 것을 강요받았고 지나친 감시와 스트레스에 시달렸다. 마침내 긴스버그가 대법원 판사로 임명되자 드디어 그녀는 임계 질량을 얻었다. 스트레스와 부담감은 수그러들었다. 변화는 심리적인 것 이상이었다. 그녀의 실질적 비상사태가 바뀌었다. 먼저 판결을 내릴 때마다 쇄도하던 언론의 인터뷰 요청이 줄었다. 판결과 관련해 '여성으로서의 관점'에 대해 질문받는 일도 줄었다. 더 이상 식당에까지 쫓아오는 사람도 없었다. 이제 그녀는 여성으로서의 경험과 관점을 공유할 수 있는 사람이 있는 환경에서 일하게 되었다. 그리고 고정관념에 따라 보이는 것에 대한 걱정을 덜 수 있었다.

그러다가 오코너가 은퇴하고 긴스버그가 대법원에 유일한 여성으로 남겨지자 이번에는 긴스버그가 임계 질량을 잃고 오코너가 초기에 경험한 비상사태를 겪기 시작했다. "막상 그녀가 떠나기 전까지는 그녀를 그토록 그리워하게 될 줄은 몰랐습니다." 긴스버그는 오코너의 은퇴를 두고 최근 이렇게 말했다. "우리는 여러 가지 중요한 사안에서 의견이 갈렸지만 여성으로서 자라온 경험을 공유했고 남성 동료에게는 없는 감수성이 있었습니다." 물론 그녀는 대법원이 여성 판사를 단지 '어쩌다 한 명씩 나타나는 흥미로운 대상, 정상적이지 않은 존재'로 여기기를 원하지 않았다. 오코너가 은퇴하자 긴스버그의 비상사태는 악화되었다. 그녀는 점점 '정상적 존재'에서 '비정상적 존재'가 되어갔다.

임계 질량은 엄밀하게 정의된 용어가 아니다. 구체적인 숫자로 나타내기 어렵기 때문이다. 예컨대 오코너는 대법원에 한 명의 여성이 더 들어온 것만으로도 임계 질량을 누렸다. 그러나 대학생들은 단 두 명의 소수 인종 학생을 임계 질량으로 여기지 않을 것이다. 이 두 가지 예에 무슨 차이가 있을까? 한 가지 가능한 대답은 소수자의 수가 충분히 많아야 소수자 각 개인의 비상사태가 완화된다는 것이다. 보통의 대학교에 단 두 명의 흑인 학생만 다닌다면 그 수가 너무 적어서 그 학교의 문화에 영향을 끼칠 수 없다. 가령 어떤 스타일이 유행하는지, 누가 학생회 회장이 될지, 고정관념화될 가능성이 얼마나 큰지 등에 말이다. 예를 들어 3만 6,000여 명이나 재학 중인 미시간 대학교에서 흑인 학생 단 100명이나 500명이 임계 질량에 도달할 만큼 충분한 수라고 할 수 있을까? 대법원에서는 전체 아홉 명 판사 중 한 명의 여성 판사가 추가로 임명됨으로써 오코너의 비상사태가 완전히 바뀌었지만 말이다.

하버드 대학교 조직심리학자 리처드 해크먼Richard Hackman과 그의 동료 유타 알멘딩어Jutta Allmendinger는 이 문제를 전 세계 교향악단의 여성 단원의 비율과 관련해 살펴보았다. 여성의 비율이 낮은(1~10퍼센트) 교향악단에서 여성은 긴스버그가 없는 대법원에서 오코너가 느꼈던 것과 거의 같은 감정을 느꼈다. 그들은 자신의 능력을 입증하고 훌륭한 남성 단원의 본보기에 따라야 한다는 강렬한 압박감을 느꼈다. 여성 단원의 비율이 20퍼센트 이상에 달하는 교향악단에서도 여성은 여전히 문제를 겪었다. 여성 단원이 극소수에 불과한 교향악단에 비하면 형편이 좀 나았지만 문제를 겪기는 마찬가지였다. 여성 단원의 비율이 40퍼센트에 이르러야 비로소 남녀 단원 모두 더욱 만족스럽게 활동했다.

결국 임계 질량에 관해 정확히 정의 내리기는 어렵다. 그러나 2003년에 라디오에서 그 인터뷰 방송을 들었을 때 나는 샌드라 데이 오코너가 임계 질량이 분명 실재하며 매우 중요하다는 사실을 인지하고 있음을 알 수 있었다. 그녀는 임계 질량이 존재하는 곳에서도, 없는 곳에서도 살아본 인물이었다.

오코너 판사는 아마 세상이 좀 더 단순하기를 바랐을 것이다. 우리 모두가 정체성에 관계없이 그저 한 명의 개인일 뿐이며, 특정한 학교나 장소가 모두에게 기본적으로 동일한 상황으로 느껴졌으면 좋겠다고 말이다. 대법원에서 유일한 여성으로서 일하는 것이 대법원에서 남성으로서 일하는 것과 다르지 않기를 바랐을 것이다. 또 그녀는 어떤 그룹의 정체성 비상사태를 인정하기보다는 엄격히 개인적인 관점만을 고려한 법률 해석을 선호했을 것이다. 결국 그녀는 개인주의로 유명한 서부에서 자란 사람이기도 했으니 말이다. 그러나 물론 그녀는 자신이 소수자로서 겪었던 특별한 경험을 잊지 않았고 결국 미시간 소송 사건에서 자기 경험에 따라 판결을 내렸다. 오코너가 캐스팅 보트를 쥐고 있던 이 사건에서, 미시간 대학교는 학부 사건에서는 (할당량을 지나치게 엄격하게 적용했다고 여겨져서) 졌지만 법학 전문 대학원 사건에서는 승소했다. 이로서 미시간 대학교는 계속해서 입학 전형에서 인종을 고려할 권리를 갖게 되었다. 이는 대법원이 소수 인종 학생이 대학교라는 환경에서 생활하고 공부하는 데 필수적 임계 질량을 고려했다는 뜻이다.

2

샌드라 데이 오코너는 대법원이라는 그녀에게 매우 중요한 의미를 지니는 장소에서 강렬한 정체성 위협을 겪었다. 이 장의 핵심 질문은 이것이다. 무엇이 정체성 위협을 느끼게 하며, 무엇이 한 개인이 정체성 위협을 느끼는 정도를 결정할까?

나는 심리학자로서의 기질에 따라 첫 번째 추측을 해보았다. 그것은 아마도 위협에 취약하게 만드는 심리적 특성이 아닐까? 자신감 결여, 차별받을 가능성에 대한 과민함, 좌절감을 잘 처리하지 못하는 미숙함 같은 것들 말이다. 그러나 우리의 초기 연구 결과는 다른 방향을 가리켰다. 정체성 위협에 가장 크게 영향을 받은 사람은 오히려 샌드라 데이 오코너, 긴스버그 같은 사람들, 그리고 자기 그룹에서 가장 뛰어난 성취를 이룬 소수 인종 학생과 여학생이었다. 따라서 만약 정체성 위협을 극복하는 데 여전히 더 큰 기량이 필요하다면 정체성 위협은 거의 극복할 수 없다고 말해도 좋다.

그다음에 우리는 '환경'의 역할을 탐색해보았다. 그것은 우리가 특정 환경에서 개인의 정체성에 수반되는 '비상사태'라는 개념에 도달한 방법이기도 했다. 그렇게 해서 우리는 그다음 개념에 도달할 수 있었다. 그것은 비상사태를 표시하는 '신호'라는 개념이다. 한 개인이 어떤 환경에서 정체성 위협을 느끼는 정도를 결정하는 것은 아마도 비상사태를 표시하는 그 환경에서의 신호일 것이다. 가령 오코너 판사의 경우에는 자신의 판결이 다른 판사들이 받는 관심에 비해 지나치게 주목을 많이 받는 것, 성별 고정관념에 의거한 질문을 받는 것 따위가 그 신호였다. 우리는 이를 작업가설(연구를 쉽게 진행하기 위해 내건 가설. 이 가설은 실험, 관찰, 조사로 검증해야 한다.- 옮긴이)로 삼았다. 정체성 위협을 느끼게 하는 것은 개인의 특성이라기보다는 어떤 환경에서 비상사태를 표시하는 신호라고 말이다.

이에 대해 생각하는 동안 우연히 어떤 경험을 통해 신호라는 개념을 아주 선명하게 이해할 수 있었다. 실리콘 밸리의 한 신생 기업을 방문했을 때였다. 나는 '나이'라는 신호는 어디에나 만연해 있음을 알 수 있었다. 그 기업의 CEO는 스물여덟 살이었고 다른 직원들은 모두 그보다 어렸다. 사무실 안 각자의 칸막이 공간에는 자전거 고리에 자전거가 걸려 있었다. 그리고 내가 한 번도 들어본 적이 없는 낯선 음악이 흐르고 있었다. 나는 갑자기 아주 나이 든 사람이 된 듯한 느낌이 들었다. 만약 그 회사의 직원이 된다면 어떤 기분을 느낄지 상상해보았다. 괴로워졌다. 그들은 아마 일반적 상황에서는 나이 든 사람에 대한 어떤 편견도 없을 것이다. 그러나 그 상황에서는 아마 고정관념을 갖고 나를 바라볼 것이다. '컴퓨터를 쓸 줄 모르는 연장자'로 말이다. 그들은 내게서 아무것도 기대하지 않을 테고 아마 아랫사람 대하듯 하거나 나의 기여도를 폄하할 것이다. 심지어는 나와 협업하다가 자기 지위가 위태로워질까 걱정할 테며, 카페테리아나 회의실에서도 내 옆자리에 앉으려 하지 않을 것이다. 회사에서 아무도 내게 그런 상황을 말하지 않더라도 나는 이 모든 비상사태를 떠올릴 수 있을 것이다. 칸막이 공간에 걸린 자전거, 낯선 음악이라는 그 신호들이면 비상사태를 떠올리기에 충분할 것이다.

'이러한 신호들—종종 악의 없이 자연스러워 보이는 신호들, 어떤 상황의 불가피한 구성 요소들—이 정체성 위협을 느끼는 정도를 결정할 수 있을까? 이것이 우리의 주요 연구 과제가 되었다.

만약 당신이 대법원의 오코너나 아프리카계 미국인 정치학 수업의 테드처럼 다른 정체성을 가진 사람들이 다수를 이룬 환경에 진입한다면, 일어날 수 있는 비상사태에 대해 바짝 경계하게 된다. 그렇다면 환경 그 자체의 특성 외에 또 어떤 관련 정보가 있을까? 근거로 삼을 만한 것이 더는 없는 경우가 많다. 신호들이 정체성 위협의 정도를 결정하는지 확인하기란 쉬운 일이 아니다. 어떤 특정 신호는 알아야 할 모든 것을 말해주기도 하지만, 반대로 아무것도 말해주지 않을 때도 있기 때문이다. 그러므로 연구자는 끊임없이 탐구해야 한다. 어떨 때는 그 의미를 살피기 위해 다수의 신호를 확인하면서 말이다. 오코너 판사는 판결을 내린 후 기자들에게 받은 부재중 자동 응답기의 메시지 수에서 자기 역할이 특별한 감시 아래 있다는 사실을 알 터다. 이는 대법원에서 그녀의 정체성 비상사태다. 또는 법정에서 변호사가 오직 남성 판사하고만 눈을 마주치며 이야기하는 모습을 보고 자기 성별이 법정에서의 자기 위상을 떨어뜨린다는 것을 알 수 있을 터다. 이것은 또 다른 비상사태다. 그녀는 이 모든 세부 사항이 무슨 뜻인지 정확히 알 수 없을 것이다. 그러나 점차 이것들을 자세히 살펴보게 될 것이다. 그것이 무엇인지 파악하기 위해 노력하면서 말이다.

우리는 하나의 단순한 원칙을 가정해보았다. 아직 정체가 파악되지는 않았지만 한 방향을 가리키는 신호들이 점점 증가한다면, 정체성 위협감을 느낄 가능성이 높다. 그러나 그러한 신호들이 희박하거나 무해한 방향을 가리킨다면 정체성 위협감은 생겨나지 않거나 사그라질 것이다. 그럴듯해 보이는 원칙이었다. 다음에 이어질 여러 장에서 나는 이 원칙이 정체성 위협을 완화하는 방법을 보여주는 데 유용하리라고 희망한다. 하지만 지금은 비상사태를 파악하는 나의 탐지 실력을 뽐낼 겸 신호의 주요한 유형을 몇 가지 들어 보이겠다.

우선 그 사람이 하찮은 존재로 무시당할 가능성과 관련되었다고 보이는 신호가 중요하다. 그리고 그런 신호 중에서도 가장 중요한 것은 어떤 환경에서 나와 동일한 정체성을 가진 다른 사람들의 숫자, 즉 '임계 질량 신호'다. 유명한 아프리카계 미국인 테니스 선수였던 아서 애시Arthur Ashe는 이렇게 말한 적이 있다. "다른 여러 흑인이 그러듯, 나 역시 낯선 상황에 처하면 세어본다. 항상 그렇게 한다. 그 자리에 있는 검은 얼굴의 숫자를 말이다. ……"(144쪽). 테드는 아프리카계 미국인 정치학 수업에서 자신과 같은 얼굴을 한 사람의 수를 셌다. 긴스버그도 대법원에서 그랬다. 사실상 누구나 그렇게 한다. 왜일까? 같은 정체성을 공유하는 사람이 충분히 많아서 그 정체성에 근거하여 하찮은 존재로 무시당하지 않을 수 있는지 확인하기 위해서다. 그것은임계 질량이 정확히 무엇이냐에 대한 하나의 정의가 될 수 있다. 적은 숫자는 나쁜 일이 일어날 가능성이 있다는 신호다. 잘 받아들여지지 않거나, 감정을 공유하는 동료가 없거나, 해당 환경에서 지위와 영향력을 갖지 못할 수 있는 가능성 말이다. 적은 숫자가 이러한 비상사태를 반드시 일으키지는 않지만 가능성은 높인다. 이럴 때 우리는 계속 머리를 굴리며 가능성을 가늠한다. 아프리카계 미국인 수업에서 고작 두 명의 백인 중 하나였던 테드는 그 가능성을 항상 진이 빠지도록 경계할 수밖에 없었다.

다른 신호 역시 하찮은 존재로 무시당할 가능성을 알려준다. 가령 어떤 환경에서 여러분과 같은 정체성을 가진 사람 중에 영향력 있는 사람이 한 명도 없다면 그것은 여러분에게 어떤 신호가 된다. 아마도 여러분의 포부는 그 지점에서 한풀 꺾일 것이다. 그리고 아마도 여러분은 그다지 중요하지 않은 역할을 하도록 강요받을 것이다. 과거 힐러리 클린턴과 버락 오바마의 대통령 선거 출마가 중요한 의미가 있는 이유는 그 덕분에 여성과 흑인이라는 두 가지 정체성을 가진 사람들이 정치적으로 주류에 편입할 수 있었기 때문이다. 이제 미국은 더 이상 이러한 정체성을 갖고 있다는 이유로 국가 최고 지도자가 될 수 없는 사회가 아니다.

또한 비상사태를 탐색하다 보면 어떤 환경이 정체성에 따라 어떻게 구성되어 있는지 알아챌 수 있다. 가령 학교 구내식당에서 사람들은 인종에 따라 따로 자리에 앉는가? 사회적 계급에 따라서 친구 관계가 형성되는가? 남성 교수는 여성 교수보다 월급을 더 많이 받는가? 학교장은 대부분 남성인가? 가정이 부유한 정도에 따라 원하는 목적을 이루는 데 도움이 되는 자원, 가령 대학 입학 준비 방법에 대한 정보 등을 얻을 수 있는 정도가 달라지는가?

그리고 해당 환경이 얼마나 관용적인가에 관한 신호가 있다. 학교가 개인의 교육에서 다양한 그룹의 사람과 어울리는 경험을 필수로 여기는가 아니면 중요하지 않게 여기는가? 학교 방침은 합의를 바탕으로 했는가, 아니면 그 방침에 의견 차이가 있는가? 이런 질문에 대한 대답이 바로 비상사태 신호이며, 그 신호를 통해 그 환경에서 어떤 상황을 다뤄야만 할지 알 수 있다.

그리고 물론 편견을 나타내는 신호들이 있다. 해당 환경에서 편견은 일상적이고 자연스럽게 표출되는가? 나의 직장에서 몇몇 그룹은 무시당하는가? 서로 다른 그룹에 속한 사람들은 자기 그룹을 기반으로 서로 경쟁하는가?

정체성 비상사태가 있는지 없는지 알아내는 일과 관련해 몇 가지 규칙은 기억해둘 만큼 중요하다. 첫째, 다른 정체성이 다수를 차지한 환경에 진입하지 않는 이상 아마 비상사태를 탐지하지는 못할 것이다. 이 규칙에 몇 가지 예외가 있을 수는 있다. 예를 들어 모두가 소수자로 구성된 학교에서 소수 인종 학생은 그런 학교의 구성을 사회가 자신을 평가절하한다는 신호로 해석할지도 모른다. 그러나 대개 그것은 정체성 통합 활동이다.

둘째, 비상사태를 탐지하는 일이 전부 편견을 감지하는 일은 아니다. 모든 정체성 위협이 편견을 가진 사람에게서만 나오지는 않는다. 대법원에 긴스버그가 임명되기 전의 오코너를 떠올려보자. 그녀가 다뤄야 했던 비상사태의 대부분은 동료 판사의 편견과는 거의 무관했다. 그들 가운데 몇은 편견이 있을 수도 있겠지만 그녀가 겪어야 했던 문제는 그것을 훨씬 넘어서는 것이었다. 남성의 감성과 준거로 지배되고 여성의 관점에는 민감하지 않은 법정, 미국 사회와 법조계에 만연한 여성에 관한 부정적 고정관념과 그 고정관념으로 평가받는 현상, 법정의 유일한 여성이라는 사실 때문에 판결마다 여성을 대변하는 유일한 사람이 되어야 했던 일 등등. 오코너는 대법원에서 함께 일한 사람 중에서 성 차별주의자가 한 사람도 없었더라도 이러한 일들과 싸워야만 했을 것이다.

슬프지만 사실이다. 정체성 위협은 단지 편견만의 위협이 아니라 여러 비상사태의 위협이다.

3

우리가 그랬듯 여러분도 의문을 품게 되었을 것이다. 어떤 환경에서 나타나는 몇 가지 신호가 정말로 개인의 소속감을 떨어뜨릴까? 사람들은 자신이 처한 사회적 환경의 조건에 스스로를 끼워 맞추며 살아야 할까? 우리의 일시적 신호의 영향에 관한 아이디어는 설득력이 있어 보였다. 그것을 경험 연구로 확인할 수 있을까?

이러한 아이디어를 발전키면서 나는 주로 밸러리 퍼디본스Valerie Purdie-Vaughns, 메리 머피Mary Murphy와 함께 작업했다. 비록 밸러리는 뉴욕 출신의 아프리카계 미국인이고 메리는 텍사스 주 출신의 라틴계 미국인으로서, 성장 배경이 다르지만 재능은 같았다. 둘 다 심리학적 통찰력이 뛰어났고, 개인의 사회적 정체성이 직장과 학교에서 개인의 일상적 경험에 어떤 영향을 끼치는지에 관한 문제에 매료돼 있었다. 열정적이고 명석한 캐나다 워털루 대학교 출신 박사 후 연구원 폴 데이비스Paul Davies(현재 킬로나 소재의 브리티시컬럼비아 대학교 교수), 정체성이 교육적 경험에 어떻게 영향을 끼치는지에 큰 관심을 기울이는 젊은 사회심리학자 제니퍼 랜들 크로스비Jennifer Randall Crosby도 때로 우리 연구에 동참했다. 우리 연구팀은 "누구도 홀로 고립된 섬이 아니다"라고 명명한 이 문제를 매우 열정적으로 탐구했다. 어떤 환경에서의 소속감이 정체성 비상사태를 애매모호하게 나타낼

뿐인 그 환경의 부수적 신호들, 이를테면 사무실 칸막이에 걸린 자전거, 기자들이 부재중 자동 응답기에 남긴 메시지, 아프리카계 미국인 정치학 수업에서 단 두 명의 백인 중 한 명이라는 사실 등에 영향을 받을 수 있을까? 우리는 그러리라 직감했지만, 동시에 인간이 그러한 신호의 영향력을 쉽게 극복할 수 있다고 가정하는 것이 합리적이라는 사실도 알고 있었다. 만약 극복하기를 원한다면, 그리고 그 환경이 그들에게 중요한 의미가 있다면 말이다.

우리는 새로운 연구 결과를 검토한 후 직감을 더욱 믿게 되었다. 마이클 인즐리히트Michael Inzlicht와 아비 벤지브Avi Ben-Zeev는 여성들을 세 집단으로 나누어 어려운 수학 시험 문제를 치르게 하는 연구를 했다. 남성이 한 명도 없는 집단의 여성은 한 명의 남성이 있는 집단의 여성들보다 시험을 더 잘 보았다. 그리고 각 집단의 여성 숫자가 줄어들수록—부수적이고 애매모호한 신호—그들의 점수도 낮아졌다. 이 여성들은 '홀로 고립된 섬'이 아니었던 것이다. 그들은 아마도 어린 시절부터 극복해야 한다고 배워왔을 어떤 배경적 신호에 영향을 받았을 것이다.

우리 연구팀의 폴 데이비스는 스티븐 스펜서와 함께 신호의 영향력을 입증하는 또 다른 연구 결과를 발표했다. 그들은 남녀 대학생들에게 매체 연구라고 소개하면서 여섯 개의 텔레비전 광고를 보여주었다. 학생 중 절반은 전형적 성별 고정관념에 따라 묘사된 여성들, 가령 대학교 캠퍼스에서 연이은 파티 생활을 즐기는 여학생이 그런 생활을 자랑하는 모습이 나오는 광고 두 개를 보았고, 나머지 절반은 성별과 무관한 내용의 광고를 보았다. 광고를 다 보고 나면 각각의 학생은 복도를 가로질러 전혀 다른 연구가 진행된다고 알려진 장소로 갔는데, 거기서 그들이 원하는 만큼 언어와 수학 문제를 풀면 되었다. 결과는 뚜렷했다. 광고에서 여성과 관련된 고정관념 이미지를 본 여학생들은 그렇지 않은 여학생들보다 더 적은 문제를 풀기로 했고, 그 문제들을 잘 풀지도 못했으며, 수학 관련 전공에 관심이 높지 않다고 말했다. 부수적이고 일시적 신호가 그들의 수학 성적에 영향을 끼쳤을 뿐 아니라 수학 관련 전공과 직업에 대한 관심도까지 낮추었다.

이 실험 결과를 나는 실제 삶에 얼마나 잘 일반화할 수 있을지 궁금했다. 분명히 그런 일시적 신호들은 별로 심각하지 않은 단발적 효력만 미칠 것이다. 그러나 곧 나는 긴스버그가 임명되기 전의 대법원에서 일하던 오코너, 아프리카계 미국인 정치학 수업의 테드, 컴퓨터공학 수업의 어느 여성에게 그런 것처럼 실제 삶의 상황에서 신호들은 일시적이지 않으며 계속 발생하는 요소라는 점을 기억해냈다. 따라서 그것들은 심각하고 지속적인 효과를 낳을지도 모른다. 우리는 '고립된 섬'이 아니다. 다시 말해 우리의 삶을 형성하는 선택과 중요한 성과는 처한 환경의 일시적 요소들로 영향을 받을 수 있다. 우리가 그런 요소들을 거의 인지하지 못하고 있을 때조차 말이다.

우리는 이러한 신호와 신호가 낳는 위협이 성과를 손상시키며 심지어는 그와 관련된 진로에 대한 관심을 떨어뜨릴 수 있다는 증거를 얻었다. 그러나 일시적 신호들이 실제로 소속감을 떨어뜨린다는, 또는 그 환경을 신뢰할 수 없다고 느끼게 한다는 직접적 증거는 아직 확보하지 못했다. 정말 그럴까?

밸러리 퍼디본스와 나는 이를 확인할 간단한 실험을 구상했다. 어느 실리콘 밸리 회사의 사보를 흉내 낸 가짜 사보를 만들었다. 그다음 백인과 흑인에게 건네주고 다 읽게 한 뒤 그러한 회사에 얼마나 소속감을 느끼는지, 그 회사를 얼마나 신뢰할 수 있는지 물었다. 회사의 일시적 특성(짐작컨대 그 회사에서 일어날 수 있는 정체성 비상사태를 나타내는)이 사람들의 소속감과 신뢰감에 얼마나 영향을 끼치는지 알기 위해서 우리는 몇 가지 다른 사보를 꾸몄다.

사보 몇 개에는 그 회사의 소수 인종(흑인, 라틴계, 아시아인)으로 구성된 적은 숫자의 구성원을 묘사한 일상적 사진이 들어 있었다. 다른 사보들에는 그 회사에 있는 다수의 소수 인종들을 묘사한 사진이 들어 있었다. 그리고 우리는 또 다른 신호, 즉 회사의 공식적 다양성 정책이 끼치는 영향에 대해서도 확인하고 싶었다. 그래서 몇몇 사보에 그 회사가 '인종을 가리지 않는color-blindness' 정책을 강력히 따른다고 언급된 저명한 매체의 기사를 넣었다. 기사에 따르면 그 정책은 전체 직원들의 복지를 장려하는 것이었다. 그리고 일부 다른 사보에는 그 회사가 '다양성 존중valuing diversity'이라는 정책을 강력히 따른다고 언급된 저명한 매체의 기사를 실었다. 기사에 따르면 그 정책은 서로 다른 성장 배경을 가진 사람들의 다양한 관점을 소중하게 여기는 것이었다.

그 실험은 간단했을 뿐만 아니라 어디에서나 실행할 수 있었다. 우리는 교내 학생들에게는 물론이고 구내식당에 있는 경영 대학 학생들, 금요일 친목회에 참석한 흑인 직장인들, 팔로알토와 샌프란시스코 사이를 오가는 통근 열차 승객들에게까지 사보를 건넸다. 우리는 그들 모두에게서 회사에 얼마나 많은 소속감을 느끼는지와 그 회사를 얼마나 많이 신뢰하는지에 미치는 두 가지 신호, 즉 소수 인종의 임계 질량과 다양성 정책의 효과를 검사했다.

결과는 모든 표본에서 뚜렷하게 나타났다. 백인 응답자(사보에서 주요 그룹으로 묘사된)들은 그 사보가 어떤 내용을 담고 있든 소속감을 느꼈고 회사를 신뢰했다. 그 회사에 소수 인종이 적든 보통이든(우리가 묘사한 최대 소수 인종 비율은 33퍼센트였다), 회사가 '인종을 가리지 않는' 정책을 펼치든 '다양성 존중' 정책을 펼치든 상관없었다. 다수라는 지위는 어디에서나 소속감을 주었다.

그러나 흑인 응답자들은 아서 애시처럼 행동했다. 그들은 숫자를 셌다. 회사에 소수 인종 사람이 어느 정도 있는 것으로 묘사되었을 때는 백인 응답자만큼 그 회사를 신뢰했고 소속감을 느꼈다. 그 회사의 다양성 정책과는 상관없었다. 임계 질량이 그들의 경계심을 풀어놓은 것이다.

그러나 회사에 소수 인종 사람이 적게 묘사되었을 때는 흑인의 신뢰와 소속감은 불확정적이었다. 이때는 다양성 정책이 중요한 요소로 떠올랐다. 흥미롭게도 미국 사회의 보편적 접근법인 '인종을 가리지 않는' 정책은 더 낮은 신뢰감과 소속감으로 나타났다. 즉 흑인은 소수 인종 사람의 수가 적을 때는 이 정책을 곧이곧대로 믿지 못하는 듯했다. 그러나 여기서 중요한 점은 그들이 '다양성 존중' 정책을 옹호한 회사는 불신하지 않았다는 점이다. 그러한 정책을 앞세운 회사라면 소수 인종 사람이 적더라도 신뢰했으며 소속감을 느꼈다. 여기서 실제로 알 수 있는 사실은 다양성에 대한 접근법과 임계 질량이라는 두 가지 요소가 소수 인종 정체성을 가진 사람들이 더 편안함을 느끼게 하는 데 어느 정도 기여한다는 점이다.

이 실험 결과는 또한 더욱 일반적 현상을 밝혔다. 사람들이 정체성 위협을 따질 때 하나의 신호가 다른 신호의 해석에 영향을 끼친다는 점이다. 다양성 존중을 뚜렷하게 명시한 정책은 흑인 응답자에게 회사 내 소수 인종 사람의 수가 적다는 사실을 간과하게 만들었다. 그렇지 않았을 때는 상당히 그들을 걱정시켰던 그 신호를 말이다. 또한 회사 내 소수 인종 사람의 숫자가 비교적 많았을 때는 '인종을 가리지 않는' 정책에 관한 걱정을 간과시켰다. 이렇듯 하나의 신호의 의미는 다른 신호의 존재에 따라 결정된다.

결국 문제 해결의 원리는 아마 다음과 같다. 만약 어떤 환경에서 적절한 신호 때문에 어떤 그룹의 구성원이 '정체성 안전'을 느낀다면, 그런 신호가 없을 때는 위협적으로 느낄 다른 신호들도 그 영향력을 발휘하지 못한다. 긴스버그가 대법원 판사로 임명되었을 때 오코너에게 정체성 위협을 느끼게 했던 대법원의 여러 가지 신호, 가령 남성 위주의 법정 문화, 과거 법정의 모든 판사가 남성이었다는 역사적 사실, 여성의 판결 능력에 대한 사회의 의혹 등은 여전히 존재했다. 그러나 오코너는 충분한 정체성 안전, 즉 중대한 정체성 비상사태의 충분한 변화를 느끼게 되었고 다른 신호들 때문에 이전처럼 힘들어하지 않아도 되었다. 그녀는 더 안전해졌다고 느꼈다.

밸러리와 나의 사보 실험은 하나의 가능성을 열었다. 정체성 위협에서 안전한 환경을 만들기 위해 아마도 잠재하는 모든 정체성을 위협하는 신호를 제거할 필요는 없으리라는 가능성 말이다. 아마 몇 가지 결정적 사항만 바꿔도 다른 신호들의 위협이 완화되어 정체성 위협에서 안전한 환경을 만들 수 있을 것이다. 다음 장에서는 이 문제를 자세히 살펴볼 예정이다.

그러나 이를 알아보기 전에 메리 머피는 이러한 신호들의 영향을 더 깊게 살펴보고 싶어 했다. 그녀는 애초에 몸과 마음의 관계, 심리적 작용과 생리적 작용의 연관성에 관심을 품고 우리 연구실에 합류했다. '정체성 위협에 따른 **생리적** 대가는 무엇인가?'라는 그녀의 의문은 셔먼 제임스의 의문과 닮아 있었다. 샌드라 데이 오코너와 테드는 신호가 불러일으킨 위협을 견디는 동안 신체 변화를 겪었을까? 밸러리와 내가 진행했던 실험 속 신호들처럼 일시적 신호가 정말로 생리적 효과를 일으킬까? 즉 심장 박동을 빠르게 하고, 혈압을 높이며, 땀을 유발할까? 우리는 이미 시험을 치르는 동안 경험하는 고정관념 위협이 그러한 효과를 낸다는 사실을 알고 있었다. 그러나 시험은 매우 극단적 환경이었다. 메리는 평범하고 일상적 환경에서 나타나는 정체성 위협의 생리적 대가를 알고 싶어 했다. 가령 내가 정말로 실리콘 밸리의 한 신생 기업에 근무하게 된다면 사무실 칸막이에 걸린 자전거가 내게 **생리적으로** 영향을 끼칠까? 테드는 아프리카계 미국인 정치학 수업이 열리는 강의실에 앉아 있는 동안 생리적 변화를 겪었을까?

우리는 다른 사람의 도움이 필요했다. 메리는 같은 건물 위층으로 올라가 인간 감정의 심리학과 생리학 분야의 주요한 연구자인 제임스 그로스James Gross에게 프로젝트에 동참해달라고 부탁했다. 그는 매우 바쁜 사람이었지만 고맙게도 수락해주었다. 그에게 우리의 핵심 질문을 알려주었다. 일시적 신호들, 아마 위협적인 정체성 비상사태를 암시하겠지만 동시에 완전히 일시적 신호들은 정말 생리적으로 영향을 끼칠까? 여기에 다른 질문을 추가했다. 이러한 신호들 때문에 사람은 자신이 처한 환경에서 더욱 경계하고 조심하게 될까?

우리는 환경의 일시적 특징, 가령 남성과 여성의 숫자, 자신이 앉은 자리, 출입문의 위치 등에 대한 사람들의 기억력을 확인함으로써 경계심의 정도를 확인하기로 했다. 경계심이 더 큰 사람일수록 그런 특징을 더 많이 기억할 터였다.

스탠퍼드 대학교의 남녀 수학, 과학 전공자들을 실험실로 한 명씩 불렀다. 겉으로 내세운 목적은 여름에 열릴 수학, 과학, 공학 리더십 컨퍼런스를 홍보하는 영상을 평가하도록 하는 것이었다. 우리는 그 영상에 대한 그들의 생리적 반응에도 관심이 있다고 설명한 후 영상을 보는 동안 감지기를 손목에 부착해달라고 부탁했다. 영상에는 지난해 여름 컨퍼런스에서 찍힌 사진들이 나타났다. 일부 참가자는 여성 한 명당 한 명의 남성으로 이뤄진 사진이 담긴 '균형 잡힌' 영상을 보았고, 나머지는 여성 한 명당 세 명의 남성으로 이뤄진 사진이 담긴 '불균형한' 영상을 보았다. 그 신호가 여학생들에게 정체성 위협을 느끼게 하리라고 추측했다. 영상이 끝난 뒤에는 설문을 통해 모든 참가자의 영상과 실험실의 일시적 특징에 대한 기억력을 측정했다.

어떤 결과가 나타났을까? 남학생들은 별다른 반응을 보이지 않았다. 그들은 영상을 보고도 남녀 성비에 따라 서로 다른 생리적 변화를 일으키지 않았다. 그들은 내내 침착한 상태를 유지했다. 영상 내용이나 실험실의 일시적 특징도 거의 기억하지 못했다. 반면 1 대 3의 남녀 성비가 나타난 영상을 본 여학생들은 달랐다. 1 대 1 성비, 즉 균형 잡힌 영상을 본 남녀 학생들과 비교해 그들의 심장 박동 수, 혈압, 땀을 흘리는 정도가 급격히 변했다. 그리고 영상 내용과 실험실 환경의 일시적 특징을 더 많이 기억했다. 단순한 남녀 성비 차이의 변화만으로도 그들의 생리적 반응, 경계하고 조심하는 정도, 궁극적으로는 기억력에까지 크게 영향을 끼쳤다.

오코너와 긴스버그는 아마 깨닫지 못했겠지만, 대법원에서 각자 혼자서 활동하는 기간 동안 추가로 생리적 부담을 졌을 가능성이 높다. 즉 정체성 위협과 관련해 경계하고 조심하느라 보이지 않는 대가를 치렀을 가능성이 높다. 나와 메리가 발견한 것은 이런 일이 매우 일상적 환경에서 아주 쉽게 일어난다는 점이다. 만약 여러분이 여성이 아니라면 이 실험에서 1 대 3 성비 영상과 1 대 1 성비 영상 간의 차이를 거의 알아채지 못할 터다. 그러나 1 대 3 성비 영상을 본 여성 참가자들은 맥박이 빨라졌고 스트레스를 받았으며, 영상 내용과 실험실 환경에서 수학, 과학, 공학 분야의 여성으로서 다뤄야 하는 것들을 암시하는 신호를 샅샅이 뒤졌다.

메리와 나는 다른 유사 실험들을 또 진행했다. 그 실험들의 결과 역시 일시적 신호들이 정체성 위협을 가한다는 사실을 보여주었다. 그리고 신호들은 정체성 때문에 해당 상황에서 다뤄야 할지 모를 나쁜 일을 걱정하게 만듦으로써 그런 위협을 가한다는 것을 알 수 있었다. 중요한 점은 밸러리와 내가 이전에 얻었던 낙관적 실험 결과를 다시 얻었다는 점이다. 정체성 안전을 암시하는 신호들은 다른 신호들이 여전히 존재하더라도 종종 참가자들의 정체성 위협을 누그러뜨린다는 결과 말이다.

나는 밸러리, 메리와 함께 무엇이 정체성 위협의 효과를 결정하는지를 찾는 이 연구를 시작했다. 그리고 우리는 답을 찾은 듯했다. 그것은 바로 나쁜 정체성 비상사태를 암시하는 환경의 신호, 특징이다. 그런 신호가 많을수록 그것들은 더 나쁜 위협의 전조가 되고 우리는 정체성 위협을 더 많이 느낀다. 샌드라 데이 오코너의 대법원 임기 초반은 이런 신호로 가득 차 있었다. 성차별적 발언이나 동료들의 공공연한 편견이 문제가 아니었다. 단지 그녀의 정체성을 바탕으로 한 비상사태를 암시하는 법정의 일상적 특징과 맥락, 즉 부족한 여성용 화장실부터 기자들에게 받는 편견 어린 질문까지 모든 것이 그러한 신호였다.[5]

우리는 하나의 가능성 있는 해답을 얻었다. 나는 그것이 마음에 들었다. 그 해답에 따르면 신호와 비상사태를 적어도 때에 따라 바꿀 수 있다는 의미가 되기 때문이다. 우리는 신호들을 찾아서 그것들에 대해 생각하는 방식을 바꿀 수 있다. 만약 정체성 위협이 개인의 내면적인 심리 특성에서 비롯된다면 바로잡기 더욱 어려울 터다. 그러나 환경은 적어도 때에 따라 바뀐다. 또한 환경이 위협적이라고 여겨

5 소수 인종 학생들의 교육과 관련해 이 추론을 설명하자면, 정체성 위협 신호가 적은(임계 질량, 성공으로 가는 다양한 경로, 상당수의 소수 인종 출신 지도자 등) 학교나 대학보다 정체성 위협 신호가 더 많은(적은 수의 소수 인종 학생, 지나친 엘리트 중심의 학업 분위기, 극소수의 소수 인종 출신 교직원 등) 학교나 대학에서 소수 인종 학생에 대한 고정관념 위협이 더 많이 존재할 것이다.

지는 정도도 바뀐다. 나는 우리가 찾고 있는 답이 마음에 들었다. 그것은 중요한 장소에서 어떻게 정체성 위협과 그것의 부작용이 누그러질 수 있는지 통찰력을 제공해주었다. 개선 방안을 생각해볼 수 있도록 단서를 제공해준 것이다. 그 단서는 환경과 그 환경이 어떻게 받아들여지는지—환경의 결정적 특징, 아프리카계 미국인 코미디언 버트 윌리엄스가 말한 '불편함'—집중해서 살펴보라고 일러주었다.

나는 실제 삶의 환경에서 정체성 위협을 완화할 가능성을 본 듯했다. 그리고 그 가능성이 단순히 가능성으로만 남지 않기를 진심으로 바랐다. 그것을 확인하는 것이 우리의 다음 도전 과제였다.

Chapter 9 고정관념 위협과 새로운 희망

Reducing Identity and Stereotype Threat: A New Hope

1

나는 1967년 가을 콜럼버스에 있는 오하이오 주립 대학교에서 사회심리학 박사 과정을 시작했다. 사실 어떤 위협감도 느끼지 않고 석박사 과정을 시작하는 사람은 없다. 그러면서도 가끔씩 허세를 표출하기도 하지만 말이다. 성공하고 싶은 세계에서, 그것도 평가받아야 하는 호락호락하지 않은 세계에서 '햇병아리'가 되면 누구나 소속의 증거가 돼줄 유효한 신호를 찾아 헤맨다. 누구나 그렇다. 그러나 당시는 고등 교육 기관에서 인종적 통합이 보편적이지 않은 시절이었고 나는 심리학과 대학원생 100여 명 가운데 단 두어 명의 흑인 중 한 명이었기 때문에 다른 학생들보다 추가로 더 걱정할 수밖에 없었다.

과연 내가 그런 장소에 잘 어울리는 사람이었을까? 여느 대학원 프로그램이 그렇듯 내가 참여하는 프로그램도 학생의 뛰어남을 강조했다. 격려받는 느낌이었다. 그런데 유일한 흑인이라는 나의 입장에서 보았을 때 그 프로그램은 '백인 전용' 프로그램이나 마찬가지였다. 그에 따라 백인 학자가 된다는 것의 일부 부수적 특징, 가령 간편한 캐주얼 차림 선호, 유럽적인 모든 것에 대한 사랑, 드라이 와인에 대한 선호, 흑인의 삶이나 대중문화에 대한 얕은 지식 등은 암묵적으로 뛰어남과 관련되었다. 뛰어남은 하나의 정체성을 갖는 것으로 보였다. 그것은 내게는 전혀 없었던 정체성이었으며, 나는 그 정체성을 가질 수 없다는 사실에 불안해졌다. 어쩌면 그들과 닮기 위해 얼마간 노력할 수도 있었겠지만 그런 겉치레는 곧 효력을 잃으리라 확신했다. 내 생각에 많은 대학원생이 '전문가 문화'에 동화되기 위해 노력하면서 이러한 '사기꾼 증후군imposter syndrome'(유능하게 자기 일을 처리하는 사람이 자신은 무능하다고, 즉 사기꾼이라고 생각하는 증상.-옮긴이)의 한 형태를 겪는 듯하다. 그러나 정체성에서의 다름이 인종과 관련되었을 때는 이런 종류의 동화는 거의 불가능하다.

나는 심술궂은 형태의 또 다른 정체성 위협도 느꼈다. 대학원은 지적 능력이 인간의 가장 소중한 특성으로 여겨지는 곳이다. 그러나 내게는 소용없는 일이었다. 지적 능력은 미국 사회에서 내가 속한 그룹이 부족하다고 고정관념화된 바로 그 특성이었기 때문이다. 그리고 심리학은 상처에 앉은 딱지를 긁는 아이처럼 끊임없이 흑인과 백인이 유전적으로 똑같은 지적 능력이 있는지 의문을 제기한다. 그 무렵 아서 젠슨Arthur Jensen이 〈지능 지수와 학문적 성취를 얼마나 끌어올릴 수 있는가?〉라는 논문에서 그런 의문을 제기했고, 나중에는 리처드 헤른스타인Richard Herrnstein과 찰스 머레이Charles Murray가 《종형 곡선The Bell Curve》이라는 책에서 그렇게 했다. 심리학은 잊을 만하면 이 문제를 제기한다. 그리고 나는 의문시되는 문제의 그룹에 속한 한 표본으로서 그곳에 있었다.

그러니 그곳에서 자연스럽게 행동해도 망신당하지 않으리라 믿기 어려웠다. 조심스럽게 굴지 않으면 내가 속한 그룹에 관한 고정관념에 따라 보이거나 아니면 그 분야에서 뛰어난 사람들에 관한 긍정적 고정관념에 부합해 보이지 않을 터였다. 그것은 어려운 시험에만 국한되는 압박감이 아닌 언제 어디에서나 느껴지는 압박감이었다. 강의실에서, 대화를 하면서, 미식축구 경기를 보며 빈둥거리면서도 그 압박감을 느꼈다. 특히 교수와 함께 있는 자리에서는 더욱 그랬다. 소풍 같은 비공식적 자리에서도 그랬다. 나는 수업 중에 질문한 적도 없다. 아프리카계 미국인 정치학 수업을 듣는 테드처럼 느꼈던 것이다. 물론 테드는 단 하나의 수업에서만 그런 압박감을 느꼈다는 점에서 나와 다르기는 했다. 한번은 세미나 도중 문득 내 손에 눈길이 갔다. 이 손의 짙은 검은색은 대체 무엇을 뜻할까? 아무것도 뜻하지 않을까? 아니면 그 모든 것을 뜻할까?

이런 압박감이 내 주변 사람들에 대한 반감에서 나오지 않았다는 점을 분명히 해두어야겠다. 콜럼버스는 대학의 도시이고 그곳에서 공부하는 학생들은 친절했다. 일반적으로 학생들은 서로를 응원했다. 나로서도 상황을 위협적이지 않은 방식으로 해석하려고 안간힘을 썼다. 그러나 그 시절에는 끊임없이 모든 상황을 관찰하고 파악해야 했다. 그만큼 통합은 어려운 일이었다.

당시에 나는 특별한 견해narrative가 없었다. 그 상황에 대한 내 나름대로의 관념 말이다. 사실 쓸 만한 것이 없지는 않았다. 그중에는 "남보다 두 배 더 노력하고 다른 사람이 어떤 생각을 하든 신경 쓰지 말라"라는 견해, 끈기와 인내에 관한 견해, "자신을 믿어라"라는 견해 등이 있었다. 나는 그 모든 것 중에서 선택했다. 그러나 불안감을 줄이기 위해서는 정말 더 안전하다고 느끼게 해줄 견해가 필요했다.

이런 견해는 우연한 기회에 생기기도 한다. 그리고 실제로 나와 같은 곤경에 처한 사람들에게 도움이 된다는 증거도 있었다. 그러나 먼저 좀 더 기본적인 의문을 해소해야 했다. 정체성 위협이 그토록 중요하게 작용할까? 정체성 위협은 그룹의 낮은 성과의 주요 원인일까 아니면 사소한 원인일 뿐일까? 그것을 어떻게 완화할 수 있는지 깊이 생각하기 전 우리는 그것을 완화하는 일이 과연 얼마나 중요한지부터 알아야 했다.

2

빌 보웬Bill Bowen은 매우 정력적인 사람이다. 미국 중서부에서 태어나 경제학을 공부한 그는 서른아홉 살이던 1972년에 프린스턴 대학교 교수에서 총장으로 임명되었다. 성공적으로 총장직을 수행했고, 1988년 프린스턴 대학교를 떠난 후에는 미국의 고등 교육과 예술, 인문학에 크게 공헌하는 앤드루멜론 재단의 대표 이사가 되었다. 대표 이사로서 보웬은 확고한 신념을 내세우며 두각을 나타냈다. 고등 교육 기관은 가능한 한 경험 연구 결과에 근거해 주요 정책을 발행해야 한다는 신념이었다. 그는 경험 연구를 통해 이런 의문들에 대한 답을 찾아야 한다고 주장했다. 학생의 어떤 배경 요소가 대학에서 높은 성적을 올리게 하는가? 그 요소들은 소수 인종과 저소득층 학생에게도 똑같이 적용되는가? 인종에 따른 대입 차별 철폐 조치의 수혜자들은 졸업 후 사회에 얼마나 기여하는가? 보웬은 앞장서 이런 쟁점에 관해 유용한 경험 연구를 할 수 있다고 입증해 보였다.

그는 손꼽히는 여러 대학교가 이 연구에 필요한 데이터를 제공하도록 하는 설득력과 지위도 갖고 있었다. 앤드루멜론 재단의 후원을 받아 그는 직접 연구에 나섰다. 미국 유수의 대학교에 다니는 세 집단의 학생 28명을 대학생 시절부터 40대가 될 때까지 지켜보는 연구였다. 그들은 1951년, 1976년, 1987년 졸업생들이었다. 연구 데이터를 바탕으로 보웬과 하버드 대학교 전임 총장이던 데렉 복Derek Bok은 《강의 형성The Shape of the River》이라는 책에서 이렇게 발표했다. 차별 철폐 조치에 따라 대학교에 입학한 학생들은 대학교에서 '상류'(성적 상위권)에서 어려움을 겪더라도 세월이 지났을 때는 종종 '하류'(성적 하위권)보다 평균적으로 사회에 더 많이 기여했다고 말이다.

그 기간 동안 앤드루멜론 재단은 유수의 대학교에 다니는 학생들의 경험에 대한 또 다른 연구를 후원했다. 사회학자 스티븐 콜Stephen Cole과 엘리너 바버Elinor Barber가 수행한 연구였다. 보웬과 복의 연구, 콜과 바버의 연구는 모두 소수 인종 학생의 뚜렷한 낮은 성과 현상을 발견했다. 그것은 내가 아주 오래전 소수 인종 학생들을 돕는 미시간 대학교의 위원회에서 일하며 목격한 것과 같은 현상이었다. 그런 현상은 명백히 미시간 대학교만의 문제가 아니었다. 그러나 여기서 더욱 중요한 점은 두 연구팀 모두 고정관념 위협을 그러한 현상의 한 원인으로 제시한 것이다. 보웬과 복은 낮은 성과 현상이 우수한 흑인 학생들 사이에서 가장 두드러지게 나타났고, 고정관념 위협은 우수한 학생들에게 가장 크게 영향을 끼치기 때문에 낮은 성과 현상에 고정관념 위협이 영향을 끼치는 듯하다고 말했다. 콜과 바버는 우수한 학생들만을 연구 대상으로 했는데(그들은 학생들이 학업의 길을 택하는 이유가 무엇인지 연구했으므로 오직 우수한 학생들에만 초점을 맞췄다), 더 우수한 학교에서 낮은 성과 현상이 더 두드러지게 나타난다는 점을 발견했다. 이런 발견은 다른 방식으로 설명될 수도 있었다. 가령 낮은 성과를 낸 학생들은 문화적 밑천이 없거나 방법적인 요령이 부족하다고 말이다. 나는 그 점에 궁금증을 느꼈다. 그러나 그 연구 결과들은 믿을 만한 방법으로 발견되었고, 고정관념 위협이 실제 삶에 미치는 영향에 대해 매우 유용한 증거를 오랫동안 제공해왔다.

더글러스 매시Douglas Massey와 그의 동료들은 처음에는 펜실베이니아 대학교에서 그다음에는 프린스턴 대학교에서 흑인과 라틴계 학생들이 경험하는 고정관념 위협을 측정했다. 매시는 빌 보웬과 공통점이 많았다. 큰 키, 넘치는 에너지, 사회적으로 뜨거운 쟁점을 세심하게 연구하는 점이 그렇다. 그 쟁점이란 두 개만 들자면 거주지 분리 현상과 라틴계 이민 등을 들 수 있다. 매시와 그의 동료들은 역시 앤드루멜론 재단의 후원으로 몇 군데만 제외하고 보웬과 복이 연구했던 똑같은 대학교들에서 성적에 관해 연구했다. 대부분은 아이비리그나 일류 종합 대학교, 유명한 인문 대학이었다. 이번에는 학생 개인의 배경적 특성이 대학교 성적에 얼마나 영향을 끼치는지에 초점을 맞춘 연구였다. 그들은 보웬과 복의 책 제목인 《강의 형성》을 살짝 비틀어 《강의 기원The Source of the River》이라는 첫 책을 발표했다.

그들은 대략 동일한 수의 백인, 흑인, 아시아인, 라틴계 신입생 약

4,000명을 개강 직전에 개별 면담했고, 3학년이 될 때까지 매년 봄마다 다시 전화로 면담했다. 이런 일정은 연구팀이 학생들이 신입생이던 1년간 느꼈을 고정관념 위협을 제대로 측정하지 못했다는 뜻이다. 그들은 학생 개인의 배경적 특징 때문에 고정관념 위협에 취약하게 만든다고 추정했고, 캠퍼스에서 단 한 번 그 배경적 특징들을 측정했다. 즉 학생들에게 자기 능력을 얼마나 의심하는지, 교수들이 자기 능력을 얕보리라는 걱정을 얼마나 하는지 물었다. 이러한 취약성이 없는 학생도 여전히 고정관념 위협을 경험할 수 있지만, 매시 연구팀은 이러한 취약성이 실제로 흑인과 라틴계 학생들의 초기 대학교 성적에 영향을 끼친다는 것을 발견했다. 고등학교 때 성적, 미리 학습한 선이수제Advanced Placement(고등학교에서 대학 인정 학점을 미리 취득할 수 있는 고급 과정.-옮긴이) 과정의 수, 가족의 사회 경제적 지위, 또래 집단의 압력에 대한 취약성 등도 성적에 영향을 끼쳤다. 그러나 매시 연구팀이 언급했듯, "대부분의 (흑인·라틴계와 다른 그룹 학생 간의) 입학 초기 성적 차이는 고정관념 위협에 대한 취약성의 차이, 대학에 입학하기 전 얼마나 많이 준비했느냐의 차이로 설명된다"(191쪽).

그러면 흑인과 라틴계 학생들이 실제로 학교에서 겪는 고정관념 위협—고정관념 위협에 대한 취약성이 아니라—은 그들의 성적에 영향을 끼칠까? 매시 연구팀은 이를 알기 위해 학생들에게 전화를 걸었다. 그리고 가령 교수나 다른 사람들이 자신을 고정관념에 따라 바라볼까 얼마나 걱정하는지 물었다. 그 결과 그 점을 더 많이 걱정하는 흑인, 라틴계 학생일수록 더 낮은 성적을 받는다는 사실을 발견했다. 고정관념 위협에 대한 취약성이 높은 학생만큼 취약성이 낮은 학생도 그러했다.

낮은 성적이 나오는 데는 여러 가지 원인이 있다. 그리고 매시 연구팀은 백인과 아시아인 학생보다 흑인과 라틴계 학생이 그런 '원인'을 더욱 많이 갖고 있다고 결론 내렸다. 그 원인은 다음과 같다. 그들은 한 부모 가정의 자녀일 가능성이 높다, 그들의 가족은 폭력이나 심리적 충격에 노출되어 있을 가능성이 높다, 인종 차별로 좁은 지역사회에서 성장했을 가능성이 높다, 그래서 대학교에서 좋은 성적을 낼 문화적 배경 지식과 요령을 익히지 못했을 것이다, 대학 등록금은 가족 수입의 상당 부분을 차지할 가능성이 높다, 그들은 선이수제 과정을 신청할 수 있는 고등학교에 진학할 가능성이 낮았을 것이다, 대학 입학 전에 만난 친구들은 대학 입학에 크게 관심이 없었을 것이다…….

그러한 실험 결과들은 인종, 계급에 따라 얼마나 불이익이 따르는지를 보여주었다. 대학교 성적에 악영향을 끼치면서 말이다. 그러나 인종, 계급에 따른 여러 불이익 외에 고정관념 위협도 성적에 나쁜 영향을 끼친다는 사실이 발견되었다. 슬픈 사실이다. 그것은 흑인, 라틴계, 아메리카 원주민 출신 학생들이 백인, 아시아인 학생들과 동등해지기 위해 다른 불이익을 극복하면서 동시에 더 많은 고정관념 압력과 정체성 위협을 극복해야 한다는 뜻이다. 심지어 이 그룹들의 매우 뛰어난 학생조차 좋은 성과를 내기 위해 노력하는 과정에서 정체성 관련한 압박감을 추가로 느꼈다.

그러나 매시 연구팀은 이러한 영향력을 완화한 무언가를 발견하기도 했다. 바로 흑인 교수들이다. 흑인과 라틴계 학생들은 교수나 더 많은 수강생이 흑인, 라틴계인 수업에서는 거의 고정관념 위협을 느끼지 않았다. 이 역시 임계 질량 효과일까? 테드가 아프리카계 미국인 정치학 수업을 듣는 흑인 학생을 묘사한 내용에서도 짐작할 수 있듯이, 그들은 많은 흑인 학생과 함께 있는 것만으로도 정체성 위협에서 벗어난다고 느끼는 듯했다.

결국 위 연구에서 나타난 결과들은 정체성 위협이 미국 고등 교육기관의 소수 인종 학생의 낮은 성과에 중요 원인이라는 것, 그리고 그런 영향을 누그러뜨리는 것이 엄연히 가치 있는 일임을 분명히 드러냈다. 이와 관련해 오래전 대학원에서 겪었던 일이 떠올랐다.

3

나의 지도 교수는 토머스 오스트롬Thomas Ostrom이었다. 지도 교수란 학생이 연구자로서 일종의 수습 기간을 거쳐 진정한 과학자로 성장해나가도록 돕는 사람이다. 그는 부드러운 목소리로 직설 화법을 구사하는 사람으로서, 1960년대 초반 유행하던 짧은 머리카락에서 1960년대 후반 유행하던 긴 머리카락 사이 중간쯤 길이의 숱이 적은 머리카락을 갖고 있었다. 새로 입학한 대학원생 관점에서 보자면 그는 거의 과학의 엄격함에 복무하는 성직자 같았다. 함께 연구 주제를 이야기하려고 그의 사무실을 찾아가면 그는 책상 위에 있는 하얗고 두툼한 양초에 불을 붙였다. 그리고 기대감에 찬 미소를 지었다.

당시 나의 성격은 완전히 닫혀 있었다. 특히 학교에서 더욱 심했다. 그래도 토머스 교수와의 만남은 좋아했다. 그는 차분하고 진지하며 좋은 사람이었기 때문이다. 그렇지만 그가 나의 경직된 상태를 염려하지는 않는 듯했다. 어쩌면 무엇을 어떻게 해야 할지 몰랐을지도 모르고 아예 나의 상태를 눈치채지 못했을 수도 있다. 어쨌든 그는 나의 상태에 초점을 맞추지 않았다. 그러나 우리가 함께 논의하던 주제에 대해서는 처음부터 깊은 관심을 보여주었다.

나는 그의 관심을 이런 신호로 받아들였다. 나를 훌륭한 파트너로서 신뢰하구나. 그는 자신의 연구에 나를 적어도 잠재적 동료로 포함시켜주었다. 나의 인종과 계급 정체성을 전혀 신경 쓰지 않았던 것이다. 만약 그가 칭찬했다고 해도 나는 아마 그 말을 믿지 않았겠지만(내가 지나치게 경계하고 조심스러웠던 탓이다), 적어도 함께 작업하는 침착한 관계 자체를 신뢰할 수는 있었다. 나의 경직된 상태는 점점 부드럽게 풀렸다. 어느 날 나는 밴조(재즈 음악 초창기에 매우 인기 있던 미국 흑인의 현악기로, 블루그래스나 딕시랜드 재즈에서 자주 사용되었다.-옮긴이)를 연주하는 그를 놀렸다. 그는 블루그래스 재즈가 정말 아름다운 음악이라고 스스로를 변호하며 나더러도 한번 연주해보라고 제안했다. 시카고에서 자란 어린애에게는 밴조를 연주할 기회가 거의 없다는 것을 모를 리 없는 그가 눈을 찡긋거리며 내게 농담을 건넨 것이다. 함께 웃었다. 자연스레 나의 의욕은 높아졌고, 토머스만큼이나 그의 연구가 흥미로워졌다. 토머스는 그런 모습을 마음에 들어 했다. 우리는 상통하는 지점을 찾았다.

그와의 관계가 점점 친밀해지자 전에는 나를 괴롭히던 신호가 점점 덜 괴롭히는 듯했다. 흑인과 백인이 유전적으로 같은 지적 능력이 있는가에 관한 문제가 끊임없이 제기되는 것, 내가 속한 분야에 소수 인종이 거의 부재하다는 사실, 강의실에서 '검둥이'라는 단어를 사용하는 교수진, 다수를 차지하는 학생과 문화적으로 다른 배경이 있다는 증거 등의 신호 말이다. 물론 그러한 신호들을 좋아하지 않았다. 그렇다고 해서 내가 그 분야에 적응할 수 없었던 것은 아니다. 과학 그 자체의 문제에 관해서라면 사람들은 나의 연구를 있는 그대로 받아들였다. 바로 나의 지도 교수가 그러했다.

토머스 교수는 고정관념 위협이 무엇인지 전혀 몰랐다. 아프리카계 미국인의 경험에 대해서도 많이 알지는 못했다. 그러나 그 점 때문에 우리의 관계가 친밀해진 것은 아니다. 오히려 솔직하고 편안하면서도 무엇보다도 연구에 몰두하는 관계가 우리를 친밀하게 했다. 그리고 그것은 높은 임계 질량과 똑같이 작용했다. 내가 밸러리 퍼디본스, 메리 머피와 함께 진행했던 연구에서 나타난 임계 질량 효과였다. 그 덕분에 학교에서의 다른 여타의 신호는 내게 영향을 덜 끼치게 되었다.

몇 년 뒤 제프리 코헨Geoffrey Cohen이라는 매우 사려 깊은 한 대학원생이 기발한 실험을 하나 설계했다. 토머스 오스트롬 교수와 매우 유사한 태도를 지닌 사람으로, 그의 실험은 오스트롬의 지도 방식에 대한 경험 연구였다.

4

제프리는 심리학 이론과 심리학의 실용적 적용 모두에 관심이 많은 사회심리학자다. 코넬 대학교에서 학부생이던 시절에는 사회적 약자를 위한 교육 프로그램을 연구했고, 한 학기 동안 잉글랜드 서식스 주에서 사회 문제와 정책을 연구하기도 했다. 이런 경험을 통해 제프리는 실용적이고 인상적인 질문을 떠올리게 되었다. "백인 교사는 흑인 학생에게 비판적 피드백을 줄 때 어떤 방식으로 해야 학생이 그 피드백을 신뢰하고 동기를 부여받을까?"

이 질문을 이렇게 생각하는 사람도 있을 터다. 아니 흑인 학생이 교사의 피드백을 신뢰하지 않을 이유라도 있나? 자, 흑인 학생의 관점에서 상황을 들여다보자. 흑인이라는 단순한 사실은, 그 사실에 관한 고정관념에서 비추어 볼 때, 학업에 대한 교사의 비판적 피드백을 어떻게 해석할지에 대한 곤경을 낳는다. 이를테면 교사의 비판적 피드백은 그들의 학업 성과에서 나왔을까, 아니면 흑인 그룹의 능력에 관한 부정적 고정관념에서 나왔을까? 이런 애매모호한 해석은 종종 흑인 학생의 정체성 비상사태가 된다. 어쩌면 학생은 비판적인 피드백이 고정관념에서 나왔다고 믿지 않을지도 모른다. 아니면 믿고 싶지 않을 수도 있다. 그러나 그럴 가능성은 쉽게 사라지지 않는다. 바로 그 점 때문에 학생은 피드백을 전적으로 받아들이지 못한다. 결국 학생은 가치 있는 비판적 피드백을 통해 발전할 기회를 놓칠 수 있다. 어떻게 하면 교사는 이런 곤경에 처한 학생들에게 건설적이고도 비판적 피드백을 잘 전달할 수 있을까? 이를 알아보기 위해 제프리는 내가 이전까지는 해본 적이 없는 좀 더 노동 집약적 실험을 고안했다. 리 로스와 내가 그의 연구에 동참했다.

제프리는 스탠퍼드 대학교의 흑인과 백인 학생들을 실험실로 한 명씩 불러서 자신이 좋아하는 교사에 관한 에세이를 쓰라고 했다. 만약 잘 쓰인 에세이가 있다면 새로 발행될 교내 교육 관련 잡지에 실릴 예정이라고 했다. 글쓰기를 다 마친 학생들에게는 에세이에 대한 피드백을 받으러 이틀 후 찾아오라고 했다. 그사이에 제프리와 그의 동료들은 실제로 그 에세이를 전부 읽고 문법적으로 틀린 곳을 고치고 비판적 피드백을 작성했다. 밤늦도록 해야 하는 고된 작업이었다.

이틀 후에 찾아온 학생들은 세 가지 방식 중 한 가지 방식으로 비판적 피드백을 받았다. 그다음 해당 피드백을 얼마나 신뢰하는지, 그 에세이를 고쳐 쓸 동기를 얼마나 부여받았는지 명시했다.

실험 결과, 피드백을 주는 세 가지 방식 중 두 가지는 흑인 학생들에게 별로 효과가 없다고 나타났다. 피드백을 중립적으로 표현하려는 노력은 효과가 없었다. 구체적이지 않은 긍정적 진술도 그다지 효과적이지 않았다. 백인 학생들과 달리 흑인 학생들은 이러한 형태의 피드백을 신뢰하지 않았다. 신뢰하지 않았으므로 에세이를 더 잘 써볼 의욕도 없었다. 그들은 이런 형태의 피드백을 인종 편견을 감추려는 의도라고 여겼다.

그러나 나머지 한 가지 형태의 피드백은 백인과 흑인 학생 모두에게 효과가 있었다. 그것을 이제부터 '토머스 오스트롬 전략'이라고 부르자. 우선 피드백 첫머리에는 잡지에 실을 만한 에세이를 고르기 위해 '높은 기준을 적용해' 평가했다고 설명했다. 그런 다음 어떤 학생의 에세이를 읽어보니 그 사람이 조금만 더 노력하면 그러한 기준을 충족할 수 있겠다고 평가했다. 이런 형태의 피드백은 높은 기준에 들어맞도록 학생을 돕기 위한 비판이라는 것을 넌지시 암시한다.

흑인 학생들은 백인 학생들만큼이나 이런 피드백을 신뢰했으며 에세이를 더 잘 고쳐 쓸 동기를 부여받았다. 흑인 학생들에게 오스트롬 전략의 피드백은 메마른 땅 위의 물 같았다. 그 전략의 피드백은 매우 받기 어려울 만큼 희귀하지만, 일단 그런 피드백을 받으면 비판을 통해 의욕을 얻을 정도로 신뢰감을 회복할 수 있는 내용인 것이다.

오스트롬 방식의 피드백은 왜 그토록 효과적일까? 학생들이 해석할 때에 느끼는 곤경을 해결해주기 때문이다. 위 실험에서 평가자는 높은 기준을 적용해 에세이를 평가했고 학생들이 그 기준에 부합할 수 있으리라 믿는다고 말했기에, 학생들은 자기 그룹의 지적 능력에 관한 부정적 고정관념에 따라 평가받지 않았다고 믿을 수 있었다. 학생들은 위협을 덜 느꼈다. 그리고 마음속에 늘 잠재되어 있던 의욕도 살아났다.

대학원생 시절 토머스 오스트롬 교수가 내게 그렇게 해주지 않았나 싶다. 그는 내게 많은 요구를 하면서 동시에 내가 그런 요구를 충족시킬 수 있다고 믿어줌으로써 학교라는 환경에 대해 내가 품고 있는 걱정스러운 견해를 잊게 해주었다. 기억하기 바란다. 내가 그런 걱정스러운 견해를 품었던 이유는 나의 그룹에 관한 고정관념이, 그리고 학교 내 셀 수 없이 많은 특성이 내가 그곳에 소속되지 않은 사람이라는 생각을 하도록 했기 때문이다. 내가 미국 사회에서 인종과 관련된 경험을 통해 받았을 어떤 '심리적 상처' 때문에 그런 견해를 갖게 되었다고는 생각지 않는다. 학교라는 환경에 있는 것만으로도 "나는 소속되어 있지 않다"라는 견해를 갖게 되었다. 테드가 아프리카게 미국인 정치학 수업에서 그랬듯이 말이다. 다만 내게는 테드에게는 없었던 무엇, 즉 토머스 오스트롬 교수가 있었다는 점이 달랐을 뿐이다.

그렇다면 과연 이런 피드백 전략을 부정적으로 고정관념화된 그룹의 성적을 향상시키는 데 일반적으로 사용해도 좋을까? 답을 얻으려면 이 전략이 실제 대학 생활에서 압박감을 느끼는 학생들의 학업 성적을 실제로 향상시킬 만큼 효과가 큰지 살펴봐야 한다.[6]

6 그러나 이런 의문을 던지는 사람도 있을 것이다. 위협이 될 만한 무언가에 대한 걱정을 품고 누군가와 대화하는 것이 과연 실제로 도움이 될까? 오히려 정작 고정관념대로 평가되는 일이 갑자기 생겼을 때 제대로 대처할 능력을 갖추지 못하게 되지는 않을까? 이것이 바로 소수 인종 부모가 마주한 딜레마다. 소수 인종 부모는 자녀들이 지나치게 경계하고 걱정하느라 학교 같은 중요 장소에서 편안하게 지내지 못하게 만드는 위협을 감수하면서까지 차별의 위협을 강조해야 할까? 아니면 자녀들이 직면할 차별 경험에 지나치게 취약하게 만드는 위협을 감수하면서라도 고정관념 위협을 폄하해야 할까? 이는 판단하기 어려운 문제다. 고정관념 위협을 폄하하는 것은 너무 많이 신뢰하도록 부추기는 실수가 될 것이다. 그러나 그것은 어쩌면 감수할 만한 위협인지도 모른다. 이렇게 말하는 이유는 해당 환경을 신뢰, 즉 토머스 오스트롬이 나를 변화시킨 그런 종류의 신뢰를 하지 않고서는 최대한 좋은 성과를 내기 어렵기 때문이다. 이 연구에서 눈여겨봐야 할 결과는 지나친 경계심, 심사숙고, 고립 등 위협에 대한 반응으로 사람들이 취하는 행동이 그들에게 해롭다는 점이다. 성과라는 중요한 일에 충분히 주의를 기울이지 못하게 되기 때문이다. 따라서 나는 편견에 의한 경험이 매우 고통스럽다는 점도 잘 알지만, 그보다 더 큰 위협은 그것이 불러일으키는 불신과 고립 때문에 제대로 학습하지 못하고 낮은 성과를 내는 것의 위협이라고 생각한다. 따라서 어차피 실수할 수밖에 없다면 더 큰 경계심을 촉발하는 실수보다는 더 큰 신뢰감을 낳는 방향으로 실수하는 편이 낫다고 본다.

5

그레그 월튼Greg Walton은 2000년대 초반 예일 대학교에서 제프리 코헨의 제자로 공부했다. 현재는 스탠퍼드 대학교 심리학 교수다. 제프리처럼 그레그도 다양한 분야에 흥미를 느끼는 창의적이며 열성적인 과학자다. 그중 한 분야는 세상에서 실용적으로 쓰일 이론을 발견하기 위해 일상에서 사회심리학의 견해를 실험해보는 것이었다.

그들이 함께 고민한 문제는 이것이다. 대학이라는 환경의 신호들에서 자연스럽게 생겨났을 위협에 지나치게 경계하는 견해를 성공에 대한 강한 의욕과 소속감을 제공하는 견해로 대체한다면 학생들의 성과를 향상시킬 수 있을까? 이를 확인하기 위해 그들은 간단한 방법을 고안했다.

여러분이 아프리카계 미국인 학생이라고 가정해보자. 그리고 어느 우수한 대학교에서 1학년으로 분투하고 있다고 가정해보자. 단 내가 오하이오 주립 대학교에서 박사 과정을 시작하던 초기에 가졌던 견해와 유사한 견해를 갖고 있다는 전제하에 말이다. 대학교라는 장소에는 여러분이 그곳에 적합한 사람인지 의문을 제기하는 신호가 넘쳐난다. 흑인을 포함해 소수 인종 학생의 숫자는 적고, 소수 인종 교수나 행정 직원은 거의 없으며, 민족학적 연구 프로그램은 주로 소수 인종 학생에게 적합하다고 비치고, 인종에 따라 교우 관계가 형성된다. 그런 까닭에 학교에 대한 여러분의 견해는 이 학교가 여러분이 성공하기에 적합한 곳이 아니라는 가능성을 자꾸만 일깨운다.

그러던 어느 날 여러분은 상급생을 대상으로 한 어느 설문 조사 결과를 보게 된다. 거기에는 대학교에서의 교우 관계 경험이 이야기 방식으로 요약되어 있었다. 여러분은 그 설문 조사에 흥미를 느낀다. 여러분보다 몇 년 앞서 이 학교에 다녔던, 여러분과 똑같은 처지에 놓였던 사람들의 경험을 알고 싶기 때문이다. 그 설문 조사 결과에 따르면, 상급생들은 여러분처럼 1학년 동안 큰 좌절감과 때로는 학교에 결코 소속될 수 없다는 깊은 고립감마저 느꼈다. 그러나 시간이 지날수록 그들은 학교에서 소속감과 행복감을 느꼈다. 학교에서 만난 여러 친구와 학교의 이런저런 혜택과 지원 덕분이다. 여러분은 그 설문 조사 결과를 보고 1학년 동안 느낀 좌절감을 희망적 미래로 나아가는 도중에 잠깐 겪는 일시적 문제로 여긴다. 이제 그 견해를 여러분 자신만의 새로운 견해로 삼았다고 가정해보자. 그러면 여러분의 위협에 대한 경계심이라는 견해는 약화되고 소속감이라는 견해는 강해져서 그에 따라 학업 성적이 향상될까?

그레그와 제프리는 북동부의 한 대학교에 다니는 1학년생을 대상으로 실험했다. 그리고 고무적 결과를 얻었다. 방금 내가 묘사한 그런 종류의 견해를 접한 흑인 학생은 대학 생활에 관한 설문 조사 결과 대신 정치 성향에 관한 설문 조사 결과를 접한 흑인 학생보다 다음 학기에 더 높은 성적을 받았다.

낙관적 결과가 아닐 수 없었다. 그런 종류의 견해를 접하는 것이 장기적으로 어떤 효과를 낳을지 상상해보라. 만약 그것이 흑인 학생들의 학기 초반 점수를 향상시킨다면 그 높은 점수는 학생의 소속감을 높이고, 그렇게 높아진 소속감은 향후 성적을 한층 더 향상시킬 터다. 신뢰를 바탕으로 한 견해가 더 나은 성적을 낳고, 더 나은 성적이 신뢰를 바탕으로 한 견해를 강화하는 선순환 현상이 일어나는 것이다.

고정관념화된 학생들이 학교에서 자기 경험을 해석하는 데 사용할 견해를 바꾸도록 도울 수 있는 것은 어쩌면 '중재high leverage'(교육학 용어로 과제의 목표 달성을 위하여 학생을 지원하는 일련의 도움 활동이다. 주로 교과 지식 이외의 부분에서 문제 행동의 수정 또는 긍정적 행동의 조성과 같이 외현적 행동 변화를 도모할 때 사용한다.-옮긴이)라는 전략일 것이다. 중재에는 여러 가지 방법이 있다. 가령 내가 스티븐 스펜서, 리처드 니스벳, 메리 험멜Mary Hummel, 켄트 하버Kent Harber와 함께 1990년대 초반 미시간 대학교에서 수행한 연구는 견해를 변화시키는 방식의 한 예를 보여준다. 어떤 학업 프로그램에서 우리는 늦은 밤 기숙사에서 한담하는 시간을 갖도록 장려했다. 그 시간에 학생들은 캠퍼스에서의 우정과 애정 관계, 사교 모임 등 개인적 일을 주제로 이야기를 나눴다. 그 대학교의 인구 구성을 반영하듯이 한담 시간 때마다 흑인 학생은 겨우 두서너 명뿐이었다. 그러나 그들에게 그 시간은 매우 유익했다. 한담을 나눈 흑인 학생들은 한담 시간이 없는 프로그램에 배정된 흑인 학생들보다 성적이 크게 오르고 백인 학생들과 같은 평점을 취득했다.

어째서일까? 늦은 밤 한담 시간을 보내면서 필요한 정보를 얻었고, 그로 인해 더 정확하고 신뢰할 만한 견해를 갖게 되었기 때문이다. 대학에서 인종별로 친구 관계가 형성된다는 말은 사담을 나눌 때 흑인 학생은 주로 흑인 학생과만 이야기하고 백인 학생은 주로 백인 학생과만 이야기한다는 뜻이다. 그런 상황에서 흑인 학생들은 백인 학생들도 자신과 비슷한 문제를 겪는다는 사실을 모를 가능성이 높다. 그에 따라 흑인 학생들은 학교에서의 여러 가지 신호에 비추어 더욱 경계심을 품고 결국 자신이 경험하는 일들에 인종이라는 요소가 매우 크게 작용한다고 생각할 것이다. 그런데 한담 시간이 그런 견해를 바꾸었다. 그 시간을 통해 대학 생활의 스트레스, 즉 예상 밖의 낮은 성적, 조교나 친구에게 전화를 걸었지만 응답을 받지 못하는 일, 쌀쌀맞은 학생과의 대화, 고질적인 생활고 등은 인종에 관계없이 누구나 겪는다는 사실을 알게 되었기 때문이다. 바로 이러한 사실이 흑인 학생들의 견해를 바꾼다. 이러한 사실에 대한 자각이 그들이 경험을 해석할 때 인종적 정체성을 덜 중요하다고 느끼게 하고 학교라는 환경 안에서 신뢰감을 느끼게 한다. 경계심을 덜 느끼는 견해를 가지면 정신적 에너지와 의욕을 학업에 쏟아부을 수 있다. 그래서 이 프로그램에 참가한 흑인 학생들의 성적이 향상된 것이다.

몇 년 전 조슈아 애런슨, 캐리 프리드Carrie Fried, 캐서린 굿은 또 다른 방식의 기발한 연구를 통해 고정관념화된 학생들의 견해를 바꾸면 성적을 높일 수 있음을 증명했다. 그들은 스탠퍼드 대학교의 백인, 흑인 학생들에게 지능이 개발될 수 있다는 견해를 가르침으로써 고정관념 위협의 영향을 줄이고자 했다. 이 연구의 발상은 어떻게 능력에 대한 개인의 생각이 어려운 일을 수행하는 능력에 영향을 끼치는지 고민한 스탠퍼드 대학교 심리학 교수 캐럴 드웩Carol Dweck의 연구에서 비롯되었다. 드웩은 학생들에게 특히 두 가지 이론에 초점을 맞추게 했다. 하나는 '점증 이론incremental theory'이다. 이 이론은 어려운 과제를 해내는 데 필요한 능력을 학습하고 점차적으로 확장할 수 있다고 본다. 다른 하나는 '고정 이론fixed theory'이다. 그러한 능력을 확장할 수 없는 고정된 지능으로 보는 이론으로서, 많은 사람이 흔히 생각하듯 '높은 지능 아니면 낮은 지능 둘 중 하나 이론either you have it or you don't theory'이다. 다음은 캐럴이 6학년 시절 자기 반 풍경을 묘사한 것이다.

> 선생님은 지능 지수에 따라 우리를 평가하는 듯했다. 우리를 지능 지수 순서대로 교실에 앉혔고, 지능 지수가 낮은 학생에게는 칠판지우개를 청소하거나, 중요 행사에서 깃발을 들거나, 교장에게 메모를 전달하는 등의 일을 시키지 않았다. …… 지능 지수가 낮은 학생은 기분이 매우 언짢았으며, 지능 지수가 높은 학생은 다음 검사에서 낮은 지능 지수를 받아서 그 지위를 잃을까 불안해했다. 의욕을 불러일으키는 분위기가 아니었던 것이다.

만약 여러분의 그룹에 대한 고정관념 때문에 지적 능력이 의심받는다면, 그것은 여러분이 위에서 묘사된 6학년 교실의 지능 지수가 낮은 학생과 같은 처지임을 암시한다. 즉 '고정된 지능'을 갖지 못한 것이다. 그런 견해는 여러분이 느끼는 모든 좌절감을 주어진 일을 할 수 없으며, 환경에 소속되지 않았다는 그럴싸한 신호로 여기게 한다. 그리고 그 고정관념을 확증할지도 모른다는 두려움을 불러일으켜 학업 의욕을 꺾는다.

조슈아, 캐리, 캐서린은 학생들에게 지능이 개발될 수 있다고 생각하게 함으로써 고정관념 위협의 영향을 줄일 수 있는지 알고 싶었다. 그리고 이를 확인할 기발한 방법을 떠올렸다. 그들은 스탠퍼드 대학교의 흑인과 백인 학생들에게 캘리포니아 주 이스트 팔로알토에 있는 초등학교의 소수 인종 학생들에게 인간 지능이 개발될 수 있다는 견해를 담아 편지를 쓰도록 했다. 그 편지를 쓰기 위해 대학생들은 인간 지능이 개발될 가능성이 있음을 보여주는 구체적 정보를 받았다. 그 정보란 학습의 본질, 학습과 경험을 반영해 뇌가 변화하는 방식, 인간이 매우 급격히 지적 기술을 쌓을 수 있다는 증거다. 물론 편지를 쓰는 일은 그들에게 이러한 견해를 철저히 살펴볼 기회가 되었다. 실험 결과, 지능과 관련해 부정적으로 고정관념화되지 않은 백인 학생들은 성적에 아무 변화가 없던 반면, 부정적 고정관념 협의를 받으며 살아온 흑인 학생들은 다음 학기에 성적이 크게 올랐다.

정체성 위협에 직면한 사람들이 있다면 환경을 좀 더 정확하고 희망적으로 바라볼 수 있는 정보를 주도록 하자. 그렇게 한다면 이 실험 결과가 보여주듯 그들의 학업 성취는 크게 향상될 것이다. 그들의 성취를 전혀 다른 수준으로 올려놓을 수 있다는 말이다.

6

그러나 이 연구는 유수의 대학교에 다니는 뛰어난 학생만을 대상으로 했다. 그렇다면 정체성 위협 감소는 학업 능력과 관련해 낙인찍힌 K-12 학교 학생들의 학업 성적도 향상시킬까? 다행히도 이제 우리는 이 질문에 관한 몇 가지 해답을 쥐고 있다.

그러나 먼저 한 가지 확인해야 할 것이 있었다. 어린 학생들이 고정관념을 느낄 만큼 심리적으로 민감할까? 그들이 여자거나 흑인이라는 이유로 부정적으로 고정관념화될 가능성을 이해할 수 있을까?

나는 이미 그 증거를 제시했다. 고정관념 위협이 아시아계 여대생의 수학 성적에 끼치는 효과를 실험한 심리학자 날리니 앰버디를 떠올려보자. 그녀의 연구에서 가장 어린 소녀들은 다섯 살에서 일곱 살이었다. 그녀는 모든 참가자에게 나이에 적합한 수학 시험을 치르게 했다. 그리고 일부 참가자에게는 인형을 안고 있는 또래 여자 아이의 그림에 색칠하게 함으로써 시험 직전에 성별 관련 이미지를 환기시켰다. 이 그림에 색칠한 소녀들은 시험 직전 풍경화나 젓가락으로 밥을 먹는 아시아계 어린이의 그림에 색칠한 소녀들보다 훨씬 낮은 점수를 받았다. 역시 그랬다. 다섯 살에서 일곱 살 사이의 어린 소녀도 인형을 안고 있는 또래의 평범한 그림 같은 사소한 신호에 영향을 받았다. 그들은 자기 그룹이 수학 분야에서 어떻게 여겨지는지 매우 잘 느끼는 듯했다.

또한 두 명의 이탈리아인 연구자 바바라 무자티Barbara Muzzatti와 프랑카 아뇰리Franca Agnoli는 유사한 일시적 신호(간단히, 상급 수학 분야 종사자의 대다수를 남성이 차지한다는 정보를 알려주었다)가 10세가량의 이탈리아 소녀들의 수학 성적에 영향을 끼친다는 사실을 발견했다. 독일의 요하네스 켈러Johannes Keller도 고정관념 위협이 독일의 6학년 소녀들의 수학 성적을 떨어뜨린다는 사실을 발견했다.

이는 어린이가 고정관념 위협을 느낄 만큼 심리적으로 발달되어 있다는 사실을 보여주는 증거들이다. 성인이 그랬듯 어린이도 고정관념과 관련된 분야에서 성과에 타격을 입었다. 이는 고정관념 위협이 평생 영향을 끼칠 수 있다는 뜻이다. 가령 여성이 수학에 관심을 둘 기회를 많이 갖기도 전에 수학보다는 다른 분야에 관심으로 돌리게 된다는 것이다. 그리고 고정관념 위협이 얼마나 강력한지는 해당 환경에 고정관념과 관련된 이미지를 환기하는 신호가 얼마나 많은지에 따라 달라지는 듯하다.[7]

그러나 K-12 학교 학생들의 시험 점수에 나타나는 인종, 성별, 계급에 따른 격차에 정체성 위협이 어떤 역할을 하는지 확인할 수 있는 더 확실한 방법이 있다. 성인들을 대상으로 한 연구에서 수행된 방식, 즉 중재를 통해서 말이다. 학교 현장에 찾아가서 중재를 한다면 고정관념화된 학생들의 정체성 위협을 줄일 수 있을 것이다. 만약 이때 아무 일도 일어나지 않는다면 정체성 위협은 아마도 그 학교라는

---

7 학생이 학교에서 느끼는 정체성 위협이 위협을 환기하는 신호의 양에 따라 달라진다는 견해는 한 가지 흥미로운 점을 암시한다. 즉 고정관념화된 정체성을 가진 학생들이 대다수를 차지하는 학교에서는 사실상 고정관념 위협이 약해진다는 것을 암시한다. 수학에 대한 고정관념 관련해서는 여자 학교, 인종이나 계급에 대한 고정관념 관련해서는 저소득층이나 소수 인종 학생이 다수를 차지하는 학교가 그 예다. 이런 장소에서 고정관념 위협이 약해지는 이유는 모두의 정체성이 같기 때문이다. 그 때문에 학생들은 자기 그룹에 관한 부정적 고정관념에 따라 평가받지 않는다는 안전함을 느낀다. 그러나 완벽한 안전이 보장되지는 않는다. 학교에서 나타나는 다른 신호들—벽에 걸린 그림, 교재에 그 정체성이 묘사되는 방식, 교사의 기대와 지원 등—이 여전히 정체성 위협을 불러일으킬 수 있다. 또한 나는 그런 단일 정체성 학교나 교실을 찬성하지도 않는다. 그런 방식에는 단점이 있기 때문이다. 학생들이 나중에 다른 환경에서 공부하게 될 때 어려움을 겪을 수 있다. 따라서 우리는 오히려 여러 정체성이 섞인 환경이 모든 학생에게 정체성 안전을 느끼게 해주리라 본다. 그러나 어떤 전략이 일반적으로 유용하지 않더라도 특정 상황에서는 유용할 수도 있다는 원칙에서 판단해볼 때, 나는 정체성에 따라 분리된 환경에서 정체성 위협이 훨씬 많이 줄어든다는 점을 안다.

환경에서는 성적 격차를 벌리는 데에 그리 중요한 요소가 아닐 터다. 그러나 만약 그 실험이 성적 격차를 줄인다면, 정체성 위협이 성적 격차의 상당히 중요한 요소라는 것을 확인하게 된다. 또한 그러한 격차를 줄이기 위해 무엇을 해야 하는지 구체적인 하나의 방법을 알게 되는 셈이기도 하다. 이미 소개한 여러 사람, 즉 제프리 코헨, 조슈아 애런슨, 캐서린 굿, 캐럴 드웩과 앞으로 소개하려는 훌리오 가르시아 Julio Garcia는 이런 방식으로 연구했다. 그는 여러 K-12 학교에서 연속으로 같은 결과를 얻었다. 그의 연구는 우아하면서도 신랄하며 비범한 과학적 발상의 전환을 보여주었다.

7

제프리 코헨과 훌리오 가르시아는 스탠퍼드 대학교 대학원생 시절 사회심리학 프로그램에서 처음 만났다. 내가 스탠퍼드 대학교 교수로 옮긴 초기의 일이다. 제프리는 이미 소개했으니 훌리오를 잠깐 소개하겠다. 멕시코에 아보카도 농장을 소유한 중산층 가정에서 태어나 캘리포니아 주 새크라멘토에서 자란 멕시코계 미국인 훌리오는 미국과 멕시코 두 곳을 모두 고향처럼 느낀다. 또한 심리학자로서는 인간 본성에 매료되어 있기도 하다. 제프리와 훌리오는 스탠퍼드 대학교를 떠나 전도유망한 연구 경력을 쌓기 시작했고, 그러다 다시 만나 몇 차례 대화를 나눈 끝에 K-12 학교에서 중재하겠다는 발상을 했다.

그들은 내가 1980년대에 전개한 이론인 자기 가치 확인 이론을 바탕으로 그런 발상을 떠올렸다. 자기 가치 확인 이론은 스스로를 선하고 유능한 존재로 간주하려는 욕망, 즉 '양심이 있고 능력이 충분'한 존재로 간주하고자 하는 욕망을 인간의 기본 욕구로 상정한다. 만약 타인이 우리를 판단하는 방식이나 스스로 기준에 미치지 못하는 어떤 행동 때문에 그런 좋은 자아상이 위협받으면, 그 이미지를 다시 회복하려 애쓴다. 그리고 만약 실제로 회복에 실패하거나 회복할 수 없다면 우리는 유능함과 도덕성이라는 자아상을 만들기 위해 자기 행동과 사건을 합리화한다.

이런 과정에 대한 가장 설득력 있는 증거는, 어떤 사람이 중요한 문제에서 자신이 부정되었다는 것을 나타내는 자아상 위협을 느꼈을 때 거기서 한 발 물러나 더 크고 소중한 자아상을 확인할 기회를 준다면 자아상을 회복하려는 합리화를 미연에 방지할 수 있다는 점이다. 우리는 이렇게 한 발 물러날 기회를 '자기 가치 확인'이라고 불렀다. 자기 통합이라는 이러한 더 큰 자아상에 비하면 다른 위협은 작아 보이고 그것을 합리화할 필요를 덜 느끼게 된다.

제프리와 훌리오는 정체성 위협이 이 이론에서 묘사된 자아상 위협, 기본적으로는 양심 있고 능력이 충분하다는 학생의 자아상에 대한 위협과 같다고 추론했다. 학교에서의 신호들은 학생의 온전한 자아상에 계속 위협이 될 수 있다. 가령, 평가절하되는 소수 인종 그룹에 속하는 것, 자기 그룹이 부정적으로 고정관념화된 분야가 계속 주요한 학습 활동이 되는 것, 그룹을 바탕으로 친구 관계가 형성되는 것 등이 그 신호들이다. 학교에서 정체성 위협은 이런 방식으로 형성되고 작동한다. 정체성 위협은 자신의 능숙함과 소속감에 끊임없이 불안함을 느끼게 한다.

따라서 그들은 이렇게 질문했다. 부정적으로 고정관념화된 학생에게 자기 가치 확인이라는 견해를 발달시킬 기회를 주는 것만으로도 학교에서 받는 위협감이 줄어들까? 만약 그렇다면 성적도 오를까? 제프리와 훌리오는 이 발상이 무척 마음에 들었다. 이론적으로 그럴듯했을 뿐 아니라 만약 바람대로 된다면 실용적 가치도 클 테고, 소수 인종 학생들의 성취를 끌어올릴 수 있는 유용하고 경제적 방식을 세상에 소개하게 되는 것이기 때문이다.

그러나 과연 그것이 가능할까? 일시적인 어떤 것이 소수 인종 학생들의 낮은 성취라는 뿌리 깊은 현상에 영향을 끼칠까? 이미 강조했듯 소수 인종 학생의 낮은 성취에는 사회 경제적 결여, 안정적이지 않은 가정 등 여러 가지 요소가 작용한다. 그리고 학교를 개혁하려는 여러 대규모 시도는 낮은 성취 현상에 조금의 변화도 일으키지 못한 채, 혹은 최초의 성적 향상을 계속 유지시키지 못한 채 실패로 돌아갔다. 그런데도 자기 가치 확인이 이런 현상을 바꿀 수 있다고 기대할 수 있을까? 제프리와 훌리오는 걱정스러웠다.

그러나 시도조차 해보지 않을 만큼 걱정하지는 않았다. 그들은 제프리의 제자인 낸시 에이펠Nancy Apfel, 앨리슨 마스터Allison Master, 밸러리 퍼디본스와 함께 코네티컷 주 하트퍼드 부근 몇몇 학교의 7학년 교실에서 이 아이디어를 실험했다. 새 학기가 시작될 무렵 그들은 교사들에게 부탁해 각각의 학생에게 해당 학생의 이름이 적힌 편지 봉투를 전해달라고 부탁했다. 봉투 안에는 안내문이 들어 있었는데 그중 무작위의 절반은 학생들에게 자신이 가장 중요하게 여기는 가치(예를 들면 가족 관계, 우정, 능숙한 악기 연주 등) 두세 가지를 적고

간략히 그 이유를 한 문단가량 적게 했다. 이렇게 한 까닭은 학생들의 가치관에 관한 진술을 개인의 견해 형태로 만들기 위해서였다. 이 작업은 15분밖에 걸리지 않았다. 안내문대로 글을 다 적은 학생들은 그것을 다시 봉투에 넣어 교사에게 전달했다. 학기 후반부에 학생들은 후속 작업으로 몇 번 더 비슷한 글쓰기 시간을 가졌다. 그게 전부였다.

통제 집단control group인 다른 학생들도 같은 활동을 했다. 단 그들이 받아본 안내문에는 그들에게 가장 중요하지 않은 가치와 왜 타인이 그것을 중시하는지 이유를 적으라고 적혀 있었다. 가치관에 대해 생각해볼 기회는 있었지만 자신의 개인적 견해를 구현할 기회는 없었다. 자, 과연 자기 가치 확인은 성적에 영향을 끼칠까?

그랬다. 그것도 매우 큰 영향을 끼쳤다. 자기 가치 확인 활동 후 3주가 지나자 흑인 학생들의 성적이 올랐다. 특히 학기 초에 가장 낮은 성적을 낸 학생들이 가장 큰 폭으로 향상했다. 자기 가치 확인 활동을 했던 수업에서뿐 아니라 다른 수업에서도 전보다 더 잘했다. 또 학기 전체 기간 동안 인종적 고정관념을 생각하는 빈도가 줄어들었다는 사실도 드러났다. 통제 집단의 흑인 학생들에게 나타난 결과를 통해서도 자기 가치 확인이 낮은 성과를 극복하는 데 어떤 역할을 했는지 드러났다. 자기 가치 확인은 흑인 학생들의 성적 하락을 막거나 둔화시켰다. 그 결과 해당 학기 동안 인종 간 성취 격차는 40퍼센트 줄어들었다. 후속 연구를 했더니 놀랍게도 흑인 학생들은 더 높은 성취를 냈고, 자연히 백인 학생들과의 격차는 더 줄었으며, 그 현상은 최소 2년간 지속되었다.

(이 연구에서 백인 학생들에게는 자기 가치 확인이 도움이 되지 않았다. 연구자들은 이렇게 설명했다. "우리는 …… 이런 중재를 통해 학급 전체 평균 성적을 저해할 만큼 극심한 공통의 위협을 겪는 그룹에 속한 개인들의 성적이 향상되리라 예상했다." 그러나 백인 그룹은 자신의 인종적 정체성에 근거한 위협을 느끼지 않았다고 연구자들은 논증했다. 어쩌면 흑인 학생들로 가득한 농구 캠프에서는 그런 '극심한 공통의' 정체성 위협을 느꼈을지도 모르지만, 백인이 다수를 차지한 교실에서는 그렇지 않았다. 결국 정체성 위협을 없애는 자기 가치 확인의 현저한 영향력은 학급 전체 평균 성적에는 거의 영향을 끼치지 못했다.)

많은 사람이 이 연구 결과에 놀랐다. 아니, 거의 믿지 않을 정도였다. 사람들은 15분간 개인의 가치관에 대해 숙고하며 글을 쓰는 것이 권장할 만한 일임은 인정했다. 그러나 대규모로 시도된 수많은 개혁이 수포로 돌아간 마당에 단지 그런 활동만으로 소수 인종 학생들의 성적이 향상되었을 뿐 아니라 그 효과가 2년 이상이나 지속되었다는 사실을 믿지 못했다.

회의론자들은 물 만난 고기처럼 연구 결과를 비판했다. 이럴 때 과학자가 할 수 있는 일은 같은 결과를 반복해서 만드는 것뿐이다. 제프리, 훌리오, 밸러리는 이번에는 콜로라도 주 볼더에서 라틴계 미국인을 대상으로 실험했다. 그러나 실험 결과는 오히려 중재의 작동 방식과 관련해 한층 더 심한 의문을 불러일으켰다.

그런 의문에 대한 답변으로 연구자들은 두 가지 설명을 내놓았다. 첫째, 자기 가치 확인이 작용한 것이다. 글쓰기 활동으로 자신이 유능하고 가치 있다는 생각을 하게 된 학생들은 학기 초의 낮은 성과와

'지극히 중요하다'고 느꼈던 다른 정체성 위협 신호들을 덜 중요하게 느꼈다. 학생들은 경계심을 풀고 갇혀 있던 지적 자원을 해방시켜 성적을 향상시킬 수 있었다.

둘째, 향상된 성적이 반복되는 악순환을 중단시켰다. 악순환은 통제 집단의 흑인 학생 사이에서 뚜렷이 부각되었다. 자기 가치 확인 활동을 하지 않은 그들은 학기 초의 좌절감과 위협적인 신호들을 더욱 걱정스럽게 받아들여 성적이 더 악화되었고, 그 결과 한층 더 걱정하게 되었으며, 결국 철저한 악순환이 이어졌다. 연구자들은 이렇게 표현했다.

> 고정관념화된 그룹인 아프리카계 미국인은 학기 초의 실패에 더 큰 심리적 취약성을 보였다. [내가 여기에 덧붙인다면 다른 정체성 위협 신호들에도 취약성을 보였다.] 그들은 자신의 실패를 통해 해당 고정관념이 자신의 학업 능력에 대한 영구불변의 지표로 작동한다는 것을 확증했다고 느꼈다. 이때 자기 가치 확인 활동을 통해 온전한 자아상을 강화하자 그들은 자신의 능력이 충분하다고 믿게 되었고 학기 초의 낮은 성적이 그다음 성적이나 심리 상태를 저해하는 악순환을 멈출 수 있었다(403쪽).

이 책이 드러내는 측면이 또 한 가지 있다면, 그것은 연구가 지속되면서 관점이 계속 진화한다는 사실이다. 그것은 분명 자기 확인 활동의 과정에서도 마찬가지일 터다. 사회심리학자가 자기 가치 확인 효과의 '중재자'라고 부르는 요소가 있다. 그런 요소들이 없으면 소수 인종 학생의 성적과 관련한 자기 가치 확인의 유익한 효과가 발생하지 않는다. 예를 들어 자기 가치 확인 효과는 양질의 교육을 제공하는 학교에서는 나타나지만 그렇지 않은 학교에서는 나타나지 않을 것이다. 연구자들은 그들의 중재가 성공한 이유는 교육의 질이 높은 학교에서 실시했기 때문이라는 점을 강조했다. 연구자들은 정체성 위협을 줄이자 흑인 학생들은 그러한 양질의 교육에 더 쉽게 접근할 수 있었다고 말한다. 그러나 만약 그들이 재학 중인 학교가 양질의 교육을 제공하는 곳이 아니었다면 이런 자기 가치 확인 효과는 거의 나타나지 않았을 것이다. 혹은 어쩌면 자기 가치 확인은 정체성 위협이 비교적 중요한 요소로 작용하는 정체성 통합 학교에서는 성적을 향상시키지만 단일 정체성 학교에서는 성적 향상에 별로 도움이 되지 못할 것이다. 나는 가령 여자 학교나 소수 인종과 저소득층 학생만 다니는 학교에서는 어떨지 궁금했다. 그런 학교에 다니는 고정관념화된 학생들은 아마도 자신이 고정관념에 따라 평가되고 취급될 가능성이 더 적다고 느낄 것이다(227쪽 각주 7번 참고).

통합형 학교에서 심리적 중재는 소수 인종 학생들의 부정적 고정관념에 대한 취약성을 완화하고 성적을 장기간 눈에 띄게 향상시킬 수 있다. 정체성 위협은 시험을 치를 때만 나타나는 일시적 위협이 아니다. 그것은 모든 종류의 일상적인 좌절감과 신호들을 먹고 자라며 시간이 지날수록 더욱 나쁜 영향을 끼치는 위협이다. 통제 집단의 흑인 학생들의 운명은 실제 생활에서 그런 '사회심리학적' 압박감이 얼마나 큰지를 보여준다. 이 연구를 수행한 학교들처럼 인종적으로 통합된 학교에서는 정체성 위협이 인종별로 성취 격차를 크게 벌리는 주된 요소로 작용할 수 있다. 따라서 이러한 위협을 줄이는 것이 해결책의 일부다.

만약 여러분이 제프리, 훌리오, 밸러리의 중재 연구를 정체성 위협을 줄이는 뭔가가 고정관념화된 학생들의 성적을 높일 수 있다는 증거로 받아들인다면, 다른 방식으로도 가능한지 알고 싶을 것이다.

다행스럽게도 그렇다.

캐서린 굿과 조슈아 애런슨은 능력이 개방될 수 있다는 견해를 지지하는 캐럴 드웩의 관점으로 학생들을 지도하면 그들의 성적을 끌어올릴 수 있는지 알아보았다. 능력이 개발될 수 있다는 견해를 갖도록 하는 것이 바로 드웩의 방식이다. 그들은 텍사스 주 중학교 1학년생 가운데 무작위로 저소득층 소수 인종 학생을 선별해 각각의 학생에게 대학생 멘토를 배정해주었다. 대학생 멘토는 1년 동안 직접 학생들을 두 번 만나고 규칙적으로 이메일을 보내 학습 방법을 조언해주었다. 그중 한 집단의 멘티에게는 지능이 개발될 수 있다는 가능성을 강조했다. 이를테면 새로운 것을 학습할 때 뇌가 어떻게 새로운 신경 연결망을 만드는지 정기적으로 설명해주었고, 인간이 어려운 문제를 풀려고 노력할 때 뇌의 가지 돌기가 자라는 그림이 나오는 웹사이트를 보여주었다. 그리고 다른 집단의 멘티는 지능의 개발 가능성 대신 약물 남용 예방에 대한 설명을 중점적으로 들었다.

과연 어떤 집단의 학생이 더 높은 성적을 받았을까?

학년 말에 텍사스 학업 능력 평가가 치러졌다. 이 시험의 읽기 영역에서 지능의 개발 가능성에 대해 들은 학생들은 약물 남용 예방에 관해 들은 학생들보다 훨씬 높은 점수를 받았다. 특히 ‘지능이 개발될 수 있다'는 메시지는 여학생의 수학 성적에서 가장 큰 효과를 나타냈다. 수학 영역에서 가장 큰 고정관념 위협을 느꼈을 여학생들이 높은 점수를 받은 것이다. 반면 약물 남용 예방에 대해 중점적으로 살펴본 집단의 여학생들은 수학 영역에서 같은 집단의 남학생보다 훨씬 낮은 점수를 받았다. 전형적인 성별 격차가 나타났다. 그러나 지능의 개발 가능성을 중점적으로 다룬 집단의 여학생들은 수학 부분에서 남학생과 비슷한 점수를 받았다. 성별 격차를 완전히 해소한 것이다.

8

이 연구들은 능력이 개발될 수 있다는 마음가짐과 자기 가치 확인이 K-12 학교의 고정관념화된 학생들에게 여러 가지 신호의 위협적 의미를 축소해주는 견해, 즉 내가 오하이오 주립 대학교에서 가졌던 견해를 갖게 한다는 사실을 보여준다. 그렇다면 누군가는 이렇게 물을지도 모른다. 고정관념화된 학생들과 잘 지내는 교사들의 행동을 연구한다면 이런 견해를 갖게 할 또 다른 방법을 찾을 수 있을까? 내 아내 도로시 스틸Dorothy Steele 박사도 그런 의문을 품었다. 고정관념화된 학생이 '정체성 안전'을 느끼게 하고 성적을 높일 수 있는 전략을 교사의 교육 방식에서 찾을 수 있을까? 마침 캘리포니아 주 리치먼드의 한 초등학교에서 이 문제를 연구하고 싶다면서 우리에게 도움을 요청했다. 사회심리학자이자 선구적인 문화심리학의 창시자 헤이즐 마커스Hazel Markus, 앞서 소개한 폴 데이비스, 당시 스탠퍼드 대학교를 방문 중이던 에머리 대학교의 교육사회학자 어맨다 루이스Amanda Lewis, 그리고 내가 그 요청을 받아들였다. 그 초등학교에 다니는 대부분의 학생은 이런저런 고정관념화된 정체성이 있었다. 구체적으로 말하자면 33퍼센트는 라틴계, 32퍼센트는 아프리카계 미국인, 17퍼센트는 백인, 12퍼센트는 아시아인이었다. 대다수가 저소득층 가정의 자녀였다(6퍼센트는 기타 인종).

연구 설계는 간단했다. 우리는 교실에서 교사들을 관찰하기로 했다. 그리고 가능한 한 여러 가지 교육 방식과 교실 문화의 특성을 측정할 예정이었다. 그런 다음 어떤 방식과 특성이 학생들에게 정체성 안전을 더 크게 느끼게 했는지, 학년 말 표준 시험에서 얼마나 성적을 더 많이 향상시켰는지 살펴보기로 했다.

리치먼드의 열세 군데 초등학교의 84개의 교실에서 훈련받은 관찰자들(그들은 정체성 안전 개념을 몰랐다)이 3, 4학년 담당 교사들을 관찰했다. 각각의 교사들은 1년 동안 다양한 각도에서 세 차례 평가를 받았다. '학생들과의 관계에 대한 적극성', '의사 결정 과정이 학생 중심인지', '기초 실력을 강조하는 정도', '가르치는 기술', '방식의 한계점' 등 모두 합쳐 열아홉 가지 항목이었다.

관찰 결과 학생에게 정체성 안전을 느끼게 하고 학년 말 표준 시험에서 더 높은 성적을 내게 한 교사의 방식과 교실 문화 특성이 무엇인지 뚜렷이 드러났다. 그 효과는 3학년보다는 4학년 학생들에게 다소 강하게 나타났지만 두 학년 모두에게서 공통이었다. 효과를 낸 교사의 교육 방식은 다음과 같았다. 학생들과 적극 관계를 맺는 것, 더욱 학생의 입장에서 가르치는 것, 획일적인 엄격한 방식 대신 인종의 다양성을 교육 자원으로 활용하는 것, 가르치는 기술, 따뜻함, 학생들이 요청할 때 늘 시간을 내어주는 것 등이었다. 흥미롭게도 기초 실력을 강조하거나 하향식으로 의사를 결정하는 방식은 효과가 없었다. 도로시의 말에 따르면, 학생들에게 정체성 안전을 느끼게 하고 성적을 향상시킨 교사들은 "학생들에게 고정관념 위협감을 예시하는 신호들을 방지하고 그 대신 인종이나 성별과 관계없이 학생 모두가 스스로를 가치 있는 존재로 느끼게 하는 것을 목표로 한다".

9

이제 축적된 연구 결과들을 돌이켜보면, 대학교에서 그랬듯이 통합적인 K-12 학교에서도 고정관념화된 학생들의 정체성 위협을 줄이면 성과가 향상된다는 사실을 알 수 있다. 그 효과는 상당히 크고 믿을 만하며 종종 오랫동안 지속된다. 그리고 중재는 비용도 거의 들지 않고 상대적으로 쉽다. 중재의 일관된 원칙은 간단하다. 중재는 고정관념에 대한 취약성과 관련된 위협을 완화하는 견해를 갖게 한다. 위 연구가 모든 상황에 들어맞는 단 하나의 전략을 발견한 것은 아니지만 다양하게 활용할 수 있는 일련의 전략을 알려주었다. 이를테면 어려운 과제에 도전하게 하면서도 동시에 도움을 주는 관계를 통해 신뢰를 쌓고, 그 환경에 소속되었다는 희망적 견해를 키워주고, 그룹간 비공식적 대화를 유도해 자기 정체성이 부정적 경험을 하는 유일한 정체성이 아니라는 점을 일깨우며, 중대한 능력은 습득된다고 가르치고, 학생 중심의 교육을 하는 것이 바로 그런 전략들이다. 앞으로도 더 많은 방법이 밝혀지겠지만, 지금 우리가 알고 있는 것만으로도 많은 사람에게 변화를 일으킬 수 있다.

어쩌면 이렇게 묻는 사람도 있을 터다. 비교적 기량과 지식이 부족한 학생을 도울 때 정체성 위협을 줄이는 것이 얼마나 중점적 활동이 되어야 할까? 학교는 때로 다른 학생만큼 교육적 배경이 없지만 잠재성이 큰 학생도 입학시킨다. 그렇다면 기초 학업을 다지지 못한 학생들을 지도할 때에도 정체성 위협을 줄이려 노력하면 그들의 잠재력을 키워줄 수 있을까?

나는 아니라고 생각한다. 정체성 위협을 줄이는 것만으로는 부족한 기량과 지식을 극복할 수 없다. 학생들은 기량과 지식을 습득할 기회를 가져야만 한다. 좋은 교사가 필요하고 때로는 오랫동안 도전적인 과제에 몰두할 수 있는 기회가 필요하다. 그러나 고정관념화된 학생들에게는 기량과 지식의 교육만큼이나 정체성 위협의 감소도 중요하다. 정체성 위협을 줄이는 것만으로는 불충분하겠지만 반드시 필요한 일이다. 아무리 오래 잘 가르치더라도 정체성 위협을 낮은 수준으로 유지하지 못한다면 결국 기량과 지식의 결함도 해소할 수 없다. 정체성 위협을 줄이지 않으면 그 위협이 항상 학생의 주의력과 지적 자원을 선점할 것이기 때문이다. 따라서 고정관념화된 학생들의 학업 성적을 향상시키는 데 있어서 정체성 위협 줄이기와 교육적 기회라는 두 가지 전략은 각각 그 자체만으로는 불충분하다. 즉 둘 다 필요하다.

그렇기는 해도 중재에 관한 연구는 심오한 교훈을 준다. 그룹의 낮은 성과 문제가 바꿀 수 없는 성장 배경과 관련한 요소, 즉 사회 경제적으로 불리한 조건, 질 높은 교육 기회를 얻지 못한 점, 부모의 소극적 지원, 사회적 관계가 제한적이어서 중요한 기량과 문화적 소양을 제때 개발하지 못하는 것, 역사적으로 뿌리 깊은 성역할에 따른 사회화 등에 바탕을 두고 있을지라도, 이런 문제의 가장 시급한 원인을 해결하면 상황을 급격하게 변화시킬 수 있다. 가령 심근경색도 바꾸기 어려운 배경적 요소가 있다. 병력, 장기적인 식사 습관과 운동 습관, 흡연, 생활 스트레스 같은 것들 말이다. 그렇더라도 심근경색은 약물과 수술을 통해 크게 개선될 수 있다. 약물과 수술은 심근경색의 배경적 요소를 없애지는 못하지만, 가장 시급한 원인인 막힌 동맥을 치료한다. 오하이오 주립 대학교에 처음 입학했을 때도 나를 근심에

8 이러한 연구 결과는 학교가 성취 격차를 줄일 수 있다고 추정되는 더 많은 일을 수행할 수 있으리라는 희망을 준다. 사실 이는 널리 받아들여지는 관점은 아니다. 제임스 헤크먼James Heckman과 그의 동료들은 최근 이렇게 말했다. "〈콜먼 보고서The Coleman Report〉에 따르면 학생 성적 격차의 주요 원인은 학교가 아닌 가정에 있다. 사회 경제적으로 서로 다른 그룹 간의 시험 점수의 격차는 3학년까지 고정 불변이다. 이는 학교 교육의 질이 변한다고 해서 학생들이 입학하기 전에 이미 나타나는 격차를 줄이거나 늘리는 데 거의 영향을 미치지 못한다는 뜻이다"(1901쪽). 물론 그들이 어쩌면 옳을 수도 있다.

그러나 전적으로 옳지는 않다. 헤크먼의 관점을 뒷받침하는 분석은 일견 합리적이다. 학생 한 명당 투입되는 자금, 한 교실의 학생 수, 교사의 교육 수준과 같은 교육의 질에 영향을 끼치는 전형적인 요소를 살펴보았고, 이런 요소들과 관련한 사회 계층과 인종 간의 차이—한 예로 중산층 가정의 아이들은 한 반의 학생 수가 적은 학교에 입학한다든지—가 실제로 서로 다른 사회 계급과 인종 간에 성적 격차를 낳는지 실험했기 때문이다. 실험 결과 그들이 그렇지 않다는 사실을 발견했을 때, 즉 훌륭한 교사, 작은 규모의 교실, 충분한 자금 지원이 있는 학교에서 인종 간의 성적 격차가 여전히 나타난다는 것을 발견했을 때, 헤크먼은 성적 격차를 낳는 요소는 학교

빠뜨린 배경적 요소가 많았다. 다른 학생들과 인종적, 사회 계급적으로 다른 성장 배경, 소수 인종 학생이 임계 질량에 이르지 않은 학교 환경 등 말이다. 이러한 것들은 바꿀 수 없는 요소다. 내가 할 수 있는 일은 아무것도 없어 보였다. 멘토, 그것도 백인 멘토와의 신뢰를 바탕으로 한 관계가 변화를 일으킬 수 있을 것 같지는 않았다. 내게 문제가 되는 상황을 바꿀 수 없을 것 같았다는 뜻이다. 그러나 그러한 관계가 문제를 어느 정도 완화할 수도 있다는 것이 이 연구의 결론이다.[8]

그리고 이 연구는 정체성 위협을 줄이는 두 가지 전략을 제시한다.

교육의 질이 아니라는 결론을 내릴 수밖에 없었다. 뭔가 다른 요소가 작용함이 분명해 보였다. 그리고 그러한 격차가 학교에 입학할 때부터 이미 나타나고 있는 현상이므로, 아마도 학교 교육 이전에 무언가가 그들의 기량에 영향을 끼쳤을 테고, 따라서 양육 기간 동안 그룹 간의 격차가 생겼음이 틀림없었다. 이렇게 해서 헤크먼은 성적 격차에서 학교 교육의 질은 가정 환경만큼 중요 요소가 아니라는 견해에 도달했다.

합리적 추론이다. 그러나 문제는 이것이다. 성적 격차에 실제로 기여하는 학교 교육의 일부분을 헤크먼이 몰랐거나 측정하지 않았다고 가정해보자. 만약 헤크먼이 그런 부분을 측정하지 않고 성적 격차에 기여하지 않는 요소만 측정했다면, 그는 잘못된 결론에 도달한 것일 수도 있다. 학교 교육의 질의 다른 측면이 충분히 중요 요소일 수도 있다.

중재 관련 연구 결과는 학교 교육의 질의 다른 측면이 환경에 대해 신뢰감을 갖게 하는 학교 분위기, 교육 방식, 또는 관계일 수 있다는 점을 암시한다. 이 연구들은 고정관념화된 학생들이 정체성 위협이 완화되었을 때 높은 성과를 내고, 그것이 추가적 정체성 위협을 차단하며, 그것이 계속해서 더 좋은 성과를 내도록 해서 결국 격차가 줄어든다는 것을 보여주었다. 따라서 중재가 학교 교육의 질의 한 측면이랄 수 있다. 고정관념화된 학생들은 양질의 교육의 혜택을 받을 필요가 있다.

첫째, 정체성 위협은 위협적인 정체성 비상사태를 암시하는 신호에서 발생한다는 것을 자각함으로써 그러한 비상사태와 비상사태를 암시하는 신호를 제거하기 위해 최대한 노력할 수 있다. 즉 환경의 특징들이 사람들에게 어떤 영향을 끼치는지를 살피는 데 주의함으로써 그 특징들을 특정 그룹에게 불이익이 되지 않도록 바꿀 수 있다. 가령 내가 방문했던 실리콘 밸리의 신생 기업은 40대 이상의 몇몇 직원을 고려한다면 그 장소에서 꼭 25세 이하의 젊은이가 좋아하는 인디 록이나 힙합을 틀어야 하는 것은 아니다. 또 소수 인종 학생을 고려한다면 대학교 필수 과정에 미국 사회를 구성하는 다양한 그룹의 역사와 관점을 소개하는 심도 있는 과목을 넣을 수 있다.

둘째, 정체성 관련 신호와 비상사태를 바꾸려는 노력이 잘 진척되지 않을 때, 고정관념화된 사람들이 안전하다고 느끼도록 도와주는 것이 매우 중요하다. 그리고 중재에 관한 연구는 그렇게 할 수 있는 흥미로운 방식들을 잘 보여준다.

10

중재 관련 연구들은 고정관념 위협을 줄이는 것, 또는 그런 주관적인 느낌이 실제로 성적을 향상시키는지 확인하기 위해 수행되었다. 그러나 연구 결과가 쌓이자 그레그 월튼과 스티븐 스펜서는 이러한 연구가 다음 두 가지 문제를 확인하는 데도 쓰인다는 것을 알게 되었다. 고정관념 위협이 고정관념화된 학생의 낮은 성과를 초래하는 주요 원인일까? 학업 잠재력을 측정하는 SAT 같은 전통 방식이 적어도 어떤 상황에서는 고정관념화된 학생들의 잠재력을 낮게 평가하지는 않을까? 이러한 문제들은 이 책을 원점으로 돌이킨다. 이 연구를 최초로 촉발한 것이 바로 소수 인종 학생의 낮은 성과 미스터리였으니 말이다. 이런 질문들에 대한 해답을 찾으면 정체성 위협이 SAT 시험 성과와 거기에서 예측된 다음 학업 성과에 어떤 영향을 끼치는지에 대한 두 가지 시나리오 중 하나를 고를 수 있다는 것이 그레그와 스티븐의 생각이다.

두 시나리오에서 벌어지는 사건은 같다. 여러분이 대학교에 지원하는 흑인 고등학생이라고 가정해보자. 여러분은 SAT 시험에서 원하는 만큼의 점수를 받지는 못했지만 그 정도면 대학교에 지원하는 데 문제가 없고 다른 강점도 있기 때문에 경쟁력 있는 대학교에 지원해 합격한다. 그러나 입학하자 또다시 기대보다 낮은 성적을 받게 된다. 사실 그 성적은 여러분의 SAT 점수로 예측된 성적보다 더 낮다는 말이고, 그 말은 똑같은 SAT 점수를 받고 입학한 다른 학생들보다 낮은 성적을 받는다는 뜻이다. 다시 말해 여러분은 대학교에서 낮은 성과를 내고 있는 것이다. 두 시나리오가 갈리는 지점은 이 동일한 사건들을 촉발한 것이 무엇이냐는 해석이다.

첫 번째 시나리오에서 고정관념 위협은 여러분의 이전 SAT 점수나 그다음 대학교 성적에 그리 큰 영향을 끼치지 않는다. 이전 점수(또는 이전 성적)는 잠재성을 측정하는 유효한 기준이다. 따라서 개인이나 그룹 사이의 성과 격차는 기량과 지식의 격차를 반영하는 것으로 간주된다. 그리고 어떤 그룹이 낮은 성과를 낸다면 그 이유는 그룹 구성원의 의욕이 낮기 때문으로 간주된다.

두 번째 시나리오에서는 이전 SAT 점수나 대학교 성적 둘 다 고정관념 때문에 낮아진다. 따라서 이전 시험에서는 시험 보는 동안 느끼는 고정관념 위협의 압박감 때문에 여러분의 진정한 잠재력이 과소평가된다. 그리고 이 시나리오에 따르면 여러분은 대학에 입학한 후 정체성 위협을 더 많이 느껴서 예측보다 한층 더 낮은 성과를 낸다.

어떤 시나리오가 옳을까?

첫 번째 시나리오를 살펴보자. SAT 같은 이전 시험에서 만약 고정관념 위협 때문에 여러분의 진정한 잠재력이 과소평가되었다면, 그보다 더 높은 진정한 잠재력은 다음 교과 과정에서 빛을 발할 것이다. 다시 말하자면 다음 대학교 시험에서 여러분과 똑같은 SAT 점수를 받은 고정관념화되지 않은 학생들보다 더 높은 성적을 받을 것이다. 그러나 그런 일은 일어나지 않는다. 여러분도 알다시피 흑인 학생들은 일반적으로 연이은 시험에서 똑같은 SAT 점수를 받은 고정관념화되지 않은 학생보다 높은 성적을 받지 못한다. 그러므로 첫 번째 시나리오에서는 이전 시험은 여러분의 잠재력을 과소평가하지 않은 셈이 된다. 오히려 여러분의 잠재력을 과대평가한 것이나 마찬가지다. 여러분은 대학교에서 SAT 점수로 예상된 만큼의 성적을 얻지 못했기 때문이다.

그레그와 스티븐은 고정관념을 줄이기 위해 고안된 중재 관련 연구에 참가했던 학생들을 대상으로 어떤 시나리오가 옳은지 경험 연구를 할 수 있겠다고 생각했다. 이때 필요한 것은 그 학생들의 이전 시험 점수와 연구 기간 내의 대학교 성적뿐이었다.

만약 중재 관련 연구에 참가했던 고정관념화된 학생들이 고정관념화되지 않은 학생보다 연이은 시험에서 높은 성적을 받는다면, 두 번째 시나리오가 옳다는 것이 입증되는 셈이다. 가령 고정관념 위협이 완화되었을 때 고정관념화된 학생이 고정관념화되지 않은 학생보다 더 높은 성적을 받는다면, 그것은 그들의 일반적 환경에서 나타나는 낮은 성과가 그 환경에서의 고정관념 위협 때문이었을 가능성이 높다는 뜻이 된다. 또한 SAT 점수가 그들의 진정한 잠재력을 과소평가했다는 뜻이기도 하다.

그러나 만약 중재 관련 연구에 참가했던 고정관념화된 학생이 계속 고정관념화되지 않은 학생들보다 낮은 성적을 받는다면, 그것은 고정관념 위협이 그들의 대학교 성적이나 이전 SAT 점수에 아무런 영향을 끼치지 않았다는 뜻이 된다. 결국 첫 번째 시나리오가 옳은 셈이 된다.

연구가 시작되었다.

그레그와 스티븐은 중재 관련 연구 결과들—북동부의 한 대학교에서의 그레그와 제프리의 연구, 볼더에서의 제프리·훌리오·밸러리의 연구, 미시간 대학교에서의 나와 동료들의 연구—을 통해 중재 기간 동안의 참가자들의 이전 시험 점수를 얻었다. 그리고 연이은 대학교 성적 결과와 비교해보았다.

결과는 뚜렷했다. 두 번째 시나리오의 승리였다. 중재를 통해 고정관념 위협을 덜 느낀 고정관념화된 학생들은 이전 시험에서 같은 점수를 받았던 고정관념화되지 않은 학생들보다 계속 더 '높은' 성적을 얻었다.

과학에서 연구는 매우 주의 깊게 이뤄져야 한다. 어쩌면 중재는 고정관념 위협을 줄였을 뿐 아니라 추가로 다른 영향을 끼쳤을지도 모른다. 그래서 고정관념화된 학생들이 아주 좋은 성적을 냈는지도 모른다. 현재로서는 그것이 무엇일지 짐작할 수 없다. 후속 연구를 통해 정확한 설명을 얻을 수 있을 것이다.

이 연구 결과와 관련해 특히 인상적인 몇 가지가 있다. 우선 중재가 얼마나 평범한 일인지를 고려해보면 그에 다른 효과가 그야말로 극적이라는 점이다. 연구 결과에 따르면 고정관념 위협을 줄이려는 아주 사소한 노력만으로도 소수 인종 학생의 전형적인 낮은 성과 현상은 완전히 사라졌다. 이 결과는 낮은 성과 현상이 고정관념 위협 때문에 발생했다는 점을 강력하게 암시한다. 또한 연구 결과는 다음 성적을 예측하기 위한 잠재력 측정(대학교에서의 중재 연구에서는 SAT, 중학교에서 제프리·훌리오·밸러리가 진행한 중재 연구에서는 이전 성적)이 그 자체로 편향적이라는 사실을 암시한다. 즉 고정관념 위협이 고정관념화된 학생들의 성과를 낮추어서 고정관념화된 학생들의 잠재력이 과소평가되었다는 말이다. 진정한 잠재력은 고정관념 위협이 완화된 다음 학교 환경에서 나타났다.[9] 그리고 일시적으로만 나타난 것도 아니었다. 그레그와 스티븐의 연구는 K-12 학교의 학생과 대학생이라는 서로 다른 나이대의 학생들을 대상으로 한 연구이며 고정관념 위협을 줄일 수 있는 몇 가지 다른 전략이 포함된 연구였다. 이런 연구는 일정 기간 동안 축적되는 고정관념 위협의 효과를 보여준다. 그리고 우리가 무엇을 해야 할지 보여준다. 즉 고정관념화된 학생들이 잠재력을 실현할 학업 과제에 별다른 어려움을 겪지 않도록 환경을 바꿔줄 수 있음을 보여준다.

이 연구는 오래전에 시작되었지만 아직 끝나려면 멀었다. 그러나 어느 정도의 이해에는 도달했다. 수많은 증거는 고정관념과 정체성 위협, 그것에서 생기는 반응 때문에 낮은 성과 현상이 나타날 가능성이 높음을 강력하게 암시한다. 또한 그다음 교과 과정에서 학생의 잠

---

9 SAT와 GRE 같은 시험을 출제하는 교육평가위원회의 연구자들은 표준 시험에 미치는 고정관념 위협의 효과를 측정하려 했다. 그들은 수험자들에게 미적분학 선이수제AP 시험 전이나 후에 자신의 인종과 성별을 적도록 했다. 아마 사람들은 시험 후보다는 시험 전에 고정관념화된 정체성을 적은 고정관념화된 학생들에게 시험 중 고정관념 위협이 가장 크게 나타나리라 예상할 터다. 실제로 이 연구에서 시험 전에 성별을 적은 여성은 시험 후 성별을 적은 여성보다 훨씬 낮은 점수를 받았다. 그러나 ETS 연구팀은 이 효과가 중요한 의미는 없다고 말했다. 나중에 캔자스 대학교의 두 심리학자인 켈리 다나허Kelly Danaher와 크리스티안 크랜들은 이 데이터를 다시 분석했다. 그리고 다음과 같은 계산으로 ETS 연구팀의 결론을 반박했다. 즉 만약 관례적으로 성별을 AP 시험 전 대신 후에 적도록 했다면, 1만 7,000명 중 여성 2,837명이 추가로 높은 미적분학 학점을 받고 매년 대학교에 진학했을 것이며, 입학 기회가 더 높았으리라고 말이다. 흑인 학생도 같은 경향을 보였지만 통계적으로 유의미한 수준은 아니었다.
그러나 이런 결과들은 해석하기가 어렵다. 심각한 방법적 문제 때문이다. AP 시험 같은 중요한 표준 시험에서는 고정관념 위협을 느끼며 시험을 본 고정관념화된 학생들의 성과와 비교할 통제 집단을 찾을 수가 없다. 즉 고정관념 위협을 느끼지 않는 고정관념화된 학생들을 찾을 수가 없는 것이다. (고정관념 위협과 관련한 연구 설계에서 어려운 점은 고정관념화된 학생들에게 고정관념 위협을 불러일으키는 방법이 아니라 고정관념화된 학생들에게서 고정관념 위협을 제거하는 방법을 떠올리는 데 있다. 특히 실제 시험을 치르는 상황에서는 거의 불가능하다. 실제 수험자들이 시험을 어떻게 받아들이는지를 통제할 수 없기 때문이다.) AP라는 시험의 중요성에 비추어 모든 고정관념화된 수험자는 시험 전에 정체성을 적었든 후에 적었든 상당한 고정관념 위협을 느꼈을 가능성이 높다. 이 실험은 그다음 분명 많은 양의 고정관념 위협을 느꼈을 그룹을 비교했는데, 그런 비교로는 고정관념 위협 그 자체가 성과에 얼마나 많은 부정적 영향을 끼쳤는지 설명해주지 못한다.

재력을 측정하기 위한 시험이 고정관념화된 학생의 실제 잠재력을 과소평가할 수 있다는 것도 암시한다. 그리고 이런 효과는 학생들의 다음 성적도 고정관념 위협 때문에, 즉 이번에는 학교 교육 환경 그 자체 때문에 낮아지므로 잘 눈에 띄지 않았다. 정체성 위협이 미국 사회에서 자연스러운 현상으로 받아들여지는 소수 인종 학생의 낮은 성과 현상을 유발하는 것은 매우 흔한 일이라는 뜻이다.

그러나 이 연구에서 어떤 희망의 단서를 찾을 수 있다. 만약 우리가 낮은 성과 현상을 극복하길 원한다면, 만약 고정관념화된 학생에게 학교에서 배우고 사회에서 성공할 기회를 주고 싶다면, 우리는 기량과 지식을 가르치는 것은 물론 학교, 직장, 심지어는 농구 연습장에서도 고정관념 위협을 줄이려고 노력해야 한다. 그 정체성을 덜 '불편한' 것으로 만들기 위해 노력해야 한다는 뜻이다. 중재 관련 연구는 그렇게 할 수 있는 방법을 세상에 소개함으로써 훌륭하게 첫 단추를 꿰었다.

그러나 또한 우리는 정체성을 구분하는 경계선을 넘어 하나가 되어야 한다. 고정관념화된 사람들이 발전할 수 있는 환경을 조성해야 한다. 그렇게 하기 위해서 우리 모두는 아마도 또 다른 형태의 정체성 위협을 극복해야 할 것이다. 우리의 연구는 바로 그런 형태의 정체성 위협에 관한 것으로 넘어간다.

Chapter 10

우리 사이의 거리: 정체성 위협의 역할

The Distance Between Us: The Role of Identity Threat

1

셰릴 캐신Sheryll Cashin은 《통합의 실패The Failures of Integration》라는 책에서 선착순 탑승 규정을 실시하는 사우스웨스트 항공사에 관해 자신과 남편 사이에서만 통하는 개인적 농담을 소개했다(둘 다 아프리카계 미국인이다). 그들은 공항에 늦게 도착할 때면 '사우스웨스트 항공사 일등석'으로 통하는 좌석에 앉을 수 있겠다고 기대한다. 다시 말해 선착순 탑승을 위해 줄을 서 있는 사람들 가운데 줄 앞쪽에 한 젊은 아프리카계 미국인 남성이 서 있어서 그가 편안하고 착륙 후 내리기 좋은 비행기 앞쪽 자리에 앉기를 희망한다. 캐신은 이렇게 적었다. "적어도 다섯 번 중 네 번은 그 흑인 옆자리가 비어 있다. 나는 항상 기쁘게 그 편안한 자리에 앉는다. 다른 사람들이 그 편안한 자리를 기꺼이 포기하는 것에 혀를 내두르면서 말이다. 그리고 그 '일등석'에 풀썩 앉으며 옆자리의 흑인 친구에게 미소를 건넨다"(13쪽).

왜 이런 현상이 생길까? 전적으로 백인 승객의 편견 때문일까? 혹인에 대한 인종적 혐오일까? 아니면 어떤 면에서는 이 책의 중심 주제인 정체성의 곤경, 즉 아프리카계 미국인 정치학 수업을 듣는 테드를 억눌렀던 유의 곤경 때문일까? 사우스웨스트 항공사 일등석의 이러한 여러 잠재적 원인은 그룹 간의 긴장과 거리를 줄이기 위해 여러 가지 다른 방식으로 접근할 수 있다는 점을 암시한다.

만약 정체성 위협이 그 원인이라면 백인 승객들에게 비난의 화살을 돌릴 수 없다. 그들은 테드와 같은 걱정을 할 뿐이기 때문이다. 즉 인종 차별주의자로 보일 수 있는 말이나 행동, 심지어는 생각이라도 할 위험에 대한 걱정 말이다. 이러한 가정은 관찰자 시점이 아닌 행위자 시점을 취한다. 이를테면 수학 시험을 치르는 여학생이나 소수 인종 학생, 또는 흑인 승객 옆자리를 포기하는 백인 승객의 관점이 바로 행위자의 시점이다. 오늘날 예절 규범에 비추어 대부분의 승객은 인종 차별주의자로 보이지 않도록 교육받았다고 가정할 수 있다. 또한 얄궂게도 그러한 교육이 그들을 흑인 승객 옆자리 착석 같은 상황을 오히려 피하게 했다고 가정할 수도 있다. 또는 더 나아가 앞 장에서 제기된 문제를 돌이켜볼 때, 더 중요한 원인을 가정해 볼 수 있다. 즉 인종 차별을 하면 안 된다는 교육이 백인을 소수 인종 학생으로 이뤄진 학교에서 가르치거나 소수 인종 학생의 멘토가 되는 것을 꺼리도록 만든다고 말이다. 미국인을 서로 떨어뜨려놓는 이런 정체성 압박감 때문에 아마 사람들은 앞 장에서 설명한 여러 중재의 방법을 실제로 적용하려는 노력은 고사하고 관심조차 두지 않을지 모른다.

이런 견해는 사우스웨스트 항공사 일등석 옆자리에 대한 설명이 될 뿐 아니라 또 다른 경험 연구의 가능성을 제시한다. 내 연구실에 새로 합류한 명석하고 활력 넘치는 대학원생 필립 고프Philip Goff는 이 문제를 오랫동안 생각해왔고 직접 실험하고 싶어 했다. 우리는 함께 고정관념 위협이 성과에 영향을 미치는 것 외에 다른 그룹에 속한 사람 사이를 긴장시키는 원인이기도 한지 알아보기로 했다. 바로 미국인을 서로 떼어놓는 것으로 추정되는 긴장에 대해 알아보는 것이다.

그러나 미국인이 정말 여전히 분리되어 있을까? 역사적으로 미국인을 서로 고립해온 요소는 예전에 비해 오늘날 대부분 완화된 듯 보인다. 가령 인종에 대한 미국인의 태도는 제2차 세계대전 후부터 쭉 여러 타 인종을 구성원으로서 흔쾌히 받아들이는 방향으로 성장해왔다. 같은 기간 동안 미국 사회의 각 분야는 계속해서 점점 더 다양한 인종으로 채워졌다. 스포츠와 오락은 물론 기업의 CEO, 미국 대통령 자리까지도 말이다. 또한 대중 매체를 통해 비치는 미국은 그야말로 부러움을 살 만큼 다양한 인종으로 가득하다. 자, 그런데도 미국인이 여전히 따로 분리되어 있을까? 필립과 내가 더욱 구체적 증거를 찾기 위한 조사에 돌입했을 때 그룹 사이의 조화로운 인상은 찾을 수 없었다. 그리고 그 경계선은 인종 사이에만 존재하는 것은 아니었다.

《뉴욕 타임스》 칼럼니스트 데이비드 브룩스David Brooks는 《보보스는 파라다이스에 산다On Paradise Drive》(리더스북, 2008)라는 책에서 한 가지 일반적 현상을 언급해 우리의 주의를 끌었다. 그는 미국 사회가 점차 매우 비슷한 사람들로 이뤄진 더 작은 소수 집단 거주지로 잘게 쪼개지고 있다고 말했다. 그 현상은 생활 양식, 정치 성향 등 인종보다 훨씬 더 세분화된 의미를 지닌 요소와 관련되어 있었다.

브룩스는 이민자가 많이 사는 도심 빈민가에서 시작해 고소득 전문 직종의 사람들이 사는 '준準교외', 그리고 시골 지역까지 샅샅이 살펴보았다. 그리고 이 각각의 지역 사회를 고립된 '문화권'이라고 표현했다. 사람들은 다른 문화권에 사는 사람들에 대해서는 잘 모른다. 문화권의 경계가 서로 맞닿아 있더라도 말이다. 그는 책에서 이렇게 적었다.

> 인간은 놀랍도록 미묘한 사회적 차이를 포착해서 그에 맞춰 자기 삶을 형성한다. 워싱턴 지역 민주당 성향 변호사들은 대부분 메릴랜드 주 교외에 산다. 그리고 공화당 성향 변호사들은 버지니아 주 교외에 사는 경향이 있다. 만약 민주당 성향 변호사에게 메릴랜드 주 베데스다에 있는 75만 달러(2003년 가을 기준)짜리 집에서 버지니아 주 그레이트폴스의 75만 달러짜리 집으로 이사하는 게 어떻겠냐고 묻는다면, 그녀는 총기 선반이 달린 소형 트럭을 사라는 말을 들은 듯, 또는 자신의 아이의 입에 씹는담배를 밀어 넣으라는 말을 들은 듯한 표정으로 쳐다볼 것이다. 맨해튼을 들어 말하자면, 소호 지역의 300만 달러짜리 로프트(공장 등을 개조한 아파트.-옮긴이) 소유자는 5번가의 300만 달러짜리 아파트로 이사하는 것이 자신에게 어울리지 않는 일이라고 생각할 것이다.

또한 브룩스는 미국인이 이사를 많이 다닌다고 했다. 오랫동안 살던 지역을 떠나 먼 거리까지도 이동하는 사람들이 다른 나라보다 많다는 것이다. 미국인은 거주 지역을 선택할 기회가 더 많아지고, 그에 따라 자신에게 맞는 문화권을 찾을 기회를 많이 갖게 되어, 결국 시간이 지남에 따라 각 문화권들은 한층 더 그 특징이 뚜렷해지고 더욱 고립된다. 이런 방식으로 미국은 분리되고 있다.

때로 그 분리에는 인종이 한 요소로 작용하기도 한다.

나는 사실 미국인이 시민권 운동과 관련해 합당한 평가를 받지 못한다고 생각할 때가 많다. 인종적으로 통합된 사회라는 이상을 향한 미국인의 노력과 관련해서 그렇다. 1954년 대법원이 인종 분리 교육은 불평등하다는 판결을 내린 '브라운 대 교육위원회 소송 사건*Brown v. Board of Education*' 이래 미국은 통합된 사회의 정당성을 주장해왔다. 그런 나라가 미국 외에 또 있다는 얘기를 들어본 적이 없다. 그러나 브라운 대 교육위원회 판결 후 2년 만에 대법원은 또 다른 판결로 학교가 좀 더 느슨한 기준을 적용해도 된다고 했다. 엄격한 시한을 정해주는 대신 '신중한 접근'을 허락한 것이다. 1974년 대법원은 모든 대도시권역의 인종 통합적 학교에 확산되었던 인종 차별 폐지 구상에 불리한 판결을 내리기도 했다. 이 판결은 인종 차별 폐지를 근본적으로 불가능하게 만들었다. 또한 1954년 판결 이후로 강제 버스 통학busing(미국에서 다인종 통합 교육에 맞추어 백인과 흑인의 균형을 맞추기 위해 아동을 거주 지역 밖의 학교로 보내는 것을 말한다.–옮긴이)에 반대하는 시위와 소송이 끊이지 않았다.

최근 하버드 시민권 프로젝트Harvard Civil Rights Project가 밝혔듯이 시간이 지남에 따라 미국 학교들은 다시 분리돼왔다. 각 2만 5,000명 이상의 학생이 등록된 미국 내 185개 학군의 대부분은 1986년보다 2000년에 더욱 현저하게 인종적으로 분리되었다. 한 예로 2000년 미니애폴리스에서는 인종 차별 폐지 계획이 실패함에 따라 흑인 학생 대부분이 1986년에 비해 백인 학생이 33퍼센트나 줄어든 학교에 다녔다. 인종 차별 폐지 계획이 없는 학교들은 소재한 지역 사회만큼 분리된다. 그리고 그 지역 사회들은 극히 분리된 채 유지되고 있다. 2000년 인구 조사에 따르면 일반적인 백인 미국인은 백인 80퍼센트, 흑인 7퍼센트로 이뤄진 지역에 살고, 일반적인 흑인 미국인은 백인 33퍼센트, 흑인 51퍼센트로 이뤄진 지역에서 산다. 이런 현상은 도시만큼이나 교외에서도 마찬가지다. 만약 여러분이 미국 대부분의 도시를 재정비해서 사람들이 거주지를 선택하는 데 인종이 아무 역할을 하지 않게 하고 싶다면, 아마 85퍼센트의 흑인 인구를 다른 지역으로 이동시켜야 할 것이다. 역사는 변하지 않았다.

그런 데이터에도 불구하고 필립과 나는 한 가지 질문에 해답을 얻은 듯했다. 분리는 미국인의 삶에 주요한 특성으로 남아 있다는 사실이 바로 그것이다. 여기에는 물론 인종 분리가 포함된다. 텔레비전에는 다양성이 공존하는 미국 사회 모습이 비치고, 대통령으로 흑인이 당선되었는데도 말이다.

이렇게 묻는 사람도 있을 것이다. "그래서 어쨌다고요? 분리되는 경향이 뭐가 문제인가요? 미국은 자유 국가입니다. 만약 그룹 정체성에 따른 분리가 아무 해도 끼치지 않는다면 분리되지 말아야 할 이유가 있을까요?"

경제학자 글렌 라우리Glenn Loury는 최근 《인종 불평등의 구조The Anatomy of Racial Inequality》라는 책에서 이 점에 대해 흥미로운 견해를 내놓았다. 그는 그룹에 따라 분리되는 현상을 문제로 보느냐 아니냐는 인간 본성을 어떻게 가정하느냐에 따라 크게 좌우된다고 했다. 인간 본성에 대한 가정 가운데 하나는 누구나 평등하고 자유롭게 기회를 선택할 수 있는 사회에서 모든 사람은 독자적 행위자라는 관점이다. 이런 가정에 따르면 분리는 별로 심각한 문제가 아니다. 삶에서 얻는 기회가 대부분 개인의 선택, 투지, 재능 등에 관계되었다면 그룹별 분리 현상을 걱정할 이유가 어디 있겠는가? 어쩌면 그것은 개인의 활동 범위가 제한된다는 의미일 수도 있지만, 사회가 얼마나 공정한지와는 거의 무관한 문제다.

또 다른 관점은 특히 사회과학 분야에서 떠오르고 있는 시각으로, 인간이 독자적 선택을 할 수 있는 존재라 해도 사회에서 각자 특정 위치를 점하고 있는 존재라는 관점이다. 모든 사람은 사회, 경제, 문화적 구조 안에서 어딘가에 위치하고 있으며 사회를 형성하는 관계망 속에 있다. 켄터키 주 애팔래치아 산맥 기슭의 저소득층 가정에서 태어난 사람은 시카고 북부 교외의 고소득층 가정에서 태어난 사람과 사회의 기회 구조에서 서로 다른 위치에서 살게 된다. 그 위치에 따라 접근할 수 있는 자원, 기술, 지식, 기회 등의 '사회적 자본social capital'이 달라진다. 그리고 분리는 그러한 위치에 영향을 끼친다. 즉 사람들이 사회적 계급, 인종 또는 종교 같은 특징에 근거해 서로 분리된다면, 그러한 분리는 그들에게 유효한 사회적 자본에 영향을 끼칠 수밖에 없다. 라우리는 이렇게 말한다. "기회는 이러한 사회망의 시냅스를 따라 이동한다"(101쪽). 이를 뒷받침하는 증거는 상당히 많다.

한 예로 1970년대 초반에 사회학자 마크 그라노베터Mark Granovetter는 매사추세츠 주 뉴턴에 사는 수백 명의 사람에게 어떻게 직업을 구했는지 물었다. 56퍼센트가 친구를 통해서라고 했다. 단 19퍼센트의 사람만이 구인 광고를 통해서라고 답했고, 20퍼센트는 직접 회사를 찾아가 일자리를 구했다고 답했다. 최근 사회학자 낸시 디토마소 Nancy DiTomaso는 이러한 맥락의 확장된 조사를 실시했다. 그녀는 뉴저지 주, 오하이오 주, 테네시 주에 사는 25세에서 55세 사이의 246명의 사람에게 지인을 통해 일자리 정보를 들었는지, 누군가가 그들을 '추천'해주었는지, 고용 결정권자가 지인이었는지 물었다. 그 결과 60~90퍼센트의 응답자가 이런 형태의 '사회적 자본'의 혜택을 입었다는 것이 밝혀졌다. 그리고 적어도 한 번 이상의 구직 활동에서 이러한 혜택을 적어도 하나 이상 입은 사람은 응답자의 98퍼센트에 달했다. 그런데도 응답자들은 그런 혜택을 거의 인식하지 못했다. "대부분의 응답자는 아무도 자신을 도와주지 않았다고 말했다. 예를 들어 아버지를 통해 조합에 가입했고 그런 다음 친구의 도움으로 더욱 안정적인 직업을 얻게 된 뉴저지 주의 한 노동자 계층 남성은 이렇게 말했다. '내가 그럴 자격이 있었냐고요? 그럼요. 저는 그에 합당한 일을 했습니다. 아무도 내게 뭔가를 거저 주지 않았습니다. 아무것도요.'" 인간은 자기 행운을 말할 때 힘겹게 노력했던 일만 기억하고 사회적 자본의 혜택은 너무 쉽게 잊는 듯했다.

물론 모든 관계망은 동등하지 않는다. 유리한 위치와 관계망 속에 있는 사람이 그렇지 않은 사람보다 더 좋은 교육, 직업, 의료 서비스를 얻게 된다는 것은 놀랍지 않다. 앞서 말한 켄터키 주 애팔래치아 산맥 기슭의 저소득층 가정에서 태어난 사람과 시카고 북부 교외의 고소득층 가정에서 태어난 사람을 떠올려보면 쉽게 알 수 있다. 또한 아나톨 브로야드를 떠올려보자. 그가 흑인이었을 때의 삶과 백인이었을 때의 삶을 말이다. 이러한 사람들의 위치는 그 위치가 제공하는 관계망에 따라 달라진다. 즉 사회적 성공에 필요한 기술과 지식을 습득할 수 있는 기회, 중요한 사람을 만날 수 있는 기회 등은 각기 다른 관계망에 따라 달라진다. 이는 겉보기에는 특별하지 않은 듯한 결합 성향이 실제로는 큰 영향을 끼칠 수 있다는 뜻이다. 그것은 혜택을 주는 관계망에 접근할 수 있는 사람과 그렇지 않은 사람들을 가른다.

이것이 글렌 라우리의 추론이다. 그는 놀라운 결론에 닿았다. 미국 사회에서 인종적으로 구조화된 관계망과 위치를 결정하는 일상적인 결합 성향, 즉 인종적으로 구조화된 거주 양식, 교육, 친구 관계 등은 이제 흑인에 대한 직접적 차별보다 더욱 중요한 인종 불평등의 원인이라는 결론이었다. 그는 인종 차별이 사라졌다고 말하는 것이 아니다. 흑인이 더 좋은 결과를 얻을 수 있는 관계망과 위치에서 밀려나는 구조에 이러한 결합 성향이 큰 역할을 한다는 것을 강조할 뿐이다.

그는 결합 성향의 몇 가지 예를 든다.

> 1990년 25~34세 기혼자 중 70퍼센트의 아시아 여성, 39퍼센트의 히스패닉계 여성, 단 2퍼센트의 흑인 여성이 백인 앵글로·색슨 남편을 두었다. 다양한 인종의 신자들로 구성된 교회는 극히 드물어서 신문 기사에 날 정도다. 그 결과 문화적으로 고립된 사람들은 흑인 게토에 거주하는 10대들이다. 학자들은 엄청나게 먼 거리에 떨어져 있는 여러 게토에서 10대 흑인의 말투가 유사하다는 점을 발견한다. 그들의 신흥 방언은 불과 몇 마일 떨어진 곳에 사는 가난한 백인의 말투와 갈수록

달라지고 있는데도 말이다. 자녀가 없는 백인 커플이 입양할 아이를 찾으러 중국이나 콜롬비아로 가는 동안 게토에서 태어난 고아들은 부모 없이 자란다(76쪽).

추가적 예로서 나는 2장에서 설명한 1990년대 미시간 대학교 설문 조사 결과를 떠올리지 않을 수 없다. 흑인 학생은 가장 가까운 여섯 명의 친구 중에서 평균 0.7명의 백인 학생과 가깝게 지내고, 백인은 그보다 더 적은 수의 흑인 친구와 가깝게 지낸다는 설문 조사 결과가 그것이다. 이렇듯 미국 사회의 결합 구조는 분명히 인종적이다.

(제4장에서 설명한 '최소 그룹' 연구를 떠올려보면, 모든 그룹은 내집단 결합 성향이 있다. 그중 어떤 결합은 덜 강력하고 권리가 박탈되는 종류이며, 어떤 결합은 더 강력하고 권리가 주어지는 종류다. 따라서 좀 더 많은 혜택을 얻을 수 있는 관계망에 들기 위해 외집단 사람들과 관계를 맺어야 할 때는, 즉 혜택을 덜 받는 사람들이 혜택을 더 받는 외집단 사람들과 관계를 발전시켜야 할 때는, 이러한 내집단 결합 성향이 방해 요소가 될 것이다. 물론 이미 혜택을 더 받는 관계망 속에 있는 사람들의 결합 성향이 누가 그 관계망 안으로 들어오느냐를 결정하는 데 더 큰 역할을 할 테지만 말이다.)

필립과 나는 이 문제를 자세히 살펴본 뒤 그룹 편견이 그룹 결합 성향의 유일한 원인이 아니라는 추정을 더욱 확신했다. 우리는 사우스웨스트 항공사 일등석 현상 같은 정체성 위협이 미국인을 따로 떨어뜨려놓는 데 우리 생각보다 더 큰 역할을 할지 궁금했다.

한편 다른 인종 간 소통이 종종 매우 편안하게 이뤄진다는 사실도 알고 있었다. 사무실 창밖을 내다보면 여러 인종의 학생이 섞인 무리를 어렵지 않게 목격할 수 있었다. 그들은 서로 쉽게 어우러졌다. 백인 학생이 인종 차별주의자라는 고정관념을 확증할 위협을 거의 느끼지 않고도 흑인 학생과 이야기할 수 있는 화제는 많다. 교내 농구팀의 우승이 한 예다. 그러나 다른 주제는 그만큼의 안전을 보장해주지 않는다. 예를 들면 시내에서 흑인 대학생을 검문하는 경찰이라든지, 소수 인종 초등학생을 개인 지도 하는 백인 학생의 태만 같은 것이 그 예다. 바로 그러한 화제가 등장할 때 정체성 위협이 발생하며, 소통에 큰 긴장감을 더한다.

2

그러나 정체성 위협이 인종 간 소통에서 어떤 역할을 하는지 어떻게 확인할 수 있을까? 우리는 결합 성향에 미치는 정체성 위협의 영향력을 측정할 방법을 찾아야 했다. 가령 여러분이 백인이고 치과 대기실에서 혼자 기다리고 있다고 가정해보자. 이때 흑인 환자 두 명이 도착해 여러분 옆에 앉는다. 대화가 시작된다. 치과 치료에 따른 고통에 대해 서로 위로를 건넨다. 그러다가 정치 이야기로 넘어가고 대화는 자연스럽게 여러분의 대화 상대에게 극심한 걱정을 불러일으키는 문제, 인종 차별적 검문 관행인 인종 프로파일링으로 흘러간다. 흑인은 자신도 그런 일을 겪었다고 주장한다. 이때 마침 여러분은 진료실로 불려 들어간다. 그러나 여러분이 진료실로 들어가려고 할 때 의사가 다른 환자의 시술을 마무리하기 위해 자리를 비운다. 여러분은 어쩔 수 없이 다시 대기실로 돌아가야 한다. 원래 앉았던 자리에는 누군가 다른 사람이 앉아 있고 다른 두 자리가 남아 있다. 한 자리는 계속 인종 프로파일링을 이야기하는 두 사람 바로 옆자리고, 다른 한 자리는 그런 대화에서 안전거리를 둘 수 있는 동떨어진 자리다.

백인으로서 그 대화에 다시 합류했다가는 고정관념 위협에 처할 수 있다. 이런 민감한 주제에 관해 무심코 뭔가 잘못 말했다가는 고정관념에 따라 보일 수 있다는 말이다. 이런 종류의 고정관념 위협이 결합 성향에 영향을 끼친다면, 여러분은 그 위험한 대화를 피할 수 있는 멀리 동떨어진 자리에 앉을 것이다. 그러나 만약 정체성 위협이 그러한 성향에 아무 영향을 끼치지 않는다면, 여러분은 그 사람들 옆자리에 앉아 계속 대화할 것이다.

과연 여러분은 어떤 자리에 앉게 될까?

이런 상황을 연출함으로써 정체성 위협이 다른 그룹의 사람과 어울리는 개인 성향에 영향을 끼치는지 아닌지 확인할 수 있을 터였다. 어느 자리에 앉느냐라는 선택만으로도 결과가 드러날 것이다. 필립과 나는 이런 상황을 실험실에서 재연할 여러 방법을 이야기했다. 몇 차례 예행연습을 거친 후에 다음과 같은 방식을 찾았다.

우리는 스탠퍼드 대학교 백인 남학생들을 실험실로 한 명씩 불렀다. 그리고 의사소통에 관한 연구의 일환이라고 소개하며 다른 방에서 설문지를 작성하고 있는 다른 두 명의 학생과 대화하면 된다고 설명했다. 그리고 우리는 그 두 명의 대화 상대자의 폴라로이드 사진을 보여주었다. 대화 상대자의 얼굴을 익힐 수 있도록 말이다. 사진을 통해 참가자들은 대화 상대 두 명이 흑인임을 알게 되었다. 그다음 절반의 참가자들은 '사랑과 연애'에 대해, 다른 절반은 더 민감한 주제인 '인종 프로파일링'에 대해 대화하면 된다는 설명을 들었다.

이렇게 해서 우리는 백인 참가자를 두 집단으로 나누었다. 한 집단은 두 명의 흑인 남학생과 사랑과 연애에 관해 이야기를 나눴다. 앞선 예비 조사에서 남학생들은 이 주제를 다른 그룹 사람들과 편안하게 이야기할 수 있는 주제로 평가했다. 다른 집단은 두 명의 흑인 남학생과 인종 프로파일링에 대해 이야기했다. 앞선 예비 조사에서 남학생들은 이 주제를 매우 불편하게 여겼다. 그 주제는 치과 대기실의 예처럼 그들에게 고정관념 위협을 불러일으킨 듯 보였다. 이러한 위협은 실제로 참가자들의 그룹 결합 성향에 영향을 끼칠까?

우리는 간단한 방식으로 결합 성향을 측정했다. 참가자에게 대화 주제를 알려준 뒤 대화를 할 수 있도록 다른 방으로 데려갔다. 그리고 방 한쪽 귀퉁이에 있는 의자 세 개를 가리키며 대화하기 편하도록 의자를 배열해달라고 한 다음 하나의 의자에 앉아 기다리라고 말했다. 방에 혼자 남겨진 참가자는 의자를 배열했다. 그 일을 마치면 사실 실험은 끝나는 셈이다.

쉽게 짐작할 수 있듯 참가자들이 의자를 배열하는 방식이 우리의 진짜 관심사였다. 특히 참가자 자신이 앉을 의자와 두 명의 흑인 대화 상대자가 앉을 의자를 얼마나 가깝게 배열하는지 그 거리를 확인하고 싶었다. 그 거리가 결합 성향을 측정하는 기준이었다. 우리는 그 거리가 더 멀수록 참가자가 앞으로 시작될 대화를 더 불편하게 느낀다고 간주했다.

만약 인종 프로파일링에 관해 흑인 학생들과 이야기하리라는 생각이 참가자에게 고정관념 위협을 불러일으킨다면, 그 학생은 사랑과 연애라는 무해한 대화를 기다리는 참가자보다 의자를 더 멀리 놓을 터였다. 그들은 마치 사우스웨스트 항공 비행기에 탑승할 때 흑인 승객의 옆자리에는 앉지 않는 백인 승객처럼 행동할 것이다. 실제로 그런 결과가 나왔다. 사랑과 연애에 관해 대화할 참가자는 의자 세 개 모두를 가까이 놓았다. 반면 인종 프로파일링에 관해 대화할 참가자는 대화 상대자의 의자 두 개는 가까이 붙였지만 자기 의자는 거기에서 멀리 떨어뜨려놓았다.

흥미로운 결과였다. 그러나 낯선 사람과 인종 프로파일링에 관해 대화하는 일은 누구에게나 불편한 일이다. 민감한 주제이기 때문이다. 아마 그래서 이에 대한 주제로 이야기해야 하는 참가자들은 자기 의자를 대화 상대자들의 의자에서 멀리 떨어뜨려놓았을 것이다. 이를 확인하기 위해 다른 백인 남학생 두 집단을 대상으로 추가 실험을 했다. 한 집단은 사랑과 연애에 대해, 다른 집단은 인종 프로파일링에 대해 대화하도록 하는 방식은 이전과 동일했다. 그러나 이번에는 두 집단 모두에게 대화 상대자의 사진을 흑인이 아닌 백인으로 보여주었다. 인종 프로파일링에 대해 백인 학생과 대화하는 것은 흑인 학생과 대화하는 것만큼 고정관념 위협을 불러일으키지는 않을 터였다. 결과는 뚜렷했다. 두 집단의 백인 참가자 모두 대화 주제와 관계없이 의자 세 개를 모두 가까이 붙여놓았다. 인종 프로파일링이라는 주제 자체가 백인 참가자에게 의자를 떨어뜨리게 하지는 않았던 것이다. 그러나 의자를 떨어뜨려놓은 행동이 과연 인종 차별주의자라는 고정관념을 확증할 두려움 때문이었다고 확신할 수 있을까?

이를 확인하기 위해 우리는 참가자들이 의자를 배열하기 직전 무슨 생각을 했는지 측정했다. 조슈아와 내가 전에 사용했던 방식대로 우리는 참가자들에게 열 개의 단어 완성 조각 목록을 주었다. 그중 여덟 개 조각은 백인에 관한 고정관념과 관련된 단어로 완성될 수 있었다. 가령 'rac-t' 조각은 'racket'이나 'racist'(인종 차별주의자)로 완성될 수 있었다. 단어 완성은 로르샤흐 검사Rorschach test(성격 분류에 사용되는 잉크의 얼룩에 의한 연상 실험.-옮긴이)처럼 한 사람의 의식 아래에 어떤 생각이 흐르는지 측정하는 검사다. 결과는 흥미로웠다. 백인과 대화할 예정인 참가자, 그리고 흑인과 사랑·연애에 관해 대화할 예정인 참가자들을 살펴보니 더 많은 수의 단어를 고정관념 관련 단어로 완성한 참가자라고 해서 의자를 더 멀리 떨어뜨려놓지는 않았다. 그러나 흑인 대화 상대자와 인종 프로파일링에 대해 대화할 예정인 참가자 중에서는 더 많은 조각을 고정관념 관련 단어로 완성한 참가자일수록 의자를 더 멀리 떨어뜨려놓았다.

이 실험을 통해 우리는 인종과 관련된 민감한 주제를 놓고 서로 다른 인종끼리 대화해야 할 상황에 처할 때 백인 참가자들이 인종 차별주의자로 비칠 수 있는 고정관념을 의식한다는 사실을 알게 되었다. 그들은 그런 고정관념을 더욱 의식할수록 흑인 대화 상대자들과 더욱 거리를 두려 했다. 고정관념에 따라 보일까 걱정한 탓에 그 상황을 피하고 싶었던 것이다.

그러나 여전히 다른 설명도 할 수 있다. 무엇이 사우스웨스트 항공 일등석 현상을 불러일으켰는지 되살려보자. 그것은 정체성 위협 때문일까, 아니면 낡은 편견 때문일까? 같은 질문이 여기에도 적용된다. 백인 참가자는 대화 주제가 인종 프로파일링 때 정체성 위협을 느껴 흑인 대화 상대자들과 거리를 두려 했을까? 아니면 낡은 편견 때문에 그렇게 했을까? 아마 인종적 편견이 더 심한 참가자일수록 그들의 흑인 대화 상대자와 더 멀리 떨어져 앉으려 했을 것이다. 그리고 편견에 따라 보일까에 대해서도 가장 크게 걱정해야 했을 것이다.

우리는 또 다른 실험을 진행했다. 기본적으로는 처음 실험과 같은 과정이었다. 다만 실험이 시작되기 24시간 전에 참가자들이 얼마만큼 인종적 편견이 있는지 측정한 점만 달랐다. 의식적 편견과 무의식적 편견 모두를 측정했다. 의식적 편견은 현대 인종 차별주의 설문지Modern Racism Questionnaire로 측정했고, 무의식적 편견은 암묵적 태도 테스트Implicit Attitude Test, IAT로 측정했다. IAT는 특정 그룹, 여기서는 아프리카계 미국인 그룹에 관한 무의식적, 암묵적 태도를 측정하는 실험이다. 이 실험은 인간이 강하게 느끼는 결합을 인식한다고 말하는 것보다 약하게 느끼는 결합을 인식한다고 말하는 데 더 오랜 시간이 걸린다는 원칙을 반영해 설계되었다. 가령 할리우드 영화 최초의 뛰어난 미국의 코미디 듀오 로렐와 하디 사이의 결합이 인간이 강하게 느끼는 결합의 예이고, 동시대 유명 인사라는 공통점만을 지닌 조지 W. 부시와 마이클 잭슨 사이의 결합이 약하게 느껴지는 결합의 예가 될 수 있다. 따라서 만약 흑인과 긍정적인 것(가령 흑인과 직업적 성공) 사이의 결합보다 흑인과 부정적인 것(가령 흑인과 범죄) 사이의 결합을 더 빨리 인식한다면, 그리고 만약 백인과 관련해서는 반대 결과가 나온다면, 우리는 흑인에 대해 암묵적으로 부정적 결합을 강하게 느낀다는 뜻이 된다. 다시 말해 흑인에 관한 우리의 결합은 백인에 대한 결합보다 무의식적으로 더욱 부정적이라는 말이다. (이 흥미로운 실험은 사회심리학자 앤서니 그린월드Anthony Greenwald와 마자린 바나지Mahzarin Banaji가 개발한 것으로 임플리시트닷하버드닷에듀www.implicit.harvard.edu에서 직접 테스트할 수 있다.) IAT는 자극에 반응하는 데 걸리는 시간을 컴퓨터 화면에 바로 보여주기 때문에 잘못된 결과가 나올 가능성은 거의 없다.

처음 실험과 똑같은 결과가 나왔다. 인종 프로파일링에 대해 대화하리라 예상한 백인 남성 참가자들은 백인 대화 상대자보다 흑인 대화 상대자와 더 멀리 떨어져서 앉으려 했다. (이 실험에서 참가자들은 한 명의 대화 상대자와 이야기할 것이라는 설명을 들었다.)

중요한 것은 편견이 더 많은 참가자라고 해서 편견이 더 적은 참가자보다 흑인 대화 상대자와 거리를 더 멀리 두려고 하지는 않았다는 점이다. 이것은 많은 점을 설명해주는 결과다. 이 실험에서 편견은 다른 인종과 거리를 두는 정도에 아무 영향을 끼치지 않았다. 물론 대학생 표본은 그다지 편견에 사로잡힌 사람이 아니었다. 일부 참가자는 다른 사람들보다 좀 더 많은 편견이 있다고 나타나기는 했지만, 그 정도 편견은 흑인 대화 상대자와 인종 프로파일링에 대해 대화해야 할 상황에서 얼마만큼의 거리를 두려는지에 전혀 영향을 끼치지 않았다.

흑인 대화 상대자와의 거리에 영향을 끼친 요인은 첫 실험에서 나타난 것과 같았다. 바로 백인의 인종 차별주의 관련 고정관념을 확증할까 하는 걱정이었다. 백인 남성 참가자는 흑인과 인종 프로파일링에 대해 이야기할 상황에 놓였을 때 이 고정관념을 확증할까 두려워했으며, 더 많이 걱정할수록 대화 상대자와 더 멀리 거리를 두려고 했다.

결국 흑인 대화 상대자와의 거리를 멀리 떨어뜨린 것은 편견이 아니었다. 그것은 인종 차별주의자로 보일까 하는 두려움이었다. 그 두려움은 그 상황에서의 정체성 위협, 즉 백인의 정체성 비상사태였다. 아마 테드가 아프리카계 미국인 정치학 수업에서 극심하게 불편했던 이유도 인종적 편견 때문이라기보다는 이러한 정체성 위협 때문이었을 터다. 셰릴 캐신에게 사우스웨스트 일등석을 내어준 일부 백인 승객, 성적이 나쁜 소수 인종 학생에게 조언하기를 어려워하는 백인 교사도 정체성 위협을 느꼈을 것이다. 누구인들 불편한 상황을 원하겠는가.

그렇다면 고정관념 위협은 역사가 우리 일상으로 침투하는 하나의 방식인 셈이다. 미국 역사는 우리에게 미국 사회의 그룹에 관한 고정관념을 떠넘긴다. 우리는 그런 고정관념이 적용될 수 있는 상황, 이를테면 비행기에서 흑인 옆자리에 앉거나 소수 인종 학생과 이야기하는 상황에 처했을 때 그 고정관념에 따라 평가될 수 있다. 그 상황에서 백인은 인종적으로 무감하다는 식의 고정관념에 따라 비치고 싶지 않을 것이다. 그리고 흑인 입장에서는 공격적이라거나 매사를 편견으로 보려 한다는 등의 고정관념에 따라 비치고 싶지 않을 것이다. 이러한 잠재적 인식에 대한 생각을 떨쳐버리는 것은 양쪽 모두에게 버겁다. 따라서 그들은 아마 회피하고 싶을 것이다. 회피는 가장 쉬운 해결책이니 말이다.

남들 앞에서 그런 고정관념을 다뤄야 하는 부담감은 아마 '인종과 관련된 미국인의 심각한 불편', 더 일반적으로는 '차이와 관련된 미국인의 심각한 불편'의 주요 원인일 것이다. 데이비드 브룩스는 그런 불편함 때문에 미국인은 더욱더 세분화된 지역 사회로 나뉘고 있다고 말한다. 우리는 어쩌면 이렇게 회피하기 위해서 거주지, 직장, 학교를 구분하려는지도 모른다. 그러나 인구는 점점 더 다양한 인종으로 구성되고 있고 미국은 기회의 균등을 위해 노력하기 때문에 단순 회피는 실패 전략이 될 가능성이 높다. 우리는 도망갈 수 있다. 하지만 과연 압박감에서 숨을 수도 있을까?

지금까지의 필립과 나의 추론은 침울하다. 요술 지팡이로 미국 사회의 모든 편견을 몰아낼 수 있다고 해도, 우리를 분리하는 압박감은 계속 남을 것이다. 게다가 그러한 압박감이 자주 이사를 다니는 미국인의 습성과 결부될 때(데이비드 브룩스가 언급했듯 미국인의 16퍼센트는 매년 이사한다), 미국 사회의 분리는 더욱 뚜렷해질 것이다.

3

이것은 상당히 어두운 터널이다. 그러나 필립과 나는 앞서 소개했던 폴 데이비스와 함께 터널 끝에서 빛을 찾는 실험을 했다. 다른 그룹의 사람에게 다가가는 것을 더 쉽게 해줄 사고방식이 무엇인지 알아보는 실험이다. 우리는 다시 한 번 앞서 소개한 캐럴 드웩의 연구에서 아이디어를 얻었다.

캐럴의 논리에 따라, 우리는 백인 학생이 흑인 학생과 인종 프로파일링에 대해 대화할 때 걱정하는 이유는 아마도 대화 도중에 실수로 인종 차별주의자라는 고정관념을 확증할까 염려해서라고 판단했다.

이러한 이유로 그들은 대화를 피하려 한다. 그게 사실이라면, 만약 그 대화를 학습 기회로 소개할 경우 그들을 서로 더 가깝게 할 수 있을지도 몰랐다. 그렇게 소개한다면 그러한 대화와 관련된 기술이 학습되리라고 생각하고, 상황에 대한 불안감도 얼마간 해소될 터였다. 그들이 의자를 더 가까이 붙여놓을 수 있을 만큼은 말이다.

우리는 다시 같은 실험을 했다. 그러나 이번에는 의자를 배열하도록 참가자를 방에 혼자 남겨두기 직전에 참가자에게 간단히 조언해주었다. 인종 프로파일링에 대해 이야기하면서 긴장감을 느끼는 것은 자연스러운 일이며 그러한 대화는 누구에게나 어렵다고 말해주었다. 그리고 대화를 배움의 경험으로 받아들여야 한다고 말해주었다. 그 주제에 관해 내가 무엇을 할 수 있는지 생각해볼 기회로 삼고, 특히 다른 관점을 가진 사람과 민감한 사안에 대해 대화하는 방식을 배우기 위해 노력하라고 말이다.

이러한 조언을 들은 백인 남성 참가자들은 자기 의자를 흑인 대화 상대자의 의자와 가까이 놓았다. 그들은 의자를 배열하기 직전 무슨 생각을 했을까? 단어 완성 조각 실험을 통해 대화를 통해 배워야겠다는 목표를 가진 백인 참가자들은 더 이상 인종 차별주의자로 비칠까 걱정하지 않았다. 그들은 고정관념 위협 아래 놓이지 않은 참가자들보다 단어 완성 조각을 더 많이 고정관념 관련 단어로 완성하지 않았다.

그룹 사이의 편견은 여전히 세계 곳곳에서 일어나는 그룹 간 분리의 주요 원인이다. 다른 그룹의 사람들과 대화할 때 학습 목표를 부여해주는 것만으로는 이 모든 편견을 개선할 수 없다. 편견은 획기적인 묘책이 없는 문제이기 때문이다.

그러나 여전히 이 실험 결과는 희망을 준다. 사람들을 서로 떼어놓고 불편하게 느끼도록 만들고, 비행기에서 승객들이 서로의 곁에 앉지 않도록 하고, 소수 인종 학생이 대다수를 이룬 수업을 수강하는 것을 막고, 교사들이 소수 인종 학생과 면담하기를 어려워하게 만드는 것이 만약 정체성 위협이라면, 그때는 학습 목표를 갖는 것이 분명 도움이 될 터다. 학습 목표가 있다면 실수는 단순히 실수로 남을 뿐 불가피한 인종 차별주의의 표시가 되지는 않기 때문이다.

학습 목표라는 캐럴의 아이디어를 발견하기 전 우리는 몇 차례 실패했다. 우리는 곤란한 대화를 앞둔 참가자들이 의자들을 좀 더 가까이 놓을 수 있도록 할 조언을 몇 가지 찾으려고 시도했다. 처음에는 그들에게 대화 중에 한 말로 평가받지 않을 것이며 비난을 받을까 두려워하지 말고 마음속 생각을 마음껏 표현하라고 조언했다. 그 조언은 효과가 없었다. 아마도 그들은 우리 말을 믿지 않았을 것이다. 그들은 대화 상대자와 여전히 멀리 떨어져 앉았다. 두 번째로 우리는 관점 차이는 소중한 것이며 대화에서 다양한 관점이 나올수록 좋다고 말했다. 이 조언도 효과가 없었다. 그들은 여전히 의자를 멀리 떨어뜨렸으며 때로 우리가 아무 말도 하지 않았을 때보다 더 멀리 떨어뜨렸다.

이러한 전략들은 우리에게 합리적으로 보였다. 우리는 여러 다양성 훈련 프로그램에서 이런 전략들을 끌어왔고 때로는 수업에서 사용하기도 했다. 그러나 그 전략들은 예상치 못한 결과를 가져왔다. 우리가 참가자들에게 그들이 한 말 때문에 그들을 나쁘게 보지 않으리라 장담할수록 그들은 우리가 자신들을 나쁘게 볼까 더욱 두려워했다. 다소 강박적 반응이긴 하지만 심리학 실험이나 다양성 워크숍(다양성을 포용하고 존중하는 기업 환경을 만들기 위해 미국 기업에서 흔히 실시되는 교육.-옮긴이) 같은 평가를 받으리라는 위협을 느낄 만한 상황에서는 전적으로 비합리적 반응도 아니다. 어떤 그룹 사람이든 자신에 관한 부정적 고정관념이 관련된 상황에서 느낄 수 있는 고정관념 위협에 대해서 그저 안전하다는 설명만으로 안심시키기는 어렵다.

학교, 직장, 다양성 워크숍 등에서 사람들이 불안해하지 않도록 하려면 믿을 수 있게 해야 한다. 즉 자기 그룹에 관한 부정적 고정관념이 관련된 상황에 처했더라도 고정관념에 의해 평가받지 않으리라 믿을 수 있어야 한다. 그런 신뢰를 얻기란 쉽지 않다. 제9장에서 이러한 신뢰를 얻는 몇 가지 방식을 소개하기도 했다. 그러나 여기서 나는 학습 목표를 갖는 것의 가치를 다시 강조하고자 한다. 서로 다른 배경을 가진 사람들이 모여 의사소통할 때 서로에게 배우는 것을 목표로 삼는다면 그들 사이의 잠재적 긴장감은 완화되고 실수는 사소해진다. 신뢰가 형성되는 것이다.

결국 고정관념 위협은 일반적 현상이다. 그것은 언제든 누구에게나 생긴다. 우리의 정체성에 관한 부정적 고정관념은 공기처럼 주변을 맴돈다. 이러한 고정관념에 관련된 상황에 처할 때 우리는 고정관념에 따라 평가되거나 취급되리라는 것을 안다. 그래서 우리는 걱정한다. 고정관념이 틀렸음을 입증하거나 그것을 확증하는 일을 피하려 한다는 뜻이다. 자연스럽게 우리는 스스로를 고정관념과 반대되는 모습으로 보여주고자 한다. 그리고 압박감과 씨름해야만 하는 상황을 회피한다. 이런 사정이 우리 삶의 모든 것을 결정하지는 않지만, 끈질기게 우리를 따라다니며 무의식 수준에서 행동과 선택을 조정한다. 가령 비행기에서 자리에 앉을 때 얼마나 더 통로 안쪽으로 걸어 들어갈지 등을 결정하는 것이다. 우리는 스스로를 자율적 개인으로 여긴다. 물론 우리가 스스로 선택하는 것은 사실이다. 그러나 우리는 언제나 주어진 맥락 속에서 선택한다는 사실을 쉽게 잊는다. 사회적 정체성에서 비롯되는 압박감도 이러한 맥락을 구성하는 한 요소다. 그리고 내가 이 책 곳곳에서 설득하려 했듯이, 우리에게 사회적 정체성이 실재하도록 만드는 것은 역으로 바로 이런 압박감이다.

고정관념 위협은 우리 삶에서 일어나는 보편적 현상이다.

Chapter 11 결론: 가교로서의 정체성

Conclusion: Identity as a Bridge Between Us

2008년 11월 4일, 버락 오바마가 미국에서 최초의 아프리카계 미국인 대통령으로 당선되자 미국 사회가 '탈인종' 시대에 접어들었는지 활발하게 논의되었다. 인종적 정체성이 기회를 얻거나 관계를 맺을 때에 더 이상 중요한 역할을 하지 않는 그런 시대 말이다. 탈인종 시대에 관한 희망은 인종 외 다른 그룹 편견에 대한 논의로까지 뻗어나갔다. 그 희망은 미국을 특징짓는 근본적인 몇 가지 특성이 편견을 바탕으로 한 부당함에서 우리를 자유롭게 하고 진전시킬 수준으로까지 변화됐거나 진화돼왔으리라는 희망이었다. 아리스토텔레스는 물체가 각기 다른 본성을 갖고 있기 때문에 서로 다른 속도로 떨어진다고 믿었다. 그 본성은 지구로 얼마나 끌어당겨지는지, 그에 따라 얼마나 그 물체가 빨리 떨어지는지를 결정짓는 특성이며 물체마다 각각 다르다. 우리도 정체성 공정 사회를 향해 얼마나 진보했는지를 인종, 성별, 계급 등 그룹에 따른 부당함을 유발한다고 여겨지는 내적 특성, 즉 그룹 간 편견을 측정해서 알아낼 수 있다고 생각하는 듯하다. 그렇게 본다면 만약 그 지표가 0을 가리킬 때 우리는 인종적으로 정체성 공정 사회, 즉 탈인종 사회에서 살게 될 것이다. 그 지표가 0으로 떨어지는 것을 본다면 나로서는 정말 행복하겠다. 그러나 그것이 곧바로 우리가 탈인종 사회에서 살게 된다는 뜻일까?

지금까지 나는 무엇이 인종 같은 사회적 정체성을 개인과 사회에 중요한 것으로 만드는지 다각도로 소개했다. 정체성은 단지 그 정체성을 향한 타인의 편견 어린 태도 때문만이 아니라 중요한 상황에서 발생하는 그 정체성에 수반하는 비상사태 때문에 문제가 된다. 편견도 물론 문제가 된다. 그것은 비상사태를 불러일으킬 수 있기 때문이다. 그러나 정체성 비상사태는 편견을 가진 사람을 단 한 명도 마주치지 않고도 개인의 삶을 바꿀 만큼 깊은 영향을 끼칠 수 있다.

아프리카계 미국인으로서의 내 삶을 돌이켜보면 나는 정체성과 관련된 여러 비상사태 속에서 시간이 흐름에 따라 진보된 점을 발견할 수 있다. 가령 어린 시절의 나를 괴롭히던 수영장 이용 제한은 이제 사라졌다. 1940년대 후반 뉴욕에 사는 흑인으로서 아나톨 브로야드가 직면해야 했던 숨 막히는 여러 제약도 사라졌다. 모든 것이 점차 나아졌다. 그러나 기억해야 한다. 비상사태는 사회 역사와 구조 속에서의 정체성의 역할로부터, 그리고 사회가 그 정체성을 어떻게 고정관념화하느냐에 따라 생긴다는 사실을 말이다. 미국에서의 인종에 관해 말하자면, 그 역사와 유산은 여전히 우리에게 지대한 영향을 끼친다. 제10장에서 설명했듯이 학교가 인종적으로 분리되는 현상은 꾸준히 늘고 있다. 이는 미국의 인종적 종속 관계의 오랜 역사를 나타낸다. 또한 오늘날 평균 흑인 가구의 재산은 평균 백인 가구 재산 1

달러당 10센트에 불과하다. 윌리엄 포크너William Faulkner가 말했듯 "과거는 죽거나 땅에 묻히지 않는다. 사실 과거는 아직 지나지도 않았다".

사실 인종과 관련된 사회심리학적 비상사태는 서서히 개선되고 있으면서도 동시에 끈질기게 남아 있다. 고등 교육을 살펴보자. 1960년대까지 아프리카계 미국인이 인종과 관련해 가장 우려했던 정체성 비상사태는 미국에 있는 대부분의 대학교에 진학할 수 없다는 사실, 또는 만약 진학하더라도 그 수가 너무 적어서 차별적 제약이 따를 수밖에 없다는 사실이었다. 이러한 비상사태는 오늘날의 흑인 대학교 지원자들의 삶에는 전혀 없다. 그러나 오늘날 인종적으로 통합된 대학교에서 나타나는 고정관념과 정체성 위협은 지난날의 전면적 차별처럼 기회를 제한하는 방식 대신 유감스럽게도 인간의 잠재력을 억제하는 방식으로 어마어마한 영향을 끼칠 수 있다.

백인도 더욱 인종적으로 다양해지는 환경에서 끈질긴 정체성 위협에 직면할 것이다. 그들은 이제 더욱 자주 흑인이나 다른 소수 인종을 만나며 살아간다. 백인과 관련한 부정적 고정관념에 따라 평가될 가능성에 더욱 자주 직면한다는 뜻이다. 이에 대한 반응은 제10장에서 설명한 나와 필립 고프, 폴 데이비스의 연구에서 이미 살펴보았다.

사정이 이러하기 때문에 우리는 아직 탈인종 사회에서 살고 있지 못하다. 인종에 대한 우리의 태도는 실제로 개선되고 있다. 여러 설문 조사 연구에 따르면 다른 인종 간 결혼에 대해 사람들이 반감을 덜 느낀다. 또 백인은 흑인 상사와 함께 일하는 것에 거부감을 덜 느끼고, 많은 미국인이 이웃에 다른 인종이 사는 것에 불만이 없다. 그리고 바로 그 아프리카계 미국인 대통령의 당선이라는 사건이 터졌다. 그러나 문제가 되는 것은 인종에 대한 이러한 태도뿐만이 아니라 우리 삶의 비상사태들이다. 또한 그러한 비상상태가 더 사회심리학적 형태가 된다고 해서 그것들이 사라진다는 뜻도 아니다.

이 책에서 내가 하고자 한 일은 특히 여러 정체성이 혼합된 환경에서 사람들은 단지 겉으로 드러나는 일만 다루는 것이 아니라 위협을 경계하고 부정적으로 평가되고 취급될 위협에서 자신을 보호하느라 여념이 없다는 점을 이해하고 마음에 새기게 하려는 것이다. 아마도 우리 연구의 가장 중요한 발견은 이러한 인간 특징의 방어적 측면이 단순히 부정적으로 고정관념화될 가능성만으로도 부각될 수 있다는 점일 터다. 그리고 그러한 방어적 측면은 한번 부각되면 인간의 능력을 점유한다. 당면 과제를 처리할 능력을 거의 남겨두지 않는 수준까지 말이다. 이런 식으로 인간 특징의 방어적 측면은 우리의 생각, 감정, 행동 그리고 내면적 특성, 능력, 의욕 등과는 아무 관련이 없는 성과에까지 영향을 끼친다. 중요한 것은 이러한 영향이 그룹 간 행동 차이를 만든다는 점이다. 수학 점수, 인종 간 대화에 보이는 관심의 정도, 골프 성적 등에서의 차이가 바로 그것들이다. 우리는 편견에 대해 알기 위해 과학의 힘이 허락하는 만큼 인간의 마음과 생각을 깊이 탐구하는 과정에서, 가령 흑인을 향한 사람들의 행동이 주로 단순한 고정관념 때문에 생긴 곤경으로 결정된다는 사실을 놓친다. 또는 여성들의 수학 능력을 측정하기 위해 수많은 시험을 치르게 하면서 그들이 처음 수학을 접했을 때부터 정체성 위협의 압박감 속에서 낮은 점수를 받아왔다는 사실을 간과한다. 아니면 백인의 정확한 달리기 실력을 알아본다면서 세계 곳곳의 트랙을 빌려 실험하면서도 백인보다 다른 인종이 달리기에 우세하다는 거의 만장일치에 가까운 사회적 합의 아래에서 백인이 낮은 달리기 성과를 내왔다는 현실은 인식하지 못한다.

고정관념 위협은 그룹 간 격차에 대한 우리의 이해에 첨가 재료다. 개인의 내면적 요소의 영향을 전면 부정하는 것이 아니다. 그저 고정관념 위협이라는 개념을 이용해 설명의 팔레트를 확장하는 것이다. 이런 확장된 팔레트가 없으면 다음 질문에 답할 수 없다.

· 레이븐의 누진 행렬 지능 검사를 능력 측정이 아닌 단순한 수수께끼로 소개했을 때 왜 흑인의 성과가 백인의 성과와 같은 수준으로 향상되었는가?
· 골프를 '선천적 운동 능력' 측정이 아닌 '스포츠 전략 지능' 측정으로 소개했을 때 왜 흑인과 백인 참가자의 성적이 정반대로 뒤바뀌었나?
· 여학생이 어려운 수학 시험 문제를 풀기 직전 긍정적인 여성의 본보기를 상기시켰을 때 왜 전형적인 낮은 성과 현상이 사라졌는가?
· 아프리카계 미국인과 인종 프로파일링에 대해 대화하는 것을 학습 기회로 삼으라고 조언했을 때 왜 백인 남학생들이 의자를 서로 가까이에 놓았나?

여기서 논의하는 연구의 가장 중요한 실용적 시사점은 만약 사람들에게 정체성 곤경이 그들을 위협에 빠뜨리지 않으리라는 확신을 주지 못한다면, 그룹 성취 격차를 줄이는 데, 또는 서로 다른 배경을 가진 사람들이 편안하게 어울려 일하는 데 성공하지 못하리라는 점이다. 정체성 위협을 완화하지 않으면 인간 특징의 방어적 측면이 사람들을 지배하게 된다. 이러한 안전이 왜 필요한지 논의한다고 해서 이러한 문제가 전적으로 해결되지는 않는다. 그러나 이러한 안전의 필요성에 주목하지 않고서는 문제를 해결할 수 없다. 이와 관련해 나는 인간 특징의 방어적 측면을 설명할 줄 아는 능력이 점점 더 교사, 관리자, 지도자에게 중요한 기술이 되고 있음을 깨닫게 되었다. 이런 기술이 없다면 점차 인종적으로 다양해지는 사회에서 유능한 인물이 되기 어렵다.

바로 이 지점에서 이 책의 실용적 교훈이 드러난다. 그 교훈들은 사람들이 서로 편안하게 어울려 일하도록 하는 기술에 관한 입문서가 된다. 그것은 남겨진 여러 과제에 대한 희망적 접근법을 제공한다. 개인의 내적 특성은 바꾸기 어렵다. 반면 일시적 정체성 비상사태, 그것을 나타내는 신호들, 그것을 설명하는 견해는 좀 더 바꾸기 쉽다. 최근 몇 년간 발견된 실용적 연구 결과로 설명된다.

· 피드백하는 방법을 바꿈으로써 소수 인종 학생의 의욕과 학습 능력을 놀랍도록 향상시킬 수 있다.
· 어떤 그룹의 임계 질량을 높임으로써 그 그룹 구성원들의 신뢰감, 편안함, 성과를 향상시킬 수 있다.
· 서로 다른 배경에서 자란 학생 그룹 간의 대화를 장려함으로써 소수 인종 학생의 편안함과 성적을 높일 수 있다.

· 소수 인종 학생들에게 가장 소중한 자아상을 분명히 표현하게 함으로써 장기간 성적을 향상시킬 수 있다.
· 환경에 대한 긍정적 견해를 개발하도록 도움으로써 학생들의 소속감과 성취감을 크게 향상시킬 수 있다. 중대한 시기에 이런 일이 이뤄진다면 그들의 삶의 경로를 바꿀 수도 있다.

이러한 전략들이 효율적이라고 해서 인종, 성별, 계급 등의 정체성에 따른 불이익을 해소할 구조적 변화들을 도외시해서는 안 된다. 그러한 구조적 변화도 계속 중요한 과제로 다뤄져야 한다. 그러나 동시에 우리는 우리 삶의 정체성 위협에 대해 인식함으로써 더욱 큰 진전을 이룰 수 있다. 그렇게 하는 것은 정체성에 따른 불이익 구조를 해소하는 데 아주 중요한 부분이기도 하다. 물론 완전한 해결까지는 가지 못할 수도 있다. 그러나 이 책에서 잘 설명되었기를 바라는 대로, 우리가 정체성 위협을 인식한다면 짐작하는 것보다 거의 완전히 해결할 수 있다. 만약 우리가 정체성 위협을 중요하게 다루지 않는다면 결코 그곳에 도달할 수 없을 것이다.

* * *

그러나 우리는 정체성에 대한 대화를 매우 조심스러워한다. 정체성에 관해 이야기하는 것이 정체성이 초래하는 분리보다 더 나쁜 결과를 낳을까? 인종 차별은 미국 사회의 가장 큰 수치가 아니었던가? 그래서 우리는 오바마의 당선이 그러한 수치를 과거의 일로 돌리고 탈인종 시대의 시작을 알린 것이기를 그토록 바라지 않았나? 그런데 오바마는 이러한 희망을 고려해 모든 미국인이 하나가 될 것을 외치면서도 탈인종 사회를 외치거나 자신의 당선을 탈인종 사회의 도래로 표현하지 않았다. 반대로 오바마는 자신의 인종적 정체성뿐만 아니라 다른 정체성들을 강조했고, 공개적으로 그 정체성들을 포용했으며, 그 정체성들이 자기 자아상을 깨닫고 실현하는 데 얼마나 중요했는지에 관해 책을 썼다. 다음은 그가 2008년 3월 18일 필라델피아에서 했던 유명한 연설의 일부다. 민주당 대통령직 후보에 오르기 위한 유세가 한창이던 때의 연설이다.

> 저는 케냐 출신의 흑인 남성과 캔자스 출신의 백인 여성 사이에서 태어났습니다. 그리고 저는 백인 할아버지와 백인 할머니의 손에서 자랐습니다. 할아버지는 경제공황을 딛고 제2차 세계대전 당시 패튼 군단에서 복무했으며, 할머니는 할아버지가 전쟁터에 나가 있는 동안 포트리븐워스에 있는 폭격기 제조 공장에서 일했습니다. 저는 미국 유수의 학교에서 공부했고, 세계에서 가장 가난한 나라에서 산 적도 있습니다. 노예의 피와 노예 주인의 피를 함께 물려받은 미국 흑인 여성과 결혼해 이 혈통을 사랑스러운 두 딸에게도 물려주었습니다. 다양한 피부색을 지닌 제 형제자매와 조카들, 삼촌과 사촌 들은 전 세계 세 개 대륙에 흩어져 살고 있습니다. 저는 미국이 아닌 어느 나라에서도 저의 삶과 같은 이야기가 펼쳐질 수 없다는 사실을 잊지 않을 것입니다.

여기서 오바마는 자신의 인종적 정체성을 숨기는 대신 포용하고 있다. 또한 탈인종 사회를 지지하는 대신 여러 인종이 사회를 구성하고 있음을 짚고 있다. 그는 자신의 복합적 정체성을 일종의 가교로서 제시하고 있다. 정체성에 대해 이야기하기를 조심스러워하는 사회에서 이는 위험한 일처럼 보인다. 실제로 그의 참모도 이 연설에 반대했다고 전해진다. 그러나 이 연설은 매우 성공적이었다. 비흑인 미국인들이 자신을 후보자로서, 그리고 마침내는 대통령으로서 편안하게 느끼도록 하기 위해 했던 그 어떤 일보다도 말이다. 그렇게 해서 오바마는 미국 전체 유권자의 거대한 행렬과 공감대를 형성할 수 있었다. 우리는 모두 정체성을 갖고 있다. 이렇게 오바마가 자신의 복합적 정체성에 대해 말한 연설은, 사람들로 하여금 자기 자신의 정체성을 들여다보게 했고, 자신의 정체성에 대한 이해에 비추어 타인의 정체성 경험에 대해 무엇을 알 수 있을지 생각해보게 했다. 오바마의 이야기는 그를 대중과 연결해주었다. 사람들은 오바마를 통해서 자기 자신을 바라보았다. 만약 정체성에 관한 이런 이야기가 아니었다면 그저 평범한 한 흑인 남성에 불과했을 그를 통해서 말이다.

사람들은 또한 정체성에 대해 좀 더 폭넓게 이해할 수 있게 되었다. 정체성이 개인의 특성을 결정하는 고정적 본질에 뿌리를 두고 있지 않다는 점을 말이다. 또한 사람들은 오바마의 경험을 통해 정체성의 영향력이 상황에 따라 일시적으로 작동된다는 것을 볼 수 있었다. 많은 사람이 오바마가 그 점을 증명해준 점에 고마워했다. 이러한 관점에서 보면 정체성은 그다지 우려해야 할 대상이 아니다. 그렇더라도 자기 정체성을 고찰해보는 일은 분명 도움이 될 것이다. 오바마는 자기 정체성을 고찰함으로써 자아감과 균형 감각, 통찰력, 다른 사람의 사정에 대한 공감 능력, 아주 다양한 사람과의 유대, 능숙한 일 처리 능력을 얻었다. 그에게 정체성은 분할과 위협의 원천이 아니었다. 오히려 복잡하고 다양한 사회라는 난관을 헤쳐나갈 지혜의 원천이었다. 그는 정체성 덕분에 궁극적으로 미국 사회를 이끌기에 가장 적합한 인물이 되었다. 그가 희망의 상징이 된 것은 놀랍게도 정체성을 억눌러서가 아니라 정체성을 강조해서였다.

나의 희망은 이 책이 미약하게나마 그 희망을 지탱하도록 도왔으면 하는 것이다.

감사의 말

심리학자는 책이 아니라 논문을 쓰고 만다면서 집필을 한사코 거절했는데도, 고집스럽게 나를 설득해 이 책을 쓰도록 한 스킵 게이츠Skip Gates와 로비 해링턴Roby Harrington에게 감사를 전한다. 그들은 이 책에 대한 아이디어를 제공해주었을 뿐 아니라 내가 이 책을 쓰는 동안에도 아낌없이 지지와 인내를 베풀어주었다.

사회심리학 연구는 협력으로 이루어진다. 내 연구에서 이뤄진 바로 그 협력은 이 책에 서사적 얼개를 부여했다. 그런 이유로 본문 곳곳에 여러 명의 협력자를 묘사했다(그중 많은 이는 이 책에 대해 실제로 조언해주기도 했다). 그러나 본문에는 등장하지 않지만 나의 연구와 추론에 상당히 큰 영향을 끼친 협력자도 있다. 프리얀카 카Priyanka Carr, 에밀리 프로닌Emily Pronin, 대릴 부트Daryl Wout, 줄리 가르시아Julie Garcia, 데이비드 셔먼David Sherman이 그들이다.

또한 헤이즐 마커스Hazel Markus와 고인이 된 로버트 자욘Robert Zajonc에게도 감사의 말을 전하고 싶다. 기꺼운 마음으로 이 책에 대한 많은 아이디어와 통찰을 나누어준 그들의 우정과 지지 덕분에 훨씬 더 좋은 결과물이 되었다. 그들의 딸인 크리시아 자욘Krysia Zajonc에게도 감사의 인사를 전한다. 그녀가 대학에서 직접 겪은 일을 솔직하게 들려주어 이 책이 더욱 실제적이 되었다. 친구와 동료들—이워트 토머스Ewart Thomas, 제니퍼 에버하르트Jennifer Eberhardt, 캐럴 드웩, 리 로스, 마크 레퍼Mark Lepper, 데일 밀러Dale Miller, 래리 보보Larry Bobo, 마시 모건Marcy Morgan 그리고 스탠퍼드 대학교의 인종과 민족 비교 연구 센터의 동료들—의 지지가 없었다면 이 책을 절대 쓸 수 없었을 것이다. 또한 키스 웨일루Keith Wailoo와 리처드 니스벳은 이 책의 앞부분 몇 장에 대해 매우 유용한 조언을 해주었다. 그러나 이들 중 어느 누구도 독자 여러분이 발견할 수도 있는 이 책의 오류나 그릇된 견해에 책임이 없다는 점을 강조해두어야겠다.

또한 W. W. 노턴 출판사의 편집자들—몰리 아이젠버그Mollie Eisenberg, 제이크 신들Jake Schindel, 그리고 다시 로비 해링턴—에게도 고마움을 보낸다. 그들은 사려 깊을 뿐 아니라 흥미로운 지점을 드러내도록 하는 조언까지 해줌으로써 이 책의 모든 측면에 기여했으며, 더 나은 책을 쓰도록 부드럽게 나를 독려하고 이끌어주었다. 이와 비슷하게 나를 도와준 연구 조교 학생들에게도 감사를 전한다. 힐러리 베르그시케르Hilary Bergsieker, 매슈 잭슨Matthew Jackson은 내가 글을 쓰는 동안 여러 가지로 도움을 주었고, 특히 에이프릴 하우스April House는 원고 작성 마무리 단계에서 친절하게도 참고 문헌을 정리해주었다. 나의 에이전트 티나 베넷Tina Bennett에게도 원고 작업에 즐겁게 임할 수 있도록 출판의 전 과정을 매끄럽게 진행해준 대해 특별한 감사를 전한다.

연구는 자금이 필요하다. 그리고 이 책에 소개된 나의 연구도 자금을 지원받아 이뤄질 수 있었다. 나는 몇 차례 연구 보조금을 제공해준 국립정신보건연구원에 감사한 마음을 잊지 않을 것이다. 특히 러셀세이지 재단과 초기 단계에 이 연구에 흔쾌히 기회를 주고 진전될 수 있도록 지원해주었던 재단 이사장 에릭 와너Eric Wanner에게 고마움을 전한다.

마지막으로 내가 책임자로서의 의무를 도외시할 수밖에 없음에도 이 책을 마무리 짓도록 오랫동안 관대하게 기다려준 스탠퍼드 행동과학 고등 연구 센터의 동료들에게 감사의 말을 전한다. 인내야말로 인간이 베풀 수 있는 최고의 친절함이라는 점에서 비추어 볼 때, 그들은 진실로 친절한 친구이자 동료다.

참고 문헌

제1장 | 머리말: 정체성의 근원

Staples, B. Black Men and Public Space. (December 1986) *Harper's Magazine*.

Stone, J., Lynch, C. I., Sjomeling, M., & Darley, J. M. (1999). Stereotype threat effects on Black and White athletic performance. *Journal of Personality and Social Psychology* 77, 1213–1227.

제2장 | 정체성과 지적 성취의 미스터리한 관계

Benbow, C. P., & Stanley, J. C. (1980). Sex differences in mathematical ability: Fact or artifact? *Science* 210, 1262–1264.

Benbow, C. P., & Stanley, J. C. (1983). Sex differences in mathematical reasoning ability: More facts. *Science* 222, 1029–1031.

Bentley Historical Library, University of Michigan. (2009). *University of Michigan Timelines: General University Timeline*. Retrieved from http://www.bentley.umich.edu.

Bentley Historical Library, University of Michigan. (2009). *University of Michigan Timelines: Diversity at the University of Michigan*. Retrieved from http://www.bentley.umich.edu.

Bombardieri, M. (2005, January 17). Summers' remarks on women draw fire. *Boston Globe*. Retrieved from http://www.Boston.com/bostonglobe/.

Hemel, D. J. (2005, January 14). Summers' comments on women and science draw ire: Remarks at private conference stir criticism, media frenzy. *The Harvard Crimson*. Retrieved from http://www.thecrimson.com.

Hewitt, N. M., & Seymour, E. (1991). *Factors Contributing to High Attrition Rates*

Among Science, Mathematics, and Engineering Undergraduate Majors. Report to the Alfred P. Sloan Foundation. Boulder, CO: Bureau of Sociological Research, University of Colorado.

Hewitt, N., & Seymour, E. (1997). *Talking about leaving: Why undergraduates leave the sciences*. Boulder, CO: Westview.

Jones, E. E., & Nisbett, R. E. (1972). The actor and the observer: Divergent perceptions of the causes of the behavior. In E. E. Jones, D. E. Kanouse, H. H. Kelley, R. E. Nisbett, S. Valins, and B. Weiner (eds.), *Attribution: Perceiving the causes of behavior*. Morristown, NJ: General Learning Press.

Peters, W. (producer and director). (1970). *Eye of the storm*. New York: ABC News, ABC Media Concepts.

Spencer, S. J., Steele, C. M., & Quinn, D. (1999). Stereotype threat and women's math performance. *Journal of Experimental Social Psychology* 35, 4-28.

Summers, L. (2005). Remarks at NBER Conference on Diversifying the Science & Engineering Workforce. Retrieved from http://www.president.harvard.edu/speeches/2005/nber.html.

Wilson, W. J. (1987). *The truly disadvantaged: the inner city, the underclass and public policy*. Chicago: University of Chicago Press.

Wilson, W. J. (ed.) (1993). *The ghetto underclass*. Newbury Park, CA: Sage.

제3장 | 도처에서 발견되는 고정관념 위협

Allport, G. (1958). *The nature of prejudice*. Garden City, NY: Doubleday.

NBA Seattle Supersonics. Retrieved from: www.nba.com/sonics/new/00401097.html.

Scott, D. M. (1997) *Contempt and pity: Social policy and the image of the damaged Black psyche*. Chapel Hill: University of North Carolina Press.

Steele, C. M., & Aronson, J. (1995). Stereotype threat and the intellectual test performance of African Americans. *Journal of Personality and Social Psychology* 69, 797-811.

Brooks, Tim. (2004). *Lost sounds: Blacks and the birth of the recording industry, 1890–1919*. Chicago: University of Illinois Press, 174.

Comer, J. (1988). Educating poor minority children. *Scientific American* 259, 42.

Comer, J. (2000). *Child by child: The Comer process for change in education*. New York: Teachers College Press.

Gates Jr., H. L. (1997). The passing of Anatole Broyard. In *Thirteen ways of looking at a Black man*. New York: Random House, 180–214.

Glass, I. (2000, July 28). *This American Life: Americans in Paris*, Episode 165. Washington D.C.: National Public Radio.

Maalouf, A. (1998). Deadly identities. Retrieved from http://www.aljadid.com/essays/DeadlyIdentities.html.

Maalouf, A. (2001). *In the name of identity: Violence and the need to belong*. New York: Arcade Publishing.

Mitgang, H. (1990, October 12) Anatole Broyard, 70, book critic and editor at the *Times*, is dead. *New York Times*. Retrieved from http://www.nytimes.com/1990/10/12/obituaries/anatole-broyard-70-book-critic-and-editor-at-the-times-is-dead.html.

Rowland, Mabel. (1923). *Bert Williams, son of laughter*. New York: The English Crafters.

Tajfel, H. (1957). Value and the perceptual judgement of magnitude. *Psychological Review* 64, 192–204.

Tajfel, H., Billig, M., Bundy, R., & Flament, C. (1971). Social categorization and intergroup behavior. *European Journal of Social Psychology* 1, 149–178.

Tajfel, H., & Turner, J. C. (1979). An integrative theory of intergroup conflict. In W. G. Austin & S. Worchel (eds.), *The social psychology of intergroup relations*. Monterey, CA: Brooks/Cole, 33–47.

Tajfel, H., & Turner, J. C. (1986). The social identity theory of intergroup behavior. In S. Worchel & W. G. Austin (eds.), *Psychology of intergroup relations*. Chicago: Nelson, 7–24.

제5장 | **전 세계를 지배한 고정관념 위협**

Aronson, J., Lustina, M. J., Good, C., Keough, K., Steele, C. M., & Brown, J. (1999). When White men can't do math: Necessary and sufficient factors in stereotype threat. *Journal of Experimental Social Psychology* 35, 29–46.

Croizet, J.-C., & Claire, T. (1998). Extending the concept of stereotype and threat to social class: The intellectual underperformance of students from low socioeconomic backgrounds. *Personality and Social Psychology Bulletin* 24, 588–594.

Drake, S. C., & Cayton, H. R. (1945). *Black metropolis: A study of Negro life in a northern city*. New York: Harcourt Brace.

Hess, T. M., Auman, C., Colcombe, S. J., & Rahhal, T. A. (2002). The impact of stereotype threat on age differences in memory performance. *Journal of Gerontology: Psychological Sciences* 57B, P3–P11.

McIntyre, R. B., Paulson, R. M., & Lord, C. G. (2002). Alleviating women's mathematics stereotype through salience of group achievement. *Journal of Experimental Social Psychology* 39, 83–90.

Pittinsky, T. L., Shih, M., & Ambady, N. (1999). Identity adaptive-ness: Affect across multiple identities. *Journal of Social Issues* 55, 503–518.

Shih, M., Pittinsky, T. L., & Ambady, N. (1999). Stereotype susceptibility: Identity salience and shifts in quantitative performance. *Psychological Science* 10, 80–83.

제6장 | **정체성 위협과 노력하는 삶의 함정**

Fullilove, R. E., & Treisman, P. U. (1990). Mathematics achievement among African American undergraduates at the University of California, Berkeley: An evaluation of the Mathematics Workshop Program. *Journal of Negro Education* 59 (3), 463–478.

Jones, V. D. (2009). The pressure to work harder: The effect of numeric underrepresentation on academic motivation. Unpublished doctoral dissertation, Stanford University.

Leavy, W. (April 1997) 1947–1997: The 50th anniversary of the Jackie Robinson revolution. *Ebony*, 52.

Nussbaum, A. D., & Steele, C. M. (2007). Situational disengagement and persistence in the face of adversity. *Journal of Experimental Social Psychology* 43, 127–134.

O'Brien, L. T., & Crandall, C. S. (2003). Stereotype threat and arousal: Effects on women's math performance. *Personality and Social Psychology Bulletin* 29, 782–789.

Treisman, P. U. (1985). *A study of mathematics performance of Black students at the University of California, Berkeley*. Unpublished report.

Treisman, P. U. (1992). Studying students studying calculus: A look at the lives of minority mathematics students in college. *College Mathematics Journal* 23, 362–372.

제7장 | 고정관념 위협에 따른 신체의 변화

Ben-Zeev, T., Fein, S., & Inzlicht, M. (2005). Arousal and stereotype threat. *Journal of Experimental Social Psychology*, 41 (2), 174–181.

Blascovich, J., Mendes, W. B., Hunter, S. B., Lickel, B., & Kowai-Bell, N. (2001). Perceiver threat in social interactions with stigmatized others. *Journal of Personality and Social Psychology* 80, 253–267.

Blascovich, J., Spencer, S. J., Quinn, D. M., & Steele, C. M. (2001). African Americans and high blood pressure: The role of stereotype threat. *Psychological Science* 13 (3), 225–229.

Croizet, J. C., Desprès, G., Gauzins, M., Huguet, P., & Leyens, J. (2003). *Stereotype threat undermines intellectual performance by triggering a disruptive mental load*. Unpublished manuscript, Université Blaise Pascal, Clermont-Ferrand, France.

Dutton, D. G., & Aron, A. P. (1974). Some evidence for heightened sexual attraction under conditions of high anxiety. *Journal of Personality and Social Psychology* 30, 510–517.

James, S. A. (1993). The narrative of John Henry Martin. *Southern Cultures* 1 (1), 83–106.

James, S. A. (1994). John Henryism and the health of African-Americans. *Culture,*

Medicine, and Psychiatry 18, 163–182.

James, S. A., Hartnett, S. A., & Kalsbeek, W. D. (1983). John Henryism and blood pressure differences among black men. *Journal of Behavioral Medicine* 6 (3), 259–278.

James, S. A., Keenan, N. L., Strogatz, D. S., Browning, S. R., & Garrett, J. M. (1992). Socioeconomic status, John Henryism, and blood pressure in black adults: The Pitt county study. *American Journal of Epidemiology* 135 (1), 59–67.

James, S. A., LaCroix, A., Kleinbaum, D. G., & Strogatz, D. S. (1984). John Henryism and blood pressure differences among black men ii: The role of occupational stressors. *Journal of Behavioral Medicine* 7 (3), 259–275.

Mendes, W. B., Blascovich, J., Lickel, B., & Hunter, S. (2002). Challenge and threat during social interaction with white and black men. *Personality and Social Psychology Bulletin* 28, 939–952.

Schmader, T., & Johns, M. (2003). Convergent evidence that stereotype threat reduces working memory capacity. *Journal of Personality and Social Psychology* 85, 440–452.

Steele, C. M., Spencer, S. J., & Aronson, J. (2002). Contending with group image: The psychology of stereotype and social identity threat. In M. P. Zanna (ed.), *Advances in experimental social psychology*. San Diego, CA: Academic Press, 34, 379–440.

제8장 | 고정관념 위협의 영향력: 신호의 역할

Allmendinger, J. M., & Hackman, J. R. (1993). *The more, the better? On the inclusion of women in professional organizations*. Report No. 5, Cross-National Study of Symphony Orchestras, Harvard University.

Ashe, A., & Rampersad, A. (1993). *Days of grace*. New York: Knopf.

Davies, P. G., Spencer, S. J., & Steele, C. M. (2005). Clearing the air: Identity safety moderates the effects of stereotype threat on women's leadership aspirations. *Journal of Personality and Social Psychology* 88 (2), 276–287.

Inzlicht, M., & Ben-Zeev, T. (2000). A threatening intellectual environment: Why females are susceptible to experiencing problem-solving deficits in the presence of males. *Psychological Science* 11, 365–371.

Krendl, A. C., Richeson, J. A., Kelley, W. M., & Heatherton, T. F (2008). The negative consequences of threat: a functional magnetic resonance imaging investigation of the neural mechanisms underlying women's underperformance in math. *Psychological science: a journal of the American Psychological Society*, 168–175.

Murphy, M. M., & Steele, C. M. (in prep). *The importance of context: Understanding the effects of situational cues on perceived identity contingencies and sense of belonging*. Unpublished manuscript, Stanford, CA.

Murphy, M. M., Steele, C. M., & Gross, J. J. (2007). Signaling threat: Cuing social identity threat among women in a math, science, and engineering setting. *Psychological Science* 18 (10), 879–885.

O'Connor, S. D. (2003). *The majesty of the law: Reflections of a Supreme Court Justice*. New York: Random House.

Purdie-Vaughns, V., Steele, C. M., Davies, P. G., Ditlmann, R., & Crosby, J. R. (2008). Social identity contingencies: How diversity cues signal threat or safety for African Americans in mainstream institutions. *Journal of Personality and Social Psychology* 94, 615–630.

Totenberg, Nina. (2003, May 14) Sandra Day O'Connor's supreme legacy: First female high court justice reflects on 22 years on bench. *All Things Considered*. Retrieved at http://www.npr.org/templates/story/story.php?storyId+1261400.

제9장 | 고정관념 위협과 새로운 희망

Ambady, N., Shih, M., Kim, A., & Pittinsky, T. L. (2001). Stereotype susceptibility in children: Effects of identity activation on quantitative performance. *Psychological Science* 12, 5, 385–390.

Aronson, J., Fried, C., & Goode, C. (2002). Reducing the effects of stereotype threat on African-American college students by shaping theories of intelligence. *Journal of Experimental Social Psychology* 38, 113–125.

Bok, D., & Bowen, W. (1998). *The shape of the river*. Princeton, NJ: Princeton University Press.

Cohen, G. L., Garcia, J., Apfel, N., & Master, A. (2006, September 1). Reducing the racial achievement gap: A social-psychological intervention. *Science* 313, 1307–1310.

Cohen, G. L., Steele, C. M., & Ross, L. D. (1999). The mentor's dilemma: Providing critical feedback across the racial divide. *Personality and Social Psychology Bulletin* 25, 1302–1318.

Cole, S., & Barber, E. (2003). *Increasing faculty diversity: The occupational choices of high-achieving minority students*. Cambridge, MA: Harvard University Press.

Dweck, C. S. (2006). *Mindset: The new psychology of success*. New York: Random House.

Dweck, C. S. (2007). The secret to raising smart kids. *Scientific American Mind* 12, 36–40.

Massey, D. S., Charles, C. Z., Lundy, G., & Fischer, M. J. (2002). *The source of the river: The social origins of freshman at America's selective colleges and universities*. Princeton, NJ: Princeton University Press.

Muzzatti, B., & Agnoli, F. (2007). Gender and mathematics: Attitudes and stereotype threat vulnerability in Italian children. *Developmental Psychology* 43 (3), 747–759.

Steele, C. M., Spencer, S. J., Hummel, M., Carter, K., Harber, K., Schoem, D., & Nisbett, R. (1997). *African-American college achievement: A wise intervention*. Unpublished manuscript, Stanford University.

Steele, D. M., Steele, C. M., Markus, H. R., Lewis, A. E., Green, F., & Davies, P. G. (2008). *How identity safety improves student achievement*. Manuscript submitted for publication.

Walton, G. M., & Cohen, G. L. (2003). Stereotype lift. *Journal of Experimental Social Psychology* 39, 456–467.

Walton, G. M., & Cohen, G. L. (2007). A question of belonging: Race, social fit, and achievement. *Journal of Personality and Social Psychology* 92, 82–96.

Walton, G. M., & Spencer, S. J. (2009). Latent ability: grades and test scores systematically underestimate the intellectual ability of negatively stereotyped students. *Psychological Science* 20 (9), 132–1139.

제10장 | **우리 사이의 거리: 정체성 위협의 기능**

Brooks, David. (2004). *On Paradise Drive: How we live now (and always have) in the future tense*. New York: Simon &Schuster.

Cashin, S. (2004). *The failures of integration: How race and class are undermining the American dream*. New York: Public Affairs.

DiTomaso, N. (2006, August 11). Social Capital: Nobody Makes It on Their Own. Paper presented at the annual meeting of the American Sociological Association, Montreal Convention Center, Montreal, Quebec, Canada Online. Retrieved from http://www.allacadmic.com/meta/p103086_index.html.

Goff, P. A., Steele, C. M., & Davies, P. G. (2008). The space between us: Stereotype threat and distance in interracial contexts. *Journal of Personality and Social Psychology* 94, 91–107.

Granovetter, M. S. (1973). The strength of weak ties. *American Journal of Sociology* 78 (6), 1360–1380.

Granovetter, M. S. (1974) *Getting a job: A study of contacts and careers*. Cambridge, MA: Harvard University Press.

Greenwald, A. G., McGhee, D. E., & Schwartz, J. L. K. (1998). Measuring individual differences in implicit cognition: The Implicit Association Test. *Journal of Personality and Social Psychology* 74, 1464–1480.

Greenwald, A. G., Nosek, B. A., & Banaji, M. R. (2003). Understanding and using the Implicit Association Test: I. An improved scoring algorithm. *Journal of Personality and Social Psychology* 85, 197–216.

Lee, C., & Orfield, G. (2007, August 29). School desegregation. Harvard Civil Rights Project. Retrieved from http://www.civilrightsproject.ucla.edu/research/deseg/reversals_reseg_need.pdf.

Loury, G. (2002). *The anatomy of racial inequality*. Cambridge, MA: Harvard University Press.

제11장 | **결론: 가교로서의 정체성**

Obama, B. Speech on Race (2009, March 18). *New York Times*

찾아보기

* 쪽 번호 뒤에 붙은 f는 각주를 나타낸다.

ㄷ

ㄹ

ㅁ

ㅂ

ㅅ

ㅇ